U0071422

龍王藏

大藏系列 壹 02

第二冊

洪啟嵩 編著

施一切諸龍安樂陀羅尼

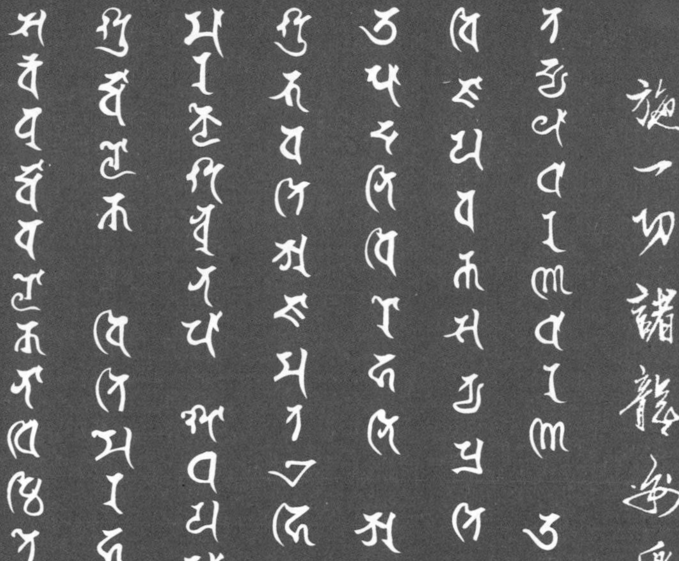

怛地也他陀呵囉尼陀呵囉尼　欝多囉尼　三波囉帝師尿
毘闍耶跋唎拏薩帝夜波羅帝闍若長那跋坻
欝多波達儞　比那漢儞　阿比屣遮儞　阿陛毘耶呵羅
首婆呵跋帝　阿祁末多　野咥　宮婆羅　擗咥婆呵
摩囉吉犁舍達那波　輸陀耶摩鉗尼唎呵迦達摩多
輸陀呵盧迦　毘帝寐囉何囉闍婆豆佉舍摩那
薩婆佛陀呵婆盧迦那地師恥坻　波羅闍若闍若那擗醯莎呵

皈命具龍名號諸菩薩

南無龍女菩薩

南無龍王菩薩

南無龍名菩薩

南無龍施菩薩

南無龍首菩薩

南無龍授菩薩

南無龍喜菩薩

南無龍德菩薩

南無大龍相菩薩

南無龍王吼菩薩

南無龍天菩薩

南無龍光菩薩

南無龍明菩薩

南無龍相菩薩

南無龍振菩薩

南無龍勝菩薩

南無龍意菩薩

南無龍樹菩薩

南無處龍德菩薩

南無龍王髻菩薩

南無龍吉祥菩薩

南無龍王周羅菩薩

南無龍德寶輪菩薩

南無須彌藏龍仙菩薩

南無龍勝蓮華意菩薩

南無寶莊嚴龍施菩薩

南無一切龍天功德山菩薩

南無日龍吉祥梵相燄菩薩

南無普端嚴護國龍上菩薩

（總集經藏中具龍名號諸菩薩）

南無人德龍施菩薩

南無龍王頂髻菩薩

南無大雲龍樹王菩薩

南無龍威德上王菩薩

南無龍意寶莊嚴菩薩

南無入度龍主髻菩薩

善啓龍王密藏釋迦牟尼佛皈敬文

頂禮　十方三世一切諸佛

皈命　大恩本師釋迦牟尼佛前

善哉仁佛，大悟金剛聖座，於菩提伽耶，

七七日中安住甚深禪悅龍一切時定。

第六七日中，大定現成，鉅霖將傾，

目真隣陀龍王以七首密覆佛身，

安止七日，善妙守護如來，示大勝功德。

於今天地異失傾變，幻敗無端；六大頻亂演災，如是紛亂；

深祈於法界龍佛現前，以淨世間。

是故頂禮於釋尊龍佛大菩提座前，
稽首於法界諸龍佛、菩薩，以諸佛開許加持，
善啓法身如來無上祕要，十方三世一切龍佛究竟心密法藏，
善演大乘諸龍經藏聖法，以安法界，兼利世出世間。

如是隨順如來聖心，勸發法界諸龍憶起本願，及銘其詞：

法界龍王諸龍族　還念本誓釋尊前
法界諸佛所攝受　從諸龍境至成佛
法身如來金剛現　誓句平等法身顯
福智平等三昧耶　佛性智海龍王印

是龍也，法界能轉，然人間妄動，六識紛擾，負念揚飛，
六大汙染，四生、六大龍族，
身心深傷若斯，深悲憫之，是故順佛本願，

承佛善妙，以斯聖尊龍佛妙法，
平安法界，佛憙永淨。
諸龍王暨一切龍族，身心安順，兼怨頓銷，吉祥悅意，善願成滿，
善護世間，自在成就，大覺成佛，斯乃究竟。
深憶佛慈，依本誓句，守護法界諸龍王及諸龍眷屬，如願圓滿。
其偈曰：
一切諸龍離苦惱　　三患自除龍安樂
法界龍王、龍族眾　　普皆吉祥證龍佛
五大、五方龍體性　　悉皆安護受妙吉
意淨無瞋三毒盡　　六大無礙本瑜伽
大恩本師釋迦文佛，本願攝受，普願法界眾生同斯聖妙，
共成無上菩提，一切世間及諸龍宮殿，同成淨土。

南無　現龍座身本師釋迦牟尼佛

南無　法界諸龍佛

南無　法界諸龍菩薩

禮敬　法界諸龍王暨一切龍族

佛曆二五六〇年　丁酉佛憙慈怙

佛子洪啓嵩　頂禮於菩提伽耶金剛座前

註：本文為洪啟嵩禪師二〇一七年修造龍王法軌之〈善啟　法界龍佛究竟勝法密藏　上祈大恩本師釋迦牟尼佛皈敬文〉。

目錄

起世經 摘錄 隋 闍那崛多等譯 315

起世因本經 摘錄 隋 達摩笈多譯 355

出版緣起

佛陀的一生，都與龍王有深刻的因緣。從誕生、悟道、傳法乃至於涅槃，龍王都一心守護著佛陀。

龍族雖然具足了廣大的威力與福德，但由於智慧與瞋習的問題，因此也容易受外境的干擾影響。尤其是龍族不似其餘的天人，而是與人間的因緣較為接近，所以人間的發展往往影響到他們的生存環境。

現今整個地、水、火、風、空生態環境的破壞，乃至於重大的天災人禍、戰爭、核子武器都對他們產生深刻的影響。而手機訊號與空中的各種電頻，更使人類的心識困擾，透過電頻不斷對龍族身心的折磨，進而引發其瞋心，而引發地球的更大生態破壞與災變。

因此，我們希望能夠將關於龍王的經典，編輯成為《龍王藏》，一者，能讓佛陀對於諸龍的深刻教法，完整留下，使人與龍族皆得具足慈悲、智慧，進而圓滿無上菩提。二者，幫助龍族遠離各種困境而身心安頓，使其具足福德威力，守護地球人間。三者，使擁有此套法藏者，能生生世世永受一切龍王的福佑。龍王是具足大福德與佛法祕藏者，必能使供養《龍王藏》者眾願成就、具足福德、智慧，與諸龍王共成佛道。

為了讓大家能迅速地掌握到《龍王藏》中經典的義理，此藏佛典全部採用新式分段、標點，使讀者能事半功倍地總持佛心妙智，具足廣大的福力、守護，迅速掌握到幸福與光明的根源。

這一套《龍王藏》是史上第一次龍王相關經教的集結，而在梁武帝天監十六年，曾經令莊嚴寺沙門寶唱編輯〈眾經擁護國土諸龍王名錄〉三卷，作為龍王佑助國土的因緣，惜已佚失。

緣此，二〇一七年我於菩提伽耶龍王池大修法中，除了收錄一切龍佛、龍菩薩及龍王名錄外，並修造《吉祥法界諸大龍佛、龍王・菩提伽耶龍王池大修法》法軌，蒐於附錄之中。本套《龍王藏》除了編集諸龍王相關經教之外，並將諸龍相關真言，除了原經中的漢文音譯之外，並加上梵音之羅馬拼音及悉曇梵字完整呈現，便於讀者誦持。此次編纂的相關經論及參校之研究資料十分龐大，祈願有心研究者能再深入精研，期望能更臻於圓滿。

《龍王藏》將《大藏經》中的一切龍王教法，完整地編輯，希望帶給人世間廣大的光明，眾生吉祥福樂，地球上的一切人類、龍族、眾生，共發無上菩提心，並得證大覺成就。

《龍王藏》的出版，將帶給人間許多的法喜與福德，因為透過這些經典的導引，將使我們了悟佛菩薩所開啟的龍王祕藏，不只能讓我們得到諸佛菩薩的慈光佑護，更能令我們在一切龍王護法的守護下吉祥願滿。

洪啓嵩

凡例

一、《龍王藏》經集主要選取《大藏經》中，與龍王或龍相關的經典，包括全經及摘錄部份經文為主，本藏編輯主要依《大正藏》的冊數次第、經號順序收錄相關經文，編輯成冊。唯視編輯分冊所需，部分經典次序將會略作彈性調整。

其摘錄經文的標示以（略）來表示之，例如：

「北方地空中，有叢樹名菴，廣長各二千里；復有叢樹名閻破，廣長各二千里（略）；復有叢樹名蒲萄，廣長各二千里。過是空地，其空地中，復有優鉢華池二千里、紅蓮華池二千里、白蓮華池二千里、黃蓮華池二千里、毒蛇池二千里。過是已地空，其空中有海鬱禪，從東西流入大海。其鬱禪海中，見轉輪王，亦知天下；有轉輪王，見遊行時跡，鬱禪北有山名鬱單茄。」

二、凡《大正藏》經文內本有的小字夾註者，龍王藏經文均以小字表示之。

三、凡經文內之咒語，其斷句以空格來表示。若原文上有斷句序號而未空格時，則龍王藏經均於序號之下，加空一格。

四、龍王藏經典之經文，採用粗明字體，而其中之偈頌、咒語等，皆採用標楷字體，另若有序文、跋或作註釋說明時，則採用細明字體。

五、龍王藏經中凡現代不慣用的古字（真言咒語除外），皆以教育部所頒行的常用字取代之（如：讃→讚），而不再詳以對照表說明。

六、凡是經文中不影響經義的正俗字（如：遍、偏）、通用字（如：蓮「華」、蓮「花」）、譯音字（如：目「犍」連、目「乾」連），等彼此不一者，均不作改動或校勘。

七、經文中文字明顯有誤且有校勘註解者，則依校勘文字修改。如「縛曰囉」改為「縛*日囉」並於修改之字右上角註記符號「*」。

八、《大正藏》經文咒語句數之標示，超過二十一之句數，在《龍王藏》版中改成二一句，例如：《金剛光焰止風雨陀羅尼經》根本滅諸災害真言：

(略)薩縛訥瑟吒(上)那(去)囉矩攞崩扇(十九句)縛囉跛(同上二合)囉縛囉(二十句)戰

拏謎倪(二十一句)摩訶縛攞播囉羯(二合)囉迷(二十二句)(略)縛攞縛底(三十句)廢(同上)伽(魚迦句)縛底(三十一句)娑(去)囉娑(去)囉(三十二句)(略)

改為：

(略)薩縛訥瑟吒上那去囉矩攞崩扇十九句縛囉跛同上二合囉縛囉二十句戰拏謎倪二一句摩訶縛攞播囉羯二合囉迷二二句(略)縛攞縛底三十句廢同上伽魚迦句縛底三一句娑去囉娑去囉三二句(略)

九、龍王藏經典經文採新式標點符號標示，所作之標點、分段，以儘量順於經義為原則，方便讀者之閱讀。

十、為使閱讀者，更能確切讀誦經文中的真言咒語，特別將漢譯的真言咒語，配上梵文悉曇字及梵文羅馬拼音文字，如：

縛訖得登乙反二合囉十八句　惹野惹野十九句

vaktara jāya jāya

此部份參校《一切經音義》、《悉曇字記》、《悉曇藏》、《魚山聲明集》等梵字真言等相關經論，及《密教大辭典》、《房山石經》、《大藏全咒》、《佛教的真言咒語》等現代之研究著述，經過細密之比對、校正後，再將經中之真言悉曇梵字重新書寫。由於使用之參校之資料繁多，凡例中僅能例舉一二，完整參考資料將詳列於《龍王藏》最末一冊。

龍王藏導讀

洪啓嵩

《龍王藏》的編纂，我們心中有著甚深的祈願，身為佛陀的弟子，我們希望能夠追隨佛陀的腳步，具行圓滿的菩薩道果。在歷經多年籌備，深入經藏編纂諸龍法要的過程中，我們心心念念祈願著：一切眾生能得具圓滿的福德、勝智，終至成就無上菩提；更祈願法界與娑婆地球同成諸佛清淨樂土。

因此，我們期待這套《龍王藏》的吉祥出版，成為龍族與人類互助的典範。希望龍王與龍眾具足清淨勝福，業障消弭，諸龍、人類與眾生善發無上菩提心、圓證無上佛道。當然，龍王具足廣大的福德與守護力，我們祈願如是的發心，善使有緣大眾得諸龍守護，同具無比的勝福。

龍王藏第二冊所蒐列之經典，包含了：《金剛光焰止風雨陀羅尼經》、《佛說俱利伽羅大龍勝外道伏陀羅尼經》、《說矩里迦龍王像法》、《俱力迦羅龍王儀軌》、

《如意寶珠轉輪祕密現身成佛金輪呪王經》、《佛說大愛陀羅尼經》、《佛說龍施女經》、《佛說龍施菩薩本起經》、《法海經》、《佛說海八德經》、《佛說蟻喻經》。此外，並摘錄如下經典中與龍王相關的部份：《長阿含經》、《佛說大三摩惹經》、《大樓炭經》、《起世經》、《起世因本經》、《中阿含經》、《佛說新歲經》、《雜阿含經》、《別譯雜阿含經》、《央掘魔羅經》、《增壹阿含經》、《六度集經》、《菩薩本緣經》、《生經》、《佛說菩薩本行經》、《大方便佛報恩經》、《悲華經》、《大乘悲分陀利經》。以下簡介諸經中與龍相關部份。

《金剛光焰止風雨陀羅尼經》，為唐・菩提流志所譯，全文共一卷，收於《大正藏》第十九冊（T19, No.1027a, No.1027b）。本經描述佛陀在摩伽陀國遭逢惡風暴雨，因而宣說降伏婆修吉龍王等諸惡龍之壇法神咒，使其不於非時興風災雨害。最後大身蘖嚕荼王自座起，亦宣說降伏惡龍之神咒。蘖嚕荼（梵名Garuḍa），即天龍八部眾中之「迦樓羅」、「金翅鳥」，其翅金色，雙翅展開廣三百六十萬里，住於須彌山下，常以捕龍為食。大身蘖嚕荼王亦宣說「金剛觜光焰睒電真言」，助降伏惡龍。修此經法時，諸惡龍宮悉大火起，毒龍為火所燒，虔心懺悔，不以非時惡風、暴雨、疫疾惱害眾生。本經有二種版本，雖然經名及譯者皆相同，但由於宋藏、明藏版本與高麗藏差異頗多，因而二種版本同時被收入《大正藏》，本藏亦收錄此二版本。

《佛說俱利伽羅大龍勝外道伏陀羅尼經》，全文共一卷，收於《大正藏》第二十一冊（T21, No.1206）本經描述佛陀於王舍大城寺，寶幢陀羅尼菩薩請問：「俱利伽羅大龍，為何因緣吞飲利劍，以及四足被纏繞？」佛陀因而宣說往昔不動明王於色究竟天與九十五種外道對論，不動明王化智火劍，外道首領亦化智火劍，於是不動明王智火劍化成俱利伽羅大龍（Kulikah），具四足，分別為降三世、軍荼利、焰魔都伽、金剛夜叉四大明王。從口出氣，如二萬億雷一時鳴，魔王外道聞之，皆怖而捨邪執。

《說矩里迦龍王像法》，全文共一卷，收於《大正藏》第二十一冊（T21, No.1207）描述矩里迦龍王（梵名Kulikah，即「俱利伽羅龍王」）尊像及觀想、修法。經中描述，其形如蛇，作雷電之勢，身金色，纏繞劍上畫阿字。若作人之形相者，則猶如毘嚕博叉王。

《俱力迦羅龍王儀軌》，為唐・金剛智所譯，全文共一卷，收於《大正藏》第二十一冊（T21, No.1208）記載俱力迦羅龍王真言、手印、修持法軌。經中說，俱力迦羅龍王為具最上利根人現身也，或是為一心繫持念行者現形，是大日如來為了使眾生畏懼三毒煩惱，永離輪迴苦業，所示現之忿怒龍王身。

《如意寶珠轉輪祕密現身成佛金輪呪王經》，為唐•不空所譯，全文共一卷，收於《大正藏》第十九冊（T19, No.961）。全經共分為九品，分別為：〈放鉢品第一〉、〈善惡因果品第二〉、〈如意寶珠品第三〉、〈大曼荼羅品第四〉、〈灌頂印真言品第五〉、〈阿闍梨成佛品第六〉、〈悉地成就品第七〉、〈護摩品第八〉、〈屬累品第九〉。

本經一開始為佛陀於大雪山頂曼殊師利菩薩般若崛中，與千二百五十位比丘大阿羅漢，及普賢菩薩、文殊菩薩等諸大菩薩摩訶薩及十八金剛、十二大天，無量八部善神王等無量眷屬前後圍繞，聞佛說法。

〈放鉢品〉中，佛陀應文殊菩薩之請而宣說祕密法放鉢法要，能召請金翅鳥王及娑伽羅大龍王等載空鉢臻於天上諸龍王宮及阿修羅宮，取回長年仙藥施與行者。

〈善惡因果品〉中，佛陀為不空王大羂索觀自在菩薩摩訶薩說貧福業因果之事。雖然定業難轉，然而諸佛有特別方便祕密妙術，能轉有情定業報力，得福長壽。於是無熱惱池阿耨達龍王前來迎請佛陀及聖眾至龍宮，宣說如意寶珠大菩薩法。

〈如意寶珠品〉中，阿耨達龍王龍子、龍女等諸眷屬也同來聚會聞法。其中善女龍女取龍宮祕寶如意寶珠欲奉獻如來。佛陀讚嘆其欲為守護正法獻上寶珠，但是卻告訴她：佛受信心淨白寶珠，不受麗龍寶珠。並為善女龍女宣說諸佛菩薩以慈、悲、喜、捨四攝法為寶珠，布施一切有情，圓滿六波羅蜜，此不同於人間、龍宮之寶珠。佛陀並勸勉龍女守護一切有情行於如來正法，才是真正的寶珠。

〈大曼荼羅品〉、〈灌頂印真言品〉、〈悉地成就品〉、〈護摩品〉諸品中，佛陀宣說修造如意寶珠曼荼羅之法，及如意寶珠王手印、根本陀羅尼，如何修持悉地成就，及修持如意珠王護摩之功德利益。

〈屬累品〉中，諸大天王、沙竭羅龍王、無熱惱池龍王，及諸善神天女發願守正法。最後佛陀示現神通以千輻輪兩足尊行步於雲上，返回大雪山曼殊師利神仙窟中。

《佛說大愛陀羅尼經》，為宋・法賢所譯，全文共一卷，收於《大正藏》第二十一冊（T21, No.1379）。經中記載，佛陀於舍衛國祇樹給孤獨園止住時，有一位名為「大愛」的海神來求見，向佛陀獻上能使眾生遠離一切海難的真言陀羅尼。在經典中，水神與海神有時即為龍王，或與諸龍有深刻因緣，因此收錄於此藏。

《佛說龍施女經》，為吳・支謙所譯，全文共一卷，收於《大正藏》第十四冊（T14, No.557）。本經敘述佛陀遊維耶離奈氏樹園，須福長者之女龍施，遙見佛之相好，因發菩提心，願修菩薩行。魔遂化形其為父，勸誘其修持羅漢聲聞道，龍施不為所動。魔見狀心急，就說：菩薩行者，當不貪世間、不惜壽命，若能從樓上自投於地者，後可成佛。龍施聞言便縱身自投樓下，然未及至地，旋變男子身。佛陀並授記龍施未來當得作佛，號名「龍盛」；因為如是與龍相應的名號因緣，因此將此經與《佛說龍施菩薩本起經》收錄於此藏。

《佛說龍施菩薩本起經》中，除記載如上本生因緣，亦有龍施菩薩自述過去生為毒蛇時，於林間聽聞般遮旬五通仙人精進行道、晝夜誦經，而生慕道之心，最後捨棄蛇身生於兜術天之因緣。《佛說龍施菩薩本起經》為西晉・竺法護所譯，全文共一卷，收於大正藏第十四冊（T14, No.558）。

《法海經》為西晉・法炬所譯，全文共一卷，收於《大正藏》第一冊（T1, No.34）。經中描述佛陀與大比丘眾弟子遊止瞻波國漢呿利池上時，於月十五日，時應說戒，而座中有犯於重戒比丘，因而佛陀默不說戒，而以大海之八德比喻僧團法海。其中第六德以大海之中為神龍所居，有：沙竭龍王，阿耨達、難頭、和羅摩那、私伊羅末等大龍王居於其中，妙德難量。佛陀以此喻佛法大海亦復如是，中有無量聲聞聖者、菩薩大士教化之功，彌茂彌美。本經與《佛說海八德經》內容相類。《佛說海八德經》為後秦・鳩摩羅什所譯，全文共一卷，收於《大正藏》第一冊（T1, No.35）。

《佛說蟻喻經》，為宋・施護所譯，全文共一卷，收於《大正藏》第一冊（T1, No.95）。經中記載一位婆羅門見蟻聚、夜中出煙、晝日火燃、大龜、諸蟲類及蛇，皆言能以快利刀破壞。最後見到大龍，於是託比丘向佛陀請問此為何意。佛陀為其解析：蟻聚者，即是一切眾生五蘊聚身。夜中出煙者，即是眾生起諸尋伺。晝日火然者，即是眾生隨所尋伺，起身、語業。大龜者，即是五障染著之法。諸蟲為忿恚、慳嫉等五欲之法。龍者，即是諸阿羅漢。婆羅門者，即是如來、應供、正等正覺。「快利刀」比喻有智之人以智慧發起精進行，能破散種種五蘊煩惱，證至阿羅漢聖者之果。此外，《雜阿含經》卷三十八〈一〇七九〉經、《別譯雜阿含經》卷一〈初誦第一〉（一八）經，內容亦與本經相類。

《佛說大三摩惹經》，為宋・法天譯，全文共一卷，收於《大正藏》第一冊（T1, No.19）。「三摩惹者」梵文為「集會」之義，描述佛陀以淨天眼觀察大會無量人、天大眾，應以聲聞所樂之法而可度化之。經中描寫前來聚會者有無量藥叉、諸大毒龍、金翅鳥、阿修羅；四大天王及無量隨從、眷屬；忉利天、夜摩天、兜率陀天等諸天眾；地天、水天、火天等十天；及諸天女、藥叉女等。

其中四大天王之西方護世天王，是大龍主，名為「尾嚕博叉」，具廣大神通、無量威德，身色妙好，光明熾盛。水天縛嚕拏也是龍神，由於在水中具足自在之力用，而名為「水天」。此外，經中也記載：怛叉迦、劍末羅濕嚩多嚕、缽囉缽多等瞋恚暴惡的諸大毒龍，亦恭敬圍繞，集會聽法。本經與《長阿含》第二分〈大會經〉為同本異譯。

《長阿含經》（梵文Dīrghāgama），為後秦・佛陀耶舍與竺佛念所共譯，收於《大正藏》第一冊（T1, No.1），全經共二十二卷。《長阿含經》為北傳四阿含之一，係纂輯阿含經典中篇幅較長之經而成，全經共有四分三十經。

本文所摘錄之龍族相關經藏，為卷十八至卷二十一，即（三〇）第四分〈世記經〉，分別為：卷十八〈閻浮提州品第一〉、〈欝單曰品第二〉、〈轉輪聖王品第三〉；卷十九〈龍鳥品第五〉；卷二十〈四天王品第七〉、〈忉利天品第八〉；卷二十一〈戰鬪品第十〉。

《長阿含經》〈世記經〉與《大樓炭經》、《起世經》、《起世因本經》，此四部為同本異譯之經典，內容記載須彌四洲之相狀、世界之成立及其毀壞時期等。

《大樓炭經》，為西晉・法立與法炬所共譯，收於《大正藏》第一冊（T1, No.23），全文共六卷十三品：（1）閻浮利品，（2）鬱單曰品，（3）轉輪王品，（4）泥犁品，（5）阿須倫品，（6）龍鳥品，（7）高善士品，（8）四天王品，（9）忉利天品，（10）戰鬥品，（11）三小劫品，（12）災變品，（13）天地成品。

《起世經》，為隋・闍那崛多等譯，收於《大正藏》第一冊（T1, No.24）全文共十卷十二品：（1）閻浮洲品，（2）鬱單越洲品，（3）轉輪聖王品，（4）地獄品，（5）諸龍金翅鳥品，（6）阿修羅品，（7）四天王品，（8）三十三天品，（9）鬪戰品，（10）劫住品，（11）住世品，（12）最勝品。

《起世因本經》，為隋・達摩笈多所譯，收於《大正藏》第一冊（T1, No.25），共十卷十二品：（1）閻浮洲品，（2）欝多羅究留洲品，（3）轉輪王品，（4）地獄品，（5）諸龍金翅鳥品，（6）阿修羅品，（7）四天王品，（8）三十三天品，（9）鬪戰品，（10）劫住品，（11）住世品，（12）最勝品。

《長阿含經》（三〇）第四分〈世記經〉〈閻浮提州品第一〉，記載了雪山頂上阿耨達池中住有阿耨達大龍王，無有龍族的三大苦惱，即使是龍的天敵大鵬金翅鳥也無法傷害此大龍王。於〈龍鳥品第五〉中則提到濕生、卵生、胎生、化生四種型態的龍族，分別為濕生、卵生、胎生、化生四種型態的金翅鳥所捕食。而娑竭龍王、難陀龍王、跋難陀龍王等諸大龍王，則是金翅鳥所無法捕食。

《中阿含經》（梵名Madhyamāgama），為東晉・瞿曇僧伽提婆所譯，全文共六十卷，收於《大正藏》第一冊（T1, No.26），為北傳四阿含之一。「中阿含」，即為不長不短經典之總集。全經共有五誦，十八品，二二二經。本經以敘述佛及諸弟子所說之教義為主，間亦含有佛陀對弟子、異學、王者、居士等之教誡。

在《中阿含經》〈大品龍象經〉中，記載佛陀遊止舍衛國，止住於鹿子母堂時，黃昏時與烏陀夷尊者至東河澡浴畢，途中剛好見到波斯匿王有龍象，作一切妓樂，歷度東河。眾人見已，便稱嘆其為「龍中龍」、「大龍王」。

尊者烏陀夷告訴佛陀此稀特之事，佛陀便告訴他：象受大身，眾人見已，便作是說「龍中龍，為大龍王」，同樣的，馬、駱駝、牛、驢、胸行、人、樹，生大形，眾人見已，便作是說「龍中龍，為大龍王」。在《維摩經》〈不思議品〉中說：「譬如龍象蹴踏，非驢所堪。」可知象之大者稱為「龍象」，正如馬之美者曰「龍馬」。佛陀告訴烏陀夷，如來於世間，從人至天，無法以身、口、意害佛者，因此佛名為「大龍」。於是烏陀夷尊者以「龍相應頌」讚頌世尊特德。以「龍一切時定」喻佛之禪定功德，即出於此經。

《佛說新歲經》，為東晉・曇無蘭所譯。全文共一卷，收於《大正藏》第一冊（T1, No.62）。內容記載結夏安居竟，佛陀集僧眾共聚懺悔修福，自恣圓滿，諸天龍眾歡喜供養。在自恣之後，比丘、比丘尼之法臘即增加一歲，因此稱之為「受歲」或受「新歲」。

經中記載：適立新歲，一萬比丘，得成道跡，八千比丘，得阿羅漢，虛空諸天八萬四千，咸見開化。此時難頭和難龍王，持澤香栴檀雜香，前來歸命於佛及與聖眾。

海龍王，亦齎赤真珠交露閣，貢上大聖及比丘僧。爾時十方諸菩薩、天龍神王，各從十方而來合會，化作若干奇妙供具，供養世尊及比丘眾，稽首歸命，諮受經典，發無上正真道意。

《雜阿含經》（梵名Sajyuktāgama）為劉宋・求那跋陀羅所譯，收於《大正藏》第二冊（T02, No.99），為北傳四阿含之一。關於「雜阿含」名稱之由來，據《五分律》卷三十、《四分律》卷五十四等所舉，此經乃佛陀為比丘、比丘尼、優婆塞、優婆夷、天子、天女等講說四聖諦、八聖道、十二因緣之教說，今集為一部，稱「雜阿含」。又據《摩訶僧祇律》卷三十二載，以彙集文句之雜者，故稱「雜阿含」。另據《薩婆多毘尼毘婆沙》卷一載，「雜阿含」，乃闡明諸禪定，為坐禪人所必習之法門。又據《瑜伽師地論》卷八十五載，一切事相應教，間廁鳩集，故稱雜阿笈摩（雜阿含）。

《雜阿含經》全經五十卷，共有一三六二小經（大正藏編目），內容相當於南傳巴利本之相應部（Sajyutta-nikāya，共有五聚五十六篇二〇三品，計二八五八小經），為漢譯四阿含中之最大部者，其成立時期，亦為四阿含中之最早者。

本冊摘錄《雜阿含經》第二五二、六〇四、一〇七九、一〇八九、一一二六經等五經等與龍王相關之經典。

《雜阿含經》卷九（二五二），本經記載佛陀止住王舍城迦蘭陀竹園期間，優波先那比丘獨自於王舍城寒林中塚間蛇頭巖下坐禪時，遭惡毒蛇墮身上，而中劇毒。優波先那喚舍利弗急來將之扶出。舍利弗問為何其中蛇毒而面色諸根無異狀？優波先那回答：因體悟身之六根、六塵、六識、六界、五蘊等，非我、非我所，故面色諸根無有變異。

當舍利弗扶持其出於窟外時，優波先那身中毒碎壞，如聚糠糟而入滅。舍利弗向佛陀稟告此事。由於野外林間坐禪之比丘都可能遭蛇咬，於是佛陀教舍利弗防毒蛇及眾毒應誦之偈頌及真言。其中即是祈請「堅固賴吒羅、慈伊羅槃那、尸婆弗多羅、欽婆羅上馬、亦慈迦拘吒、黑瞿曇、難陀、跋難陀」等八大龍王之慈佑。

《雜阿含經》卷二十三（六〇四），本經記載阿育王本生為闍耶童子，某日與同伴共在沙中嬉戲，遙見世尊正前往城中托鉢。闍耶童子看見世尊具三十二相好莊嚴無比，心生敬仰，而以手中細沙做為麥䴵，恭敬供於佛鉢之中，並發願以供佛福德作為統治天下之王。佛陀亦微笑授記闍耶童子以此善根，當得為王，統治閻浮提，乃至得成無上正覺。此即孔雀王朝阿育王因地發心因緣。

佛陀入滅後，舍利分供於人間、龍宮與天上，人間由八王所分供。阿育王於佛滅後，欲於天下廣建舍利塔，於是取阿闍世等諸王所供之佛舍利，並入龍宮中從龍索佛舍利，後建立八萬四千佛舍利塔，遍此閻浮提。阿育王並在優波崛尊者導覽下，至佛陀為王子時學習、王宮生活、出家、六年苦行等一生聖跡之地朝禮。尊者並使居住於尼連禪河之迦梨龍王現身相見。此龍王原兩目皆盲，得遇佛後重見光明。

《雜阿含經》卷三十九（一〇八九），本經記載佛陀止住於王舍城耆闍崛山中時，夜起經行後坐禪時，魔王波旬為嬈亂故，化作大龍，遶佛身七匝，舉頭臨佛頂上，身如大船，頭如大帆，眼如銅鑪，舌如曳電，出息入息若雷雹聲。世尊知是波旬來擾，於是說心虛寂如空舍宅之偈，魔王知被識破而憂慼退去。

《雜阿含經》卷四十六（一二二六），本經記載佛陀止住於拘薩羅（梵名Kosala，憍薩羅，即舍衛國）舍衛國祇樹給孤獨園時，波斯匿王往詣佛所。由於當時國內各宗教耆宿、婆羅門，如：富蘭那迦葉、末迦利瞿舍梨子等外道六師皆年高望重，波斯匿王疑惑地問佛陀：這些長老無一自言已得阿耨多羅三藐三菩提無上正等正覺，何得世尊幼小年少，出家未久，而便言自證得阿耨多羅三藐三菩提？

於是佛陀告訴大王，有四種雖小而不可輕：「剎利王子年少幼小而不可輕，龍子年少幼小而不可輕，小火雖微而不可輕，比丘幼小而不可輕。」其中一則以龍小為喻，如果見到幼龍，不應將其視為小蛇而生輕慢想，而應令其安樂，否則將為龍毒所害。波斯匿王聞佛所說，歡喜隨喜，作禮而去。《別譯雜阿含經》卷三．初誦第三（五三）內容與本經相類。

《央掘魔羅經》，為劉宋．求那跋陀羅所譯，全文共四卷，收在《大正藏》第二冊（T2, No.120）。央掘魔羅（梵名Avguli-malya），意思是「指鬘」，原來是一個殺人無數，取千人指串為指鬘的兇惡之徒，後被佛陀所度化，成證聖果。在《佛說阿羅漢具德經》中說：「復有聲聞能修聖果，具大利根，盎堀摩羅苾芻是。」

本經為記載央掘魔羅，投佛出家，從而宣揚大乘教義的經典。本冊所摘錄為卷三，央掘問佛為何住無生際而復住此世間？佛命與文殊同往十方國土問於十佛，最後仍來問佛。佛為廣說多次捨身來此世間的原因。在佛陀所指示的諸方國土中，提及與龍相關之諸佛國土：「東方去此過九恒河沙剎，有國名海主，佛名海德」；「東方去此過十恒河沙剎，有國名龍主，佛名龍藏。」；「西南方去此過九恒河沙剎，有國名樂讚，佛名龍樂」。

《增壹阿含經》（梵名Ekottarikāgama）又作《增一阿含經》，為東晉・瞿曇僧伽提婆所譯，收於《大正藏》第二冊（T2, No.125）。關於本經之名稱，據《善見律毘婆沙》卷一、《五分律》卷三十、《四分律》卷五十四等所舉，「增一阿含」係依法數之次第，自一法順次增至第十一法而分類輯成者，故稱「增一」。又據《薩婆多毘尼毘婆沙》卷一載，「增一阿含」乃佛陀為諸天、世人隨時說法，總集而成。本經為北傳四阿含之一，帶有濃厚的大乘思想色彩，成立時期為四阿含中最晚者。全經共五十一卷，分五十二品、四七二經。

以下摘錄《增壹阿含經》與龍相關之經文。

《增壹阿含經》卷十四〈高幢品第二十四〉之一、之二，所摘錄的是佛陀降伏毒龍，度化事火三迦葉的事蹟。三迦葉兄弟最初為事火外道，供奉火龍。大迦葉為頻婆娑羅國王之國師，帶領五百弟子，二位弟弟則分別帶領三百名及二百名弟子。佛陀成道後不久，三迦葉受佛度化，遂帶領弟子皈依佛陀。大迦葉領五百弟子，二位弟弟分別有三百及二百弟子。佛經中常見的佛弟子「千二百五十人」，其中的千人，即指此一千弟子。

《增壹阿含經》卷十九〈等趣四諦品第二十七〉第（八）經所摘錄與龍相關之經文，為佛陀在舍衛國祇樹給孤獨園所宣說。金翅鳥以龍為食，佛陀宣說卵、胎、濕、化四生之金翅鳥，取食卵、胎、濕、化四生之龍為食的情況，其中除了威力最大的化生金翅鳥，其餘三類金翅鳥所取食的龍之種類皆有限制。儘管如此，若使龍王身事佛者，是時金翅鳥不能食噉。因為如來恆行慈、悲、喜、護四等之心，有大勇猛，不可沮壞，能守護龍王不被金翅鳥所食。佛陀並勸勉比丘大眾當行此四等之心。

《增壹阿含經》卷十九〈苦樂品第二十九〉第（六）經所摘錄與龍相關之經文，為佛陀於舍衛國祇樹給孤獨園所宣說，四種不可思議：眾生不可思議、世界不可思議、龍國不可思議、佛國境界不可思議。其中以龍以意念興雨說明龍境界不可思議。

《增壹阿含經》卷二十八〈聽法品第三十六〉，第（五）經記載：佛陀止住於舍衛國祇樹給孤獨園時，應帝釋天王之請，至三十三天為佛母摩耶夫人說法。佛陀與比丘聖弟子大眾以神足通往忉利天宮時，飛越難陀、優槃難陀龍王兄弟之頂上，於是二龍王興大瞋恚，放大火風，黑煙遍佈閻浮提，引起人們恐慌。由於二龍王極為兇暴，最後由神通第一的目連尊者前往降伏，並引領二龍王化為人形回到舍衛國皈依佛陀，持受五戒，成為佛弟子。

同時波斯匿王亦來詣佛，見到化成人形的二龍王未起身恭敬致意，心生不悅，擬欲殺之。二龍王知波斯匿王惡心，意欲殺王及其國民。危急之際，佛陀遣目連尊者救波斯匿王，無令為龍所害。

《增壹阿含經》卷二十九〈六重品第三十七之一〉，第（二）經記載：佛陀於阿耨達泉為阿耨達龍王說法時，龍王見舍利弗尊者未在席間，惟願世尊遣一比丘請尊者前來。佛陀遣目連尊者前往，見舍利弗正在祇洹精舍補納故衣，目連尊者催促前往，否則將捉其臂以神足前往。舍利弗尊者便將身上的竭支帶置於地上，告訴目連若能使此帶離於地，則隨他前往。目連尊者盡神力欲舉此帶，甚至引發了閻浮提大地震，卻終不能移動竭支帶。

阿耨達龍王也感受到龍宮大地震而請問佛陀，佛陀說彼因緣。神通第一的目連尊者懷疑自己神力退失，回到阿耨達龍泉欲請問佛陀，卻見到舍利弗已安坐在法會之上。佛陀告訴目連，並非他的神足通有退失，而是舍利弗比丘智慧無有量，心得自在，所以入於神足通三昧。阿耨達龍王見此，歡喜踴躍，佛陀為其宣說微妙之法。

《增壹阿含經》卷四十四〈十不善品第四十八〉第（三）經所摘錄經文，記載：佛陀止住於舍衛國祇樹給孤獨園，與大比丘眾五百人俱。應阿難尊者請法而宣說未來彌勒菩薩下生人間成佛之後的佛國豐境。其中提及：未來彌勒佛國的都城名曰雞頭，土地豐熟，人民熾盛，街巷成行。城中有龍王名曰水光，於夜時雨下澤香，使城中大地白晝清和。爾時，蠰佉法王以正法治化，國內有四珍之藏：乾陀越國伊羅鉢寶藏、彌梯羅國般綢大藏、須賴吒大國寶藏、婆羅㮈蠰佉大藏，各由四大龍王守護。

《增壹阿含經》卷四十九〈非常品第五十一〉，第（七）經所摘錄經文，記載佛陀於舍衛國祇樹給孤獨園，為阿那邠祁長者及其四兒說法。其中亦述及未來彌勒菩薩下生人間成佛之後，國內有四大寶藏由伊羅鉢龍王等四大龍王守衛，每年四月四日供人民探取，卻不見減少。

《六度集經》為吳．康僧會所譯，全文共八卷，收在《大正藏》第三冊（T3, No.152）「六度」（梵文Paramita），即六波羅蜜，指布施、持戒、忍辱、精進、禪定、般若等六種菩薩的修行法門。本經集錄佛陀往昔行六度萬行的本生故事，所以稱為《六度集經》，收錄多種本生經及各種本生故事，依六波羅蜜之次第分類將內容分六章：即（1）布施度無極章，（2）戒度無極章，（3）忍辱度無極章，（4）精進度無極章，（5）禪度無極章，（6）明度無極章。（「明」為梵文「般若」之漢譯）

本經內的故事，有各種不同譯本，例如：第一章中之〈普施商主本生〉及〈須大拏經〉分別相當於劉宋・求那跋陀羅所譯的《大意經》、西秦・聖堅所譯的《太子須大拏經》。第二章中之〈太子墓魄經〉相當於後漢・安世高所譯的《太子墓魄經》及西晉・竺法護所譯的《太子墓魄經》。〈頂生聖王經〉相當於宋・施護等譯的《頂生王因緣經》。第三章中之〈睒道士本生〉相當於西晉譯者佚名的《睒子經》及西晉・聖堅所譯的《睒子經》。第四章中之〈修凡鹿王本生〉相當於吳・支謙所譯的《九色鹿經》。以下摘錄《六度集經》中與龍相關之經文。

《六度集經》卷一〈布施度無極章第一〉第（九）經〈普施商主本生經〉，為佛陀宣說其為普施商主本生時，為濟度一切眾生貧困，而至天神、海神處求取寶珠。途中得諸天神所助，但也被海中諸龍神設計奪去神珠。後在普施精進不屈的精神下折服，而歸還神珠。最後普施帶著神珠歸國，沿途布施，所經之國，國無貧民，並行五戒十善，遂至得佛。

《六度集經》卷五〈忍辱度無極章第三〉第（四六）經，記載佛陀自述其為國王本生，仁政愛民，但受其舅惡王欲攻伐其國，為免生靈塗炭，菩薩國王與王妃自行流放至山林，將國土讓與其舅。當時有邪龍覬覦王妃美色，化身為婆羅門劫奪王妃而去。後在猴王率領眾猴的協助下，與邪龍大戰，奪回王妃。在其舅惡王死後，菩薩國王被臣民歡喜迎回故土。

《六度集經》卷五〈忍辱度無極章第三〉第（四八）經，記載佛陀自述其與阿難為二龍本生時，具大威力，安住於海中。某日化為小蛇上陸地遊玩，遇一毒蚖欲害彼。其中一龍欲以威神力殺之，另一龍則諫之以慈心安忍之德。後二龍歸於大海現出龍形，奮其威神震天動地，興雲降雨變化龍耀，人鬼咸驚，毒蚖乃惶怖而亡。當時慈心之龍即為佛陀本生，聽聞敬受之龍為阿難本生，毒蚖為調達（提婆達多）本生。佛告諸比丘，菩薩所在世世行忍，雖處禽獸不忘其行也。

《六度集經》卷五〈忍辱度無極章第三〉第（五〇）經，記載佛陀自述其盤達龍王本生時，為人族王女與龍王所生。盤達龍王某日於樹下安睡，被獵人所補獲，以慈心不害故未作抵抗。獵人以毒藥塗龍牙，牙齒皆落，以杖捶之，皮傷骨折，其痛無量，亦無怨心，更發願：若成佛道，必拯濟群生都使安隱，莫使其受到自身如今的痛苦。獵人將之囚於籠中，遊行諸國，示現龍身變化，向各國求索金錢。最後盤達被母親所救。這是佛陀本生弘慈行忍辱的故事。

《六度集經》卷六〈精進度無極章第四〉第（七〇）〈殺龍濟一國經〉，記載佛陀述說自身與彌勒菩薩往昔為兄弟時，俱行佛法，止觀寂定，並遊於諸國化導眾生奉行六度。當時有一大國，眾妖誘王，授其邪偽，率土承風，皆事蠱道，因此風雨不時，妖怪出沒，蛟龍吞食黎庶百姓。菩薩兄弟不忍眾生哀嗥無救，決心除龍濟國。於是二人稽首十方發誓：「眾生不寧，余之咎矣。吾後得佛，當度一切。」二人以神通化身為巨象、獅子，與惡龍搏鬥，霆耀雷震，三命俱絕而一國全命。菩薩門徒哀慟稱德，繼承師志奉行佛法教化，王逮臣民始知有佛，奉行六度十善，四境寧靖，遂致太平。這是佛陀宣說精進度無極的本生故事。

《六度集經》卷七〈禪度無極章第五〉第（七九）〈太子得禪經〉，記載佛陀身為太子未得道時，於樹下坐禪，發願若不得佛，終不起座。菩薩即得初禪，二、三、至四禪，夜向明時，佛道成矣。

佛陀成道後，至文隣龍王池邊樹下，入禪度無極，如諸佛所行。文隣龍王曾見拘婁秦佛、拘那鋡牟尼佛、迦葉佛，三佛得道，皆在此坐。龍王出水，覩佛於樹下坐禪，於是前趣向佛，遶佛七匝，以七頭覆佛上為遮風雨。經過七日七夜，佛陀端身安坐，不動不搖，不喘不息，七日不食。龍大歡喜，亦七日不食無飢渴念。七日之後風雨止息，佛陀亦從禪中出定。為龍王授三皈依。這是佛陀行禪度無極，龍王守護的故事。

《菩薩本緣經》為吳・支謙所譯，全文共二卷，收於《大正藏》第三冊（T3, No.153）。《菩薩本緣經》屬於佛陀的本生經之一，主要記述佛陀於過去世受生為各種不同形態的生命，或是各種行業而行菩薩道之故事。本冊所摘錄的是《菩薩本緣經》卷下〈龍品第八〉。

經中敘述菩薩往昔以恚因緣投生為龍王，當時有金翅鳥來襲，諸龍及龍女心大恐怖，龍王決心捨其身命以救諸龍。龍王並對金翅鳥說，汝於我所常生怨害，然我於汝都無惡心。龍王復說如來之偈：「非以怨心，能息怨憎，唯以忍辱，然後乃滅。」」，又說：「譬如大火投之乾薪，其炎轉更倍常增多，以瞋報瞋，亦復如是。」」爾時，金翅鳥聞是語已，怨心止息而離去。在龍王的教化下，諸龍婦女也都遠離恚毒修集慈心。

後又有惡人至龍住處，見龍身文彩莊嚴，以利刀剝取其皮獻給國王以求重賞。龍王爾時，心常利樂一切世間，即於此惡人生慈愍想，以行慈故，三毒即滅。菩薩摩訶薩，行忍波羅蜜時，乃至被剝皮食肉都不生怨，更何況餘事！

《生經》，為西晉・竺法護所譯，全文共五卷，收於大正藏第三冊（T3, No.154）。本經為佛陀本生經之一，由敘說佛陀及弟子之本事、本生因緣之小經集輯而成，共有五十五經。其中，最後一經題為譬喻經，乃敘說八種事緣。本冊所摘錄者為〈佛說墮珠著海中經〉，描述佛陀本生為濟救其國貧窮眾生，導師帶領五百人入海取珍寶，並向海龍王求索如意寶珠，歷經艱險，在返國途中，又被龍王使珠墮海。菩薩導師誓將海水舀乾取回寶珠，救度貧苦。龍王為其精誠所感，最終送還寶珠。菩薩還得寶珠，救諸貧窮，于今得證佛果，竭生死海，智慧無量，救濟群生，莫不得度。

《佛說菩薩本行經》，譯者失佚，全文共三卷，收於大正藏第三冊（T3, No.155）。本冊摘錄經中卷中及卷下與龍相關者。卷中記載佛陀降伏毒龍之本生：佛陀止住於王舍城時，有毒龍酸陀梨放雹霜、破五穀，有婆羅門，呪龍伏之令不雹霜，五穀熟成。自從佛來入國內，百姓受道而行，諸龍鬼神皆悉為善不作惡害，風調雨順，漸不再供養婆羅門。婆羅門於是以供養大迦葉等尊者之福德，迴向生為惡龍，放風雨大墮雹霜，傷殺五穀。後惡龍為佛陀所降伏，皈依三寶，持受五戒，國中疫疾亦止息，摩竭國中人民飽滿，眾病除愈，遂便安樂。

卷下記載佛陀往昔為輔相時度化龍王夫婦之本生：一時，佛在波羅奈國精舍中安止時，度化波羅奈王輔相婆羅門夫婦，二人聽聞佛布施、持戒之福，六道之苦，一心思惟八正道。應時夫婦歡喜踊躍入四正諦，即於佛前得須陀洹道，並一起出家。爾時，世尊重為說法，三十七道品、諸禪三昧，夫婦二人思惟意解，諸欲永盡，俱成阿羅漢。諸比丘讚歎如來神力智慧，亦復讚歎二阿羅漢：「甚奇甚特！在於尊豪便能放捨尊貴榮祿，其婦少壯棄欲捨樂，甚為難及。」

佛陀因而宣說本生為輔相名比豆梨時，度化海龍王波留尼，及其夫人摩那斯的故事。比豆梨至為慈仁智慧無比，一切經典靡不通達，生天人中五道所趣悉皆知之，五戒十善而用教化，聲名遠播至龍宮。龍王遣夜叉至人間奪回比豆梨，為其宣說十善生天之法、六道輪迴之苦，於是龍王及與夫人、一切諸龍、悚然心驚毛豎，皆奉十善攝身口意持八關齋，諸龍歡喜。當時，金翅鳥王欲來噉龍，卻盡其神力而不能近身。於是諸龍甚自欣慶怪未曾有。龍王，夫人，大海諸龍、一切夜叉、盡奉十善，莫不歡喜作禮稽首。

爾時國師比豆梨即是佛陀，龍王波留尼、龍王夫人摩那斯，即是今此輔相夫婦是。往昔為龍時，聞法歡喜入心，得脫龍身生於天上。今聞佛說法歡喜意解，即便出家思惟智慧，諸欲永盡俱得羅漢。

《大方便佛報恩經》，譯者失佚，全文共七卷，收於大正藏第三冊（T3, No.156）。本經敘說佛陀安止於舍城耆闍崛山中，與大比丘眾二萬八千人俱，如：摩訶那伽、摩訶迦葉、須菩提、憍陳如等，皆所作已辦，梵行已立，不受後有。及眾所知識菩薩摩訶薩，如：觀世音菩薩、得大勢菩薩、彌勒菩薩、文殊師利王法子等諸菩薩三萬八千人俱。及一切天龍八部率無量眷屬，大眾圍遶，供養恭敬，尊重讚歎如來。爾時阿難尊者入城中乞食，聞外道譏佛非孝，後稟白佛。佛陀乃放光雲集十方之菩薩，自說本生曾為須闍提太子，以身肉濟父母之難，或昇忉利天為母說法等。

本經共九品，本藏所摘取者為卷四〈惡友品〉，敘述佛陀與提婆達多為善友太子、惡友太子兄弟本生。時善友太子為濟度眾生入於大海，歷盡險難，向龍王索得摩尼寶珠，卻遭弟弟惡友嫉妒而刺瞎其雙眼，奪寶珠而返國。善友眼盲流落異鄉，歷盡艱苦，最終回到故鄉與父王母后團聚，取出摩尼寶使年邁眼瞑的父母雙眼復明，並以寶珠化現一切民生所需，行大布施。

佛陀告訴弟子大眾：「提婆達多過去世時，常懷惡心，毀害於我。而我以忍辱力，常念施恩，因乃得濟，況今成佛？」

《悲華經》，北涼．曇無讖所譯，全文共十卷，收於大正藏第三冊（T3, No.157），又作《悲蓮華經》、《大乘悲分陀利經》。本經敘述阿彌陀佛及釋尊等之本生，並以對照方式敘述「淨土成佛」與「穢土成佛」之思想，尤特別稱揚釋迦如來穢土成佛之大悲。經題「悲華」，即「慈悲的白蓮華」之意，喻指釋迦牟尼佛而言。

全經共分為六品，第一〈轉法輪品〉與第二〈陀羅尼品〉，係描繪蓮華尊如來所居之蓮華世界。第三〈大施品〉，就寂意菩薩所問佛陀出現於五濁穢土之緣由，明示本經之主題。謂釋尊以其大悲心及前世之誓願而出現於不淨佛國土。復敘述諸佛、菩薩之本生，並述及無諍念王之治世。第四〈諸菩薩本授記品〉，敘述無諍王因大臣寶海之勸發，乃生起淨土成佛之誓願，寶藏如來並授記其將來成佛，號無量壽。其次，千位王子也依次授記成觀世音、得大勢、文殊師利、普賢、阿閦佛等。寶海之八十子及三億弟子亦發無上菩提心，誓願穢土成佛。最後，寶海更發五百誓願，願於惡世成佛。寶藏如來讚歎寶海是如白蓮華般的大悲菩薩，並授記其將於娑婆世界成佛，號釋迦如來。第五〈檀波羅蜜品〉，宣說大悲菩薩之菩薩行。第六〈入定三昧門品〉，明示釋迦如來之入定三昧，並列舉十種經名，最後以咐囑無怨佛宿仙人令護持流通本經。

本藏所摘錄〈轉法輪品第一〉、〈悲華經陀羅尼品第二〉中，佛陀為大眾宣說「解了一切陀羅尼門」時，其中有六萬四千諸龍發阿耨多羅三藐三菩提心，得不退轉。〈諸菩薩本授記品第四之二〉中，寶藏如來為是十千人等，授阿耨多羅三藐三菩提記，其中有四佛同號「龍自在」，復有一百一佛同號「龍雷尊華光明王」，復有千佛同號「離法智龍王解脫覺世界海眼山王」等名號與龍相關之如來。

卷五〈諸菩薩本授記品第四之三〉中，提及寶海梵志有五名侍者，名字皆和龍有關，分別為手龍、陸龍、水龍、虛空龍、妙音龍，寶海梵志教其供養佛及眾僧而發阿耨多羅三藐三菩提心。卷六〈諸菩薩本授記品第四之四〉中則是寶藏如來為手龍等五名侍者授記未來當作佛之名號。

卷九〈檀波羅蜜品第五之二〉中則是記載佛陀往昔為滿月商主時，為濟度眾生入於大海取諸珍寶欲返閻浮提，卻引來海神及諸龍心懷瞋恚欲害商人。後為馬堅龍王大菩提所救護而返回閻浮提。

卷十〈檀波羅蜜品第五之三〉佛陀又敘說身為虛空淨王本生時，龍王示現寶珠供聖王，化現種種寶物，使其得以佈施貧人。後又發大誓願於未來作大龍王，示現種種寶藏，於諸惡世界佈施眾生。由於其本願故，多生投生為大龍王，具足廣大寶藏布施眾生，並發願求三十二相精進不已的本生故事。

〈入定三昧門品第六〉中，描述十方世界中有龍自在如來、寶掌龍王如來等，名號中與龍相關之如來。

《悲華經》古來有四種中文傳譯本：(1)《閑居經》一卷，據《開元錄》卷二之註釋，此經由西晉・竺法護譯，為《悲華經》之同本異譯。(2)《大乘悲分陀利經》，譯者不明，古來稱為秦譯本，今有八卷三十品；此經較曇無讖譯本更簡潔、且接近原貌。與藏譯本、梵本亦較一致。(3)《悲華經》十卷，北涼・道龔譯，今不存。(4)《悲華經》十卷，即本文所述者。

以上為《龍王藏》第二冊所收錄與諸龍相關經典之大要。

在天災人禍頻仍的此際，出版《龍王藏》有著特別的意義。這個世界需要智慧、慈悲與定力，來安止惡意的螺旋。當我們的心愈加混亂，更加的貪婪、瞋恚、愚癡，這個世界與所有的生命，將如同鏡面一般，映照出同樣的景象而交互影響，益加惡化。《龍王藏》是創造智慧與慈悲的勝善因緣，是讓大家一起共創福德、悲心的經典。讓我們共創這光明的清境，讓宇宙、天地諸龍與一切眾生共善和樂，共享福德善境，共證無上正覺。普願大眾、一切諸龍及所有眾生，無災無障圓滿吉祥！

龍王佛 | 洪啓嵩 恭繪 | 2017年 | 2mx5m

金剛光焰止風雨陀羅尼經

大唐南印土三藏菩提流志譯

如是我聞：一時，薄伽梵與其大眾前後圍遶，遊摩伽陀國，行在中路遇大黑雲，靉靆彌薄，嵐颲惡風，雷電霹靂，驟澍雹雨。語具壽慶喜言：「汝當取一新淨甕子，滿中盛水真言，攝逐如是婆修吉龍王及諸毒龍，惱亂世間，壞諸苗稼、花果、子實，作災害者，皆應攝逐，俱入甕內，止斯風雲，雨雹霹靂，便禁禦之。汝受如是真言法等，依法作治。」

爾時，如來說示東方止雨真言曰：

怛他(寧也反)他(去一句) 矩矩矩矩(二句)

tadyathā gugu gugu

跛(北沒反下同音二合)囉(凡攞字口傍作者彈舌呼之下例同)弭捨(書柘反下同音)塞(桑乙反)民禁(俱參反下同音)尾(二合)醯(去三句)

pramiśasamincinbi

補哩(凡哩字口傍作者彈舌呼下同)摩焰儞(奴枳反)始(四句)

buhamayannici

那(去)儼啽(去聲彈舌呼之)陀(上)弭(彌井反五句)　莎(二合)縛(無可反下同音)訶(六句)、

nyarodhami svāhā

南方止雨真言：

努(輕呼下反)努努努米伽(上一句)　滿陀(上)滿陀(上二句)

nunu nunu megha bandha bandha

滿陀(上)禰(奴禮反三句)

bandhami

跛二合囉弭舍書拓反塞同上民四句　禁同上尾二合醯去五句

pramiśasamin cinbi

諾乞使拏焰儞奴抧反始六句

cakhaśenayanice

那去儼崘去聲彈舌呼之陀上弭同上七句　莎二合縛訶八句

nyarodhami svāhā

西方止雨真言：

止止止止一句

ṭiṭi ṭiṭi

跛同上二合囉跛同上二合囉跛同上二合囉跛同上二合囉二合二句

prapra prapra

跛同上二合囉弭舍同上塞同上民三句　禁同上尾二合醯去四句

pramiśasamin cinbi

播室止摩焰儞始五句

paśaṭimayanici

那去儼論去聲彈舌呼之陀上弭同上六句　莎二合縛訶七句

nyarodhami svāhā

北方止雨真言：

那迷那迷一句　虎虎虎虎二句

nami nami huhu huhu

暑輸主切暑暑暑三句 矩矩矩矩四句

śuśu śuśu gugu gugu

跛同上二合囉弭舍同上塞同上民禁同上尾二合醯去五句

pramiśasamincinbi

縒桑哥反下同婆無何反下同跢多箇反下同娑去迷伽魚伽反六句 娑去縛無可反上下同哩灑踈駕反七句

sarvatasamika svariśa

娑去弭窟丁聿反下同縒蘖惹八句

somitisvagaja

縒捨聹(奴頂反下同九句) 縒塞(蘇礙反)養(寧養反十句)

svaśani svasayaṃ

縒麼攞婆(同上)歌娜(十一句) 娑(去)那(去)誐(銀迦反又音迦字斤攞反)建養(寧養反十二句)

svamaravagana svanagagaṃyaṃ

嗢(烏骨反)跢囉焰儞始(十三句)

udtre yaniśi

那(去)儼噊(去聲彈舌呼之)陀(上)弭(同上十四句) 莎(二合)縛訶(十五句)

nyarodhami svāhā

十方止雨真言：

怛地(寧也反)他(去一句) 羯(二合)囉莽羯(二合)囉莽(二合*二句)

tadyathā karamaṃ karamaṃ

羯(二合)囉莽羯(二合)囉莽(三句)

karamaṃ karamaṃ

僧(去)羯(二合)囉莽僧(去)羯(二合)囉莽(四句)

saṃkaramaṃ saṃkaramaṃ

僧(去)羯(二合)攞莽僧(去)羯(二合)囉莽(五句)

saṃkaramaṃ saṃkaramaṃ

曝那(去)誐(同上)囉惹(六句) 遏塞(同上二合)民禁(同上)尾(二合)醯(去七句)

punagarājā hasamincinbi

縒婆同上跢同上縒迷伽同上八句　娑去縛同上哩灑同上九句

svatasvamiga svariśa

娑去塞窟同上娑去*蘖二合唎惹十句　娑上捨聹娑細野同上十一句

svasati svagarija svaśani svaśaya

娑去縛攞皤歌娜十二句　娑去那去誐同上建養同上十三句

svalavagana svanagagamyaṃ

跛同上二合囉弭捨跛同上二合囉弭捨十四句

pramiśa pramiśa

曝那誐同上囉惹十五句　遏塞同上民禁同上尾二合醯去十六句

punagarja hasamin cinbi

勃陀上薩底二合曳曩十七句

bodhasatiyanaṃ

底瑟詫魑價反僧去⿰未犬盧骨反度臬十八句

tiṣṭhasa rudusa

摩者攞十九句　莎二合縛訶二十句

macara svāhā

爾時，如來說此真言已，告具壽慶喜言：「汝先於佛前及迴路地，各淨塗飾二肘漫拏羅，先置水甕，佛前壇上，執持楊枝；內水甕中，奮聲緊捷誦此真言，調旋攪水，攝取婆修吉龍王及諸毒龍，盡入甕中，二十一遍，當以水甕，露地壇中，口到合地，則使非時災害、瀑雨、雷雹、霹靂一時皆止。慶喜！復有真言，止諸災障、熱風、冷風、旋嵐、惡風，能護一切苗稼、花果、子實滋味。」

東方止風真言：

怛地(寧也反)他(去一句)　歌攞歌攞(二句)

tadyathā kara kara

滿陀(上)布哩麼焰儞始(三句)　訥瑟吒(上)只跢(同上四句)

madhaburimayanici naśaṭacita

弭醯(去)侘(鱸駕反)乾(五句)　那健那(去)誐(同上)婆(同上)旦(六句)

mihetakaṃ nāgaṃ nagavata

米(引)伽(同上)婆(同上)旦(七句)　縛(同上)哩灑婆(同上)旦(八句)

niṣavata praśavata

蜜窟同上婆同上旦九句　蘖喇惹婆同上旦十句

mitivata prijavata

旖烏箇反捨聹婆同上旦十一句　細養同上婆攞婆同上旦十二句

aśanivata śyaṃ varavata

娑去建養同上婆同上旦十三句　莎二合縛訶十四句

svakayavata svāhā

南方止風真言：

虎嚕虎嚕一句

hulu hulu

滿陀上諾訖使拏平焰儞始二句

mandhajakṣiśinyanimi

訥瑟吒上只跢三句 弭醯去侘魑駕反乾四句

tuṣṭacita miheṭakaṃ

那去健那去誐同上婆同上旦五句

nāgaṃ nagavata

米引伽同上婆同上旦六句 縛哩灑同上婆同上旦七句

migavata praśavata

蜜窟同上婆同上旦八句 蘖二合喇惹婆同上旦九句

mitivata prijavata

旃捨聹婆同上旦十句　細養同上婆同上攞婆同上旦十一句

aśanivata śyaṃ varavata

建養同上婆同上旦十二句　莎二合縛訶十三句

kayaṃ vata svāhā

西方止風真言：

抧理抧理抧理抧理一句

ṭili ṭili ṭili ṭili

滿陀上鉢室止麼焰儞始二句

mandapaśiṭimayaṃ nici

訥瑟吒上只跢三句

tuṣṭacita

弭醯去佗同上乾四句　那去健那去誐同上婆同上旦五句

mihețakaṃ nāgaṃ nagavata

米引伽同上婆同上旦六句　縛哩灑同上婆同上旦七句

nikhavata variśavata

蜜窟婆同上旦八句　蘗二合唎惹婆同上旦九句

mitivata prijavata

旖捨聹婆同上旦十句　細養同上婆同上擺婆同上旦十一句

aśanivata śyaṃ varavata

建養同上婆同上旦十二句　莎二合縛訶十三句

kamyaṃ vata svāhā

北方止風真言：

弭哩弭哩弭哩弭哩一句

mili mili mili mili

滿陀上嗢同上跢囉焰儞始二句

bandha utrayaniśi

訥瑟吒上只跢三句　弭醯同上侘同上乾引四句

tuṣṭaciti meheṭakaṃ

健那去誐同上婆同上旦五句

gaṃ nagavata

米伽同上婆同上旦六句　縛哩灑同上婆同上旦七句

mikhavata varaśavata

蜜窋婆同上旦八句　蘖二合喇惹婆同上旦九句

mitivata prijavata

旖捨聹婆同上旦十句　細養同上婆同上攞婆同上旦十一句

aśanivata śyaṃ varavata

建養同上婆同上旦十二句　莎二合縛訶十三句

kaṃ yaṃ vata svāhā

「具壽慶喜！當以此等四方真言如前作法，則令一切災障、惡風壞苗子者，皆悉止之。具壽慶喜！復有真言，能止一切惡龍毒氣、卒風、雹雨壞苗子者。」

止卒風、雷雹、暴雨真言：

吒(上)吒(上)囉吒(上)囉(一句) 抧理抧理(二句)

ṭaṭara ṭara ṭili ṭili

皤囉皤囉皤囉(三句)

pra pra pra

弭理弭理(四句) 者者者者(五句)

mili mili caca caca

底瑟詫(同上)僧(去)[illegible](同上)度梟(六句) 莎(二合)縛訶(七句)

tiṣṭhasaṃrodhusi svāhā

禁禦毒龍真言：

度度度度一句

tutu tutu

摩訶度度囉曳二句　莎二合縛訶三句

mahātutulaya svāhā

嚕嚕秫同上度臯曝半娜誐四句

ruru huduse pubannaga

縒婆同上跢同上縒迷伽上五句　娑去婆同上哩灑同上六句

sarvatasamikha svariśa

縒蜜岊同上娑去蘖二合喇惹七句　娑去旖捨聹八句

samiti svagaraja sahaśani

縒塞蘇礙反養同上九句　婆同上攞皤歌娜十句

sasayaṃ varapagana

娑去那同上誐建養同上十一句　莎二合縛訶十二句

svanagagaṃ yaṃ svāhā

「具壽慶喜！若欲修治此諸真言三昧耶者，先於十方佛像尊前，以眾香水，團圓塗飾二肘漫拏羅，復於露處淨地，塗潔二肘漫拏羅，取一數淨一㪷甕子，滿盛淨水置佛前壇上，當以隨時香花供養，惟以沈香、白栴檀香、薰陸香等，燒焯供養；手執楊枝內水甕中，高聲緊捷誦是真言，攝諸毒龍、惡風、暴雨、災害、毒氣，盡入甕內禁禦止之；二十一遍，加持水甕禁禦切勒，持斯水甕，露地壇上，口到合地，待風雨止，寂淨晴明，乃除去甕。具壽慶喜！復有飲光真言：

那謨勃陀(上)野(楊可反下同一句)　娜謨達摩野(二句)

namo buddhaya namo dharmaya

娜謨僧伽野(三句)　怛地(寧也反)他(去四句)

namaḥ saṅghaya tadyathā

唵(近奧字音擡聲呼五句)　歌囉歌囉(六句)　歌囉歌囉(七句)

oṃ kara kara kara kara

歌歌歌歌(八句)　歌歌歌歌(九句)

kaka kaka kaka kaka

納莫迦(近邏反)始野播野(十句)　彈(都可反)詑誐誃(同上)野(十一句)

namakaśyabhya tathāgataya

旃囉歌羝三(去)藐三(去)勃陀(上)野(十二句)

arhate samyaksaṃ buddhaya

悉殿都(十三句)　漫怛囉播那(奴箇反)(十四句)　莎縛訶(十五句)

sidhyantu mantrabati svāhā

「具壽慶喜！若有惡龍，聯綿降下惡霖雨時，露地塗潔護摩燒處，隨時採取眾妙香華一千八十朵，持用獻佛；獻供佛已，使以此花，於其露地面西趺坐，奮聲緊捷，一誦真言，加持一花；持用護摩，燒一千八十遍，即能制止十方一切惡龍毒氣、災害霖雨、災障惡風，一時晴止，除諸有情飢饉災厄，護益一切苗稼、花果、子實，滋味具足成熟。若不晴者，倍前加法，一設、二設、乃至五設，必定晴止。持真言者沐潔身服，斷諸語論，以大慈心，如法治法而得成就。

「具壽慶喜！復有真言，力能遮止一切惡龍、諸惡蟲獸食苗子者，亦能除遣一切鬼神吸人精氣者，悉皆馳散，能與世間一切有情作大安樂，苗稼、果實而常滋盛得大豐熟。」

根本滅諸災害真言：

娜莫薩縛(*无可反)嚲(都可反下同音)咤(他可反)誐(銀迦反又音迦字斤攞反下同)諦瓢(毘遙反一句)

namaḥ sarva tathāgatebhyo

旖(烏箇反)囉(凡攞字口傍作者皆彈舌呼之)喝弊(毘藥反二句)　三(去)藐三(去)勃悌弊(同上三句)

arhabhyaḥ samyaksaṃbuddhebhyaḥ

娜謨皤誐縛諦(四句)　舍(時柘反)枳野(二合揚可反下同)母娜曳(五句)

namo bhagavate śākyamunaye

嚲詑誐跢(多箇反下同音)野(六句)　唵(近奧音喉中擡聲引呼)入縛(二合)攞入縛(二合)攞(七句)

tathāgatāya oṃ jvala jvala

祇虬曳反哩皤縛娜八句　捐寧立反跛比沒反跢米倪九句

giri bhavana dīpta megha

摩訶戰拏十句　娜去誐紇恒沒反哩娜野十一句

mahācaṇḍa nāga hṛdaya

播吒去儞十二句　虎嚕虎嚕十三句　歌曩輕呼陀上歌十四句

paṭāni huru huru hana daha

播者播者十五句　播者野播者野十六句

paca paca pacaya pacaya

薩縛薩寫(息箇反 下同音)聹(十七句) 那捨野那捨野(十八句)

sarva sasyani naśaya naśaya

薩縛 訥瑟吒(上)那(去)誐 矩攞崩扇(十九句)

sarva duṣṭa nāgakulapāśa

縛囉跛(同上 二合)囉縛囉(二十句) 戰拏謎倪(二一句)

vara pravara caṇḍa megha

摩訶縛攞播囉羯(二合)囉迷(二二句) 塞(桑邑反)怖哩跢(二三句)

mahābala parakrame sphurita

澇(盧教反 彈舌呼)捺(二合)囉薄(*无約反)訖得(都乙反 二合)[口+隸](二四句) 麼詑麼詑(二五句)

raudra vaktre matha matha

入嚩*(无何反)羅麼羅陀(上)哩抳(二六句)

jvalamāladhāriṇi

戰拏(上)廢(無計反)誐嚩底(二七句)

caṇḍa vegavati

鉢(二合)囉嚩囉弭麼曩(二八句)

pravara vimana

馱哩抳吽吽(二九句) 嚩擺嚩底(三十句)

dhāriṇi hūṃ hūṃ balavati

廢(同上)伽(魚迦句)嚩底(三一句) 裟(去)囉裟(去)囉(三二句)

vegavati sara sara

𑖪𑖸𑖐𑖪𑖝𑖰𑖭𑖨𑖭𑖨

弭娑去羅弭娑去囉三三句　跛二合囉娑去爛彈舌呼覩三四句

visara visara prasarāntu

𑖪𑖰𑖭𑖨𑖪𑖰𑖭𑖨𑖢𑖿𑖨𑖭𑖨𑖯𑖡𑖿𑖝𑖲

薩縛薩寫同上跌丁吉反二合哩拏上三五句

sarva sasya treṇa

𑖭𑖨𑖿𑖪𑖭𑖭𑖿𑖧𑖝𑖿𑖨𑖸𑖜

婆同上娜塞同上播跢耶揚可反三六句　補澁跛叵攞三七句

vanasapatāya puspaphala

𑖪𑖡𑖭𑖢𑖝𑖯𑖧𑖢𑖲𑖭𑖿𑖢𑖣𑖩

鉢怛二合囉散陀上囉抳三八句　旃播薩半覩三九句

patra sandhāraṇi apasapantu

𑖢𑖝𑖿𑖨𑖭𑖡𑖿𑖠𑖯𑖨𑖜𑖰𑖀𑖢𑖭𑖢𑖡𑖿𑖝𑖲

薩縛那誐訥瑟吒(二合上四十句) 薩縛皤縛娜(四一句)

sarva nāga duṣṭa sarva bhavana

弭誐跢米誐縛底𤙖𤙖㧊(蒱末反四二句)

vigata vegavati hūṃ hūṃ phaṭ

那(去)誐弭陀(上)囉抳㧊(四三句)

nāga vidhāraṇi phaṭ

入婆(同上)理聹㧊(四四句)

jvalini phaṭ

入婆攞磨理聹㧊㧊㧊(四五句)

jvala mālini phaṭ phaṭ phaṭ

爾時，如來說此真言時，世間一切諸惡毒龍宮殿火起，是諸毒龍為火所燒，皆悉頭痛，身膚爛壞，舉節疼痛，一時惶懼，往詣佛前頭面禮足，合掌恭敬，一時同聲白言：「世尊！如來今者說此真言，令諸龍輩極大怖惱。世尊！我諸龍等無有過罪，常為惡持真言法者，每皆惱亂我諸龍等，或縛、或打、或禁、或逐我等眷屬今出本宮，由斯我皆生大瞋怨，則便非時起大惡風、卒暴惡雨、雷雹、霹靂。世尊！以斯苦緣，損壞一切苗稼、花果、子實滋味，皆令減少。世尊！是故持真言者，常於六趣一切有情，起大慈悲利樂之心。世尊！以此起大慈悲威力，則令一切災害、疫毒、惡風、惡雨悉皆消滅。

「世尊！我諸龍等，今於佛前各立誓言，若此真言所在方處有受持者，更不災壞一切苗稼、花果、子實。若有常能如法書寫如是真言，受持讀誦，依法結界，護諸苗稼、花果、子味，我諸龍輩則當往中而皆守護，風雨順時，一切苗稼、花果、子實皆令具足滋味甘甜；永不施行一切非時惡風、暴雨、雷雹、霹靂、霜霧、毒氣而作災害、及能遮止一切怨賊、諸惡鬼神、種種虫獸，不令侵暴一切眾生、一切苗稼、花果、子實。我諸龍輩各相勅語，不令損壞作諸災害。」

是時，如來告諸龍言：「善哉！善哉！汝等諸龍！應當如是種種守護贍部洲界一切有情，獲大安樂。」

爾時，如來復謂具壽慶喜言：「如是真言後末世時，能作護持一切苗稼、花果、子味，復能除遣一切疫毒、疾病、災難。若有惡龍數數卒起災氣、惡風、雷雹、暴雨，於是之時，應當往詣高山頂上，或詣田中，當作四肘方漫拏羅，香水、黃土、瞿摩夷，如法塗飾，幖郭界位，開廓四門；以欝金香泥，四面、四角、中央圖畫八葉開敷蓮花；以粳米粉染分五色，撚飾界道，四門莊彩，赤犢子新瞿摩夷，和白麵溲，如法塑捏五龍王等。

「當壇東面，三頭龍王，頭上出三蛇龍頭；南面五頭龍王，頭上出五蛇龍頭；西面七頭龍王，頭上出七蛇龍頭；北面九頭龍王，頭上出九蛇龍頭；中央一頭龍王，頭上出一蛇龍頭。是等龍王身量十二指，面目形容狀如天神，皆半加坐八葉蓮上，種種衣服如法莊嚴。

「四門四角置香水甕，一一龍前置於香爐，置七種三白飲食盤，淨磁甕子盛乳酪酥、盛粳米麨，於五龍前，如法敷獻；種種時花散布供養，以沈水香、酥合香燒焯啟獻；加持稻穀、花、白芥子，溥散壇上五金剛橛。四是佉陀羅木，一是鑌鐵，量等四指；如是五橛，真言加持一百八遍，金剛木橛釘四面那伽質多，金剛鐵橛釘中央那伽質多。壇四角豎十六肘竿幢，素絹帛上寫是真言，繫四幢頭，誦斯真言二十一遍，加持四幢而竪置之；面畏心悅，觀視十方，奮聲捷利誦斯真言三十五遍，眼所及處則成結界，護祐十方田野、園苑一切苗稼、花果、子實；乃至未除壇幢已來，常得擁護一切苗稼、花果、子實，不為一切蝗虫、諸惡鳥獸、惡風、暴雨、雷電、霹靂、諸惡毒龍而作災害，殃壞損傷；令得國中所有一切五穀、苗稼、花果、子實悉皆豐熟，一切龍王而皆擁護。

「又以真言加持淨沙一百八遍，田中園苑皆遍散薩一切苗稼、花果樹上，如是加持亦當不為一切蝗虫、二足、多足種種虫獸而作災暴，食噉苗稼、花果、子實。

「又法，當處田中、園中，隨其大小，如法塗治護摩方壇，取構木、榲木，本末端直，兩把量截，加持然火。當以大麥、麻油、粳米、白芥子、酥，日別三時，一誦真言，加持一燒，一百八遍，如是相續至滿七日，則便除遣一切惡龍、藥叉、羅刹、諸惡鬼神所遊世間行諸災者，悉皆馳散，及得一切蝗虫、鳥獸食人苗稼、花、果子者皆除滅。

「又法，春二月、三月，秋七月、八月，高山頂上或於田中高勝望處，或仰天樓上，七日七夜如法清潔，塗飾八肘漫拏羅，四面面別竪一竿幢；四幢頭上，繫懸一丈六尺素帛長幡，於幡掌面，各畫釋迦牟尼如來形像，佛右畫執金剛祕密主菩薩，左畫阿伽悉底仙人；幡掌向下，寫斯真言經文。

「紫檀木金剛橛四枚，長三把量，真言加持二十一遍，釘四幢下，標結方界；以時眾妙花、香、飲食、果子數獻：寅時、卯時、辰時、巳時、未時、申時、酉時、亥時，觀視十方田野苗稼，燒香啟請十方一切諸佛、諸大菩薩、一切天仙、龍神八部降會加被，誦斯真言一百八遍；如是修治滿七日夜，則得除滅一切惡風、暴雨、雷雹災障，復得除滅二足、四足、多足蝗虫鳥獸，食噉苗稼、花果、子者，盡皆馳散，復得除遣一切毒蛇、虎狼等難，一切災障悉皆除滅。具壽慶喜！復有根本心真言：

那謨勃陀(上)野(一句)　唵(近奧字音喉中擡聲引呼)呬(呼以反)里弭里(二句)

namo buddhāya oṃ kilimili

戰制(尼例反)弭哩理(三句)

caṇi melili

戰制(同上)戰抳蔓(無繁反)陀(上)野(四句)　莎(二合)縛訶(五句)

caṇi caṇi bandhaya svāhā

「具壽慶喜！此心真言，若有人能信解受持，高山頂上，以此真言加持石榴杖一千八十遍；右手執杖，左手結龍坐印，隨十方面，觀視天地、田野苗稼，奮怒大聲一誦真言，一杖擬擊，期尅止禦，方別一千八十遍，則令一切惡毒龍輩，身毛悚豎，戰怖不安，毒心消滅，而便止除一切惡風、惡雨、毒氣、雷雹、霹靂。

「又法，三月一日、八日，於其曠野高勝望處，淨潔治地，作四肘漫拏羅，香水、黃土、瞿摩夷精潔塗飾，白栴檀香泥重遍塗飾，幖列界道，開廓四門；紫檀木金剛橛八枚，一時加持二十一遍，釘置四角四門為界；新箭五隻加持七遍，布插四面；鑌鐵三叉戟，壇心竪置；五色線索加持七遍，四面圍遶而為外界。

「四角中央置閼伽，白栴檀香、欝金香水，甕口插諸枝花葉；四門中央各置香爐五盤，種種三白飲食，四門中央如法敷獻；而復散布時諸香花，安悉香、蘇合香、沈水香、白栴檀香、薰陸香燒焯供養；稻穀、花、白芥子如法加持，獻散壇上。白芥子水加持七遍，散薩十方以為結界。於七日中，六時時別，觀視十方田野苗稼，奮聲誦心真言一千八十遍，滿七日夜，則得却後八箇月中，周遍十方一踰膳那則，無一切藥叉、羅剎、鬼神，諸惡虫類，食噉苗稼、花果、實者，皆悉除散。

「持真言者，當淨洗浴，以香塗身，著淨衣服，如法修習，西門跪坐，真言加持石榴杖一百八遍，右手把杖，左手結龍坐印，左手大拇指橫屈掌中，以中指、無名指屈押大拇指上，頭指直伸微屈，小拇指直伸。是真言者，遶壇八方，立誦真言各一七遍，即便面向雲雨起處，一誦真言加持手杖，一發擊敲惡風、雲雨，遣大山谷而下落之；如是發遣一千八遍，彼諸惡龍息滅毒心，風雨止之。

「若不止者，又應准前倍復加法，彼諸惡龍悉皆頭痛、心痛、身痛，熱沙著身，如刀割切身肢所苦，是諸惡龍生大怖懼。

「慶喜！以此法故，贍部洲界一切惡龍，八箇月中依法而住，降大甘雨。若有熱風、冷風、暴雨、雷雹、霹靂，數數亂起作災害者，紫檀木金剛橛一枚，量長四把，真言加持一千八十遍。當壇心上一真言加持，一釘一百八遍，沒入橛盡，惡風、惡雨、雷雹、霹靂一時禁止；若須雨者，當拔橛去。

「又以新淨劍，真言加持二十一遍；右手執劍，左手結龍坐印，當正立之，觀視雲雨所起之處，一真言劍，一擬擊敲惡雲、惡雨所起之處，則令彼諸惡毒龍輩，皆見火焰遍徹虛空，是諸惡龍悉皆怖懼，戰慄不安，惡毒心息。

「又加持欝金香泥，劍兩面上畫大身蘗嚕荼王，便加持劍一千八十遍；右手執劍、左手結龍坐印，面向八方方別輪劍，奮怒大聲，誦心真言一百八遍，彼諸惡龍自宮殿中，皆見大身蘗嚕荼王搏逐於身，出自宮殿，一時馳走，更不非時起諸惡風、雷雹、暴雨。

「當壇南面作護摩爐，加持躑躅花、白芥子、酥，如法護摩一千八十遍，十二箇月不起非時惡風、雷雹、雨雪災障；順真言者，遣雨則雨。

「又加持蠟，塑揑三頭龍王，狀若天神，身量八指，頭上出三蛇龍頭，著諸衣服，周遍身上純金莊嚴。復當如法塗飾三肘漫拏羅，淨瞿摩夷、香水、黃土淨潔泥飾，白粉界道唯開西門，香花、香水、三白飲食敷置供養。一㪷淨甕真言加持二十一遍，置壇心上；根本真言、心真言加持龍王一千八十遍，置龍甕內；淨帛四尺，真言七遍，蓋甕口上。結龍坐印，二手合腕，磔開十指如蓮花開敷，二大指、二小指並相著，二頭指相去四寸，一加持印，一印甕口上，一百八遍；稻穀、花、白芥子真言七遍，散置壇上，燒諸名香，啟召供養。

「右手把石榴杖，一誦心真言，一稱摩那斯龍王名，一加持杖，按甕口上一千八十遍，當便與此毒龍王，授名摩那斯龍王，主諸毒龍，當誓願言，攝禦禁止一切災風、惡雲、惡雨、雷雹、霹靂，諸惡毒龍一時順伏摩那斯龍王俱來入甕，則斷禁止災惡毒氣。

「如是修治，則得一切諸惡毒龍、災風、毒氣、惡雲、惡雨、雷雹、霹靂一時順伏，而皆止之。」

作斯法已時，真言者誦心真言，一一遍後當稱摩那斯龍王名，滿三落叉(梵言落叉唐云十萬)，則得摩那斯龍王額諸眷屬，一時變形為婆羅門身，現真言者前。是時，當以閼伽香水，供獻讚歎，說諸佛名種種功德，聞已歡喜，龍言：「仁者！有何相須？」

便告龍言：「贍部洲中，多為諸惡毒龍、毒氣、惡風、惡雲、暴雨、雷雹、霹靂，災壞一切苗稼、花果、子實滋味，由是相須。」

龍言：「隨意！若作法時，我即隨至任為所使，降澤甘雨。」

爾時，復有大身蘖嚕茶王，從坐而起合掌恭敬，一心向佛，曲躬而立，白言：「世尊！我有金剛嘴光焰睒電真言，如是真言神力威猛，能燒、能壞諸惡毒龍身心膚肉，亦能禁止一切災害、惡風、暴雨、雷雹、霹靂，亦能增長大地一切卉木、藥草、苗稼、花果、子實滋味，亦能禁伏諸毒虫類。今欲佛前於大眾中，廣為利樂一切有情心滿足故說，惟願！如來！慈哀加被爾。」

時，如來便告大身蘖嚕茶王言：「我已加被汝金剛嘴光焰睒電真言，現在十方殑伽沙俱胝那庾多百千如來、應、正等覺，亦已加被，汝大身蘖嚕茶王當速說之，為得治罰諸惡毒龍故。」

爾時，大身蘖嚕荼王得佛勅已，即說金剛嘴光焰睒電真言：

那謨囉怛(二合)娜怛(二合)囉(凡囉字口傍作者皆彈舌呼之下例同音)耶野(揚可反下同音一句)

namo ratnatrayāya

那莫室戰拏(上)跋馹囉(二合)播拏曳(二句)

namaḥ caṇḍavajrapāṇaye

摩訶藥𧺆(二合)叉(上)細那播跢(多箇反下同音)曳(三句)

mahāyakṣasenābataye

那莫塞(桑乙反下同音)跌(丁吉反二合)㘑路抧(經也二合)耶地播跢曳(四句)

namas trailokya dhibataye

那麼室者咄㹠(盧骨反)諵(尼感反五句)　摩訶囉腎(諸振反二反)誗(如占切六句)

namaḥ caturanāṃ mahārājñāṃ

唵(近奧字音喉中擡聲引呼之七句)　跛䭾囉(二合)頓制(尼例反八句)

oṃ vajra dunte

頓制(同上)頓制(同上九句)　摩訶頓制(同上十句)

dunte dunte mahādunte

覩置覩置(十一句)　跛䭾囉始佉(去)囉頓制(同上十二句)

dudi dudi vajraśikharadunte

麼抳迦(近攞反下同反)娜迦弭質怛(二合)邏皤囉拏(上十三句)

manikanakabicita avaraṇa

弭步使跢舍哩嚇十四句

bibūśitaśarire

𤙖𤙖𤙖十五句

hūṃ hūṃ hūṃ

[打-丁+市][打-丁+市][打-丁+市]十六句

phaṭ phaṭ phaṭ

那誐(銀迦反又音迦字斤攞反下同音)囉惹弭捺(二合)囉縛(*无可反下同音)抳十七句

nāgarājāvidravaṇi

紇(恒沒反二合)哩娜焰弭塞[打-丁+市]吒(上)野十八句

hṛdayaṃ visphoṭaya

跋馹囉二合頓制同上曩十九句

vajraduntena

鈝鈝鈝鈝鈝二十句

hūṃ hūṃ hūṃ hūṃ hūṃ

抪抪抪抪抪二一句

phaṭ phaṭ phaṭ phaṭ phaṭ

入縛理跢跋馹囉二合頓制同上曩二二句

jvalati vajra duntena

歌娜歌那二三句

hana hana

誐同上嚕拏平博迄灑踈賈反儞播諦曩二四句

garuṇapakṣanipatena

皤塞弭矩嚕二五句 訥瑟吒上那去健二六句

basmi kuru duṣṭanāgaṃ

吽吽吽吽吽二七句

hūṃ hūṃ hūṃ hūṃ hūṃ

抪抪抪抪抪二八句 暴暴二九句

phaṭ phaṭ phaṭ phaṭ phaṭ bho bho

半娜倪魚枳反，下同音捺二合囉三十句 薩桑邑反抪吒上薩同上抪吒上三一句

pannagentra sphuṭa sphuṭa

薩同上抪吒知諫反覩三二句 那誐廢無計反喇麼抳三三句

sphuṭanatu nagaveramani

矩路陀上囉惹三四句

krodharāja

摩訶縛攞播囉訖二合囉麼三五句

mahāpalabarakrama

入縛二合攞入縛二合攞三六句

jvala jvala

跛北沒反二合囉二合入縛二合攞跛囉二合入縛二合攞三七句

prajvala pvajvala

鈝鈝鈝鈝鈝三八句

hūṃ hūṃ hūṃ hūṃ hūṃ

柹柹柹柹柹三九句 暴暴四十句

phaṭ phaṭ phaṭ phaṭ phaṭ bho bho

誐嚕拏上囉惹四一句 跛馹囉二合頓拏四二句

garuḍarāja vajra tuṇḍe

素蘇故反韈二合喇拏博迄二合灑同上四三句

suvaraṇapakṣa

摩訶縛攞四四句　麼抳迦娜迦四五句

mahabala maṇikanaka

弭質怛二合囉耄理陀上囉四六句

vicitra molidhara

薄乞灑同上野暴四七句　訥瑟吒上那去健四八句

bakṣaya bho duṣṭa nāgaṃ

比嚩暴比嚩暴四九句

piva bho piva bho

娑(無何反下同)庾縛羅歌乾(五十句)　吽吽柹(五一句)

vayubalahakaṃ hūṃ hūṃ phaṭ

輸灑(同上)野輸灑(同上)野(五二句)

śuṣaya śuṣaya

暴始跢婆羅歌乾(五三句)

bho śitabalahakaṃ

誐嚕拏(平)塢(烏古反二合)喇弭拏(五四句)

garuḍa uramiṇa

吽吽柹(五五句)　暴暴(五六句)

hūṃ hūṃ phaṭ bho bho

半娜娜倪同上捺二合囉五七句

pana nāgendra

跋馹囉二合頓拏五八句 弭注喇拏野五九句

vajra dunta vicūrṇaya

弭窋丁聿反入縛二合攞六十句 𤙖𤙖抪六一句

bidduj vala hūṃ hūṃ phaṭ

滿惹野滿惹野六二句

māṃjaya māṃjaya

薩播捨哩邏抳六三句

sarvaśarīṇi

摩底羯二合囉麼臬鋡牟含反六四句

matikramasimāṃ

暴半曩輕呼母捺二合囉六五句

bho bannāgenadra

摩底跋駬囉二合頓制娜六六句　母二合喇陀上南奴金反六七句

mati vajraduntuṇdena mūrdhanaṃ

塞桑訖反抪吒上夜弭六八句　歌囉歌囉六九句

sphuṭa yāmi hara hara

跛二合囉歌囉鉢囉歌囉七十句　𤙖𤙖抪七一句

brahara brahara hūṃ hūṃ phaṭ

摩詑摩詑七二句　薩縛那去健七三句

mata mata sarvanāgaṃ

𤙖𤙖抪七四句

hūṃ hūṃ phaṭ

[韋+單]詑誐同上跢婆者娜七五句

tathāgatavacana

摩怒塞同上麼囉上七六句　𤙖𤙖抪七七句

mnusmara hūṃ hūṃ phaṭ

跋駬囉二合播抳七八句　娑去麼野七九句

vajrapāṇi samaya

摩努播攞野八十句　鈝鈝抪八一句

manupālaya hūṃ hūṃ phaṭ

跌丁吉反下同音二合嚇路枳同上二合耶地播底八二句　婆者娜八三句

trelokyā dhipati vacana

摩努播攞野八四句　鈝鈝抪八五句

manubālaya hūṃ hūṃ phaṭ

娑去囉娑去囉八六句　塞同上麼囉塞同上麼囉八七句

sarā sarā samarā samarā

娑去麼野摩努播攞野八八句

samaya manubālaya

跌哩喇怛娜薩底二合曳曩輕呼八九句

triradnasatyena

鈝鈝柹九十句　莎縛訶九一句

hūṃ hūṃ phaṭ svāhā

紇同上哩二合跋馹囉二合頓拏上九二句

hṛvajradunte

薩縛那(去)誐弭捺(二合)囉縛拏迦(斤邏反)囉(九三句)

sarvanāgavidravaṇa kara

鈝鈝抪(九四句)　莎嚩訶(九五句)

hūṃ hūṃ phaṭ svāhā

跌(二合)哩(二合)喇怛娜摩努播攞野(九六句)

triradnamanupālaya

鈝鈝抪(九七句)　莎縛訶(九八句)

hūṃ hūṃ phaṭ svāhā

沒囉歌麼怛拏訶跢野(九九句)

brahma daṇḍahatāsa

鉡鉡抪一百句　莎嚩訶一句

hūṃ hūṃ phaṭ svāhā

弭瑟努斫羯二合囉歌跢野二句

viṣṇucakrahatāya

鉡鉡抪三句　莎縛訶四句

hūṃ hūṃ phaṭ svāhā

摩醯濕縛囉五句

maheśvara

跌二合哩戍攞歌跢野六句

triśūlahastaya

鈝鈝抪七句　莎縛訶八句

hūṃ hūṃ phaṭ svāhā

誐同上嚕拏諦惹歌跢野九句

garuḍate jahastaya

鈝鈝抪十句　莎縛訶十一句

hūṃ hūṃ phaṭ svāhā

誐同上嚕拏弭羯二合攞麼十二句

garuḍavikrama

㰤跢野十三句　𤙖𤙖抪十四句　莎縛訶十五句

hatāya hūṃ hūṃ phaṭ svāhā

那去誐矩攞十六句　那去舍那去野十七句

nāgakula naśanāya

𤙖𤙖抪十八句　莎縛訶十九句

hūṃ hūṃ phaṭ svāhā

薩縛捨儞暱寧吉反喇馱播迦同上野二十句

sarva śaṇi nirdhapakāya

𤙖𤙖抪二一句　莎縛訶二二句

hūṃ hūṃ phaṭ svāhā

薩縛婆庚三去薄乞灑同上迦野二三句

sarva bhayo saṃbhakṣaṇakaya

鈝鈝抪二四句　莎縛訶二五句

hūṃ hūṃ phaṭ svāhā

薩迦攞米伽魚伽反捨儞二六句

sarva kālamegha śani

儞摩囉拏野二七句

nīvaraṇaya

吽吽柹二八句　莎縛訶二九句

hūṃ hūṃ phaṭ svāhā

摩訶跋馹囉二合三十句　入縛攞野三一句　莎縛訶三二句

mahāvajra jvalaya svāhā

薩縛訥瑟吒上弭那去捨迦野三三句　莎縛訶三四句

sarva duṣṭavināśakāya svāhā

誐嚕拏紇同上二合哩娜耶野三五句　莎縛訶三六句

garuḍahṛdayāya svāhā

誐嚕拏頓拏野三七句　莎縛訶三八句

garuḍatuṇḍāya svāhā

素鉢二合喇拏博乞灑同上三九句　儞播跢野四十句　莎縛訶四一句

suvarṇṇā pakṣanipātāya svāhā

唵近奧字音喉中擡聲引呼四二句　度嚕度嚕四三句　莎縛訶四四句

oṃ duru duru svāhā

唵同上呼四五句　母嚕母嚕四六句　莎縛訶四七句

oṃ muru muru svāhā

唵同上呼四八句　覩嚕覩嚕四九句　莎縛訶五十句

oṃ turu turu svāhā

唵同上呼五一句　哩哩哩哩哩五二句

oṃ riririri

虎虎虎虎虎五三句

hūṃ hūṃ hūṃ hūṃ hūṃ

抪抪抪抪抪五四句　莎縛訶一五五句

phaṭ phaṭ phaṭ phaṭ phaṭ svāhā

爾時，大身孽嚕茶王說是真言時，乃有八十俱胝那庾多百千惡毒龍王，一時為火所燒，悶絕踠轉于地，遍體流汗，慞惶戰慄，俱時奔走，投如來前，同聲唱言：「苦哉！苦哉！苦痛若斯！」白言：「世尊！我等龍輩聞此真言，悉皆身肢為火所燒，受大苦惱，心識慞惶，餘命無忖，惟願！善逝！救脫我等熱惱苦痛！

「世尊！今此龍眾，更不惱亂贍部洲中一切有情，一切苗稼、花果、子實終不損壞。世尊！若此真言所在方處，有能書寫、受持、讀誦、如法修行、恭敬供養者，我此龍輩一時往中，恭敬供養，同於如來舍利制多。」

爾時，世尊告諸龍言：「汝等勿怖！應當常依此真言行，更勿惱亂贍部洲界一切有情，一切苗稼、花果、子實所有滋味莫令減少，所有非時毒氣、惡風、霜雹、暴雨、雷電、霹靂更勿為之，汝諸龍等則得長夜獲大安隱，無諸苦惱亦不慞惶。」

爾時，如來復告大身孽嚕茶王：「汝當又說此真言法。」

爾時，大身孽嚕茶王承佛告已，則便合掌白言：「世尊！如是真言，獨一能護諸有情界，一切苗稼、花果、子實、藥草滋味皆令增長。世尊！贍部洲中，若有非時惡風、惡雨、雷雹、霹靂、災害起者，持真言者往高山頂上，或仰天樓上，或阿蘭若，或諸城邑一切村落高勝望處，觀視十方一切苗稼、花果、子實、山谷、湫河，奮怒大聲誦此真言，方別七遍，眼所及處，所有非時一切惡障、熱風、冷風、颲風、暴雨、霜雹、霹靂悉皆止息，不壞苗稼、花果、子實、藥草滋味。

「白月八日高勝望處，淨治於地，隨其大小，如法塗地，作漫拏羅，香水、黃土和瞿摩夷，精細摩塗，幖郭界院，開廓四門；新箭五隻加持七遍，插豎四門、壇中心上；紫壇木金剛橛四枚，五色線索纏繫四橛，一時加持二十一遍，釘壇四角。加持香爐置壇心上，以安悉香、蘇合香，燒焯供養；加持稻穀花，散布壇上；四門當心敷置新淨種種三白飲食，獻設供養。加持白芥子、香水五遍，溥散十方以為結界。

「東門趺坐顏畏心愉，奮聲緊捷誦此真言一百八遍；復坐門閫，如是各誦二十一遍。日日如是至十五日，周圓十方一踰膳那，所有一切惡毒龍輩，欲起非時諸惡毒氣、熱風、冷風、颷風、暴雨、霜雹、霹靂者，則便禁止；并及一切藥叉、羅剎、諸惡鬼神，行諸疫病、災害障者悉皆馳散；亦及一切守宮、百足蜈蚣、蚰蜒、鼬狸、鼷鼠、毒虫之類、一切蝗虫食人苗稼、花果、子實者，悉皆散滅；乃至未解壇界已來，常得依時降澍甘雨，一切苗稼、花果、子實皆當茂盛，滋味增長。如是真言，若作諸法，誦持七遍法即成就。

「又持蠟，摸捏大身蘗嚕茶王，結加趺坐身量八指，兩翅股開，首戴花鬘，面狀神面，觜狀鷹觜，右手把九頭四足蛇龍王，左手執三頭四足蛇龍王，純金莊嚴彩色間飾，身諸衣服如天衣服。復隨大小作漫拏羅，精潔塗飾，眾妙繒帛作方座褥，敷置壇上，坐置大身蘗嚕茶王像，持諸花香、三白飲食，敷列供養。

「持真言者，出入淨浴，以香塗身，著淨衣服，食三白食；像前每日六時時別，結加趺坐，作大身蘗嚕茶王觀，燒安悉香，誦念金剛觜光焰睒電真言二十一遍；四面面別八盞油燈；時真言者常不出壇，晝夜像前宵息睡眠，如是修習滿三七日，或七七日，則得大身孽嚕茶王夢中現身，一一教語種種事法，所求諸願悉皆滿足。

「任真言者，種種命事，是像淨處安置供養，若天旱時即啟持像，往龍湫所，居於岸沂，隨心如法精飾，塗摩漫拏羅置像壇上；以諸花香，如法供養，壇前加持白芥子七遍，乃一加持一散湫中，一百八遍，隨時降雨。

「若不雨者，倍前加法，時諸龍等，則自宮內十方方面見大火起，復見無量蘗嚕茶王來入宮中，復見熱沙從空雨下，復見湫水而欲枯竭，此諸龍王皆大怖畏，或降甘雨，或走離湫。

「若有非時熱風、冷風、颷風、暴雨、霜雹、霹靂、不晴止者，右手持大身蘖嚕茶王像，觀視雲雨、雷雹起處，觀置是像，請現大身蘖嚕茶王飛空騰往，搏逐一切作諸惡風、暴雨、霜雹、雷電、霹靂者；面畏心悅奮怒大聲，誦斯真言一百八遍，得周十方七踰膳那，禁止一切惡風、暴雨、雷雹、霹靂災害等障。若數數有大卒惡風災殃起者，持蘖嚕茶王像城門樓上，或內門樓上，觀置像現騰往搏逐，奮怒大聲誦斯真言一百八遍，一切諸毒惡龍神等悉皆馳走。

「世尊！若修治者，常能晨朝日初出時，誦此真言三七遍者，是人則得一切諸法最勝成就。」

爾時，復有大梵天王、那羅延天王、摩醯首羅天王、及四天王，一時合掌從坐而起，詣如來前右遶三匝，於一面立，一時齊聲白言：「世尊！我等諸天亦有如是金剛雹錐焰真言，能摧一切惡毒龍王及龍種族，亦摧非時一切惡風、災水、暴雨、霜雹、霹靂、種種災癘，成熟一切苗稼、花果、子實滋味。我等天王當為利益一切有情，欲如來前廣演說之。惟願！如來！加被我等。」

爾時，世尊告諸天言：「我已加被汝諸天王，我為利益一切有情獲大安樂，汝等當說。」

爾時，諸天王眾得佛勅已，一時同聲即說金剛雹錐焰真言：

娜謨囉怛(二合)娜怛(二合)囉耶(餘箇反)野(揚可反下同音一句)

namo ratnatrayāya

那謨皤誐(魚迦反又音迦字斤攞反下同音)縛(無可反下同音)諦舍抧(經也反)野母娜曳(二句)

namo bhagavati śākyamuniye

[革*單]詑誐跢(多箇反下同音)野(三句)

tathāgataya

娜麼室戰拏跋馹囉(二合)播拏曳(四句)

namaḥ ścaṇḍavajra pāṇiye

摩訶藥迄灑(疎賈反下同音)細那播跢曳(五句)

mahā yakṣasena badaye

摩訶縛攞播⿰口邏羯(二合)囉麼野(六句)

mahāpala parakarabhyaḥ

那麼塞(桑乙反二合)跌(丁吉反下同音)⿰口隸路抧(同上)野(七句)

namaḥ strailokya

母喇怛曳(八句) 那麼室者咄⿰巿犬(盧骨反下同音)諵(尼感反九句)

murdaya namaḥ ścaturanaṃ

摩訶囉旨(諸振反二合)諵(如古反十句) 那謨跋馹囉(二合)捨儞(十一句)

mahārājñāṃ namavajra śani

入縛(二合)理跢澇(盧教反)捺(二合)囉吒(上)歌娑(去)野(十二句)

jvalatarutra ṭahasaya

唵(近奧字音喉中擡聲引呼)(十三句) 麼詑麼詑(十四句)

oṃ mathā mathā

跛(北沒反二合)囉麼詑跛(同上二合)囉麼詑(十五句)

pramathā pramathā

入縛(二合)理跢(十六句) 弭訖(二合)哩跢(十七句)

javalita mikṛta

縛訖得(登乙反二合)囉(十八句) 惹野惹野(十九句)

vaktara jāya jāya

摩訶縛囉二十句　弭哩野二一句

mahāvāla miliya

播囉羯二合囉麼二二句　矩嚕陀上囉惹二三句

barakrama krodharāja

沒二合囉欱迷二四句　素蘇古反沒二合囉欱迷二五句

vṛhme suvṛhme

沒二合囉欱麼莎縛㘑二六句　暴那去誐地鉢羝二七句

vṛhmasvare bho nāgadepati

弭縒桑哿反羅弭縒羅二八句

misara misara

摩底沒二合囉歌麼怛制尼例反娜二九句

mātivṛhma dhacaina

暮喇馱南奴金反三十句　播吒上野弭三一句

murdhanaṃ spodhayāma

鈝鈝抪三二句　歌囉上歌囉上三三句

hūṃ hūṃ phaṭ bhara bhara

弭瑟努斫羯二合囉歌路三四句

viṣṇucakrahādha

暴半娜倪魚抧反捺二合囉三五句

bho bannāgrendra

𑖥𑖺𑖤𑖡𑖿𑖡𑖯𑖐𑖿𑖨𑖸𑖡𑖿𑖟𑖿𑖨

摩底羯二合囉麼三六句　麼底弭瑟努知矩反斫羯㘑拏三七句

matikrama mativiṣṇucakrena

𑖦𑖝𑖰𑖎𑖿𑖨𑖦𑖦𑖝𑖰𑖪𑖰𑖬𑖿𑖜𑖲𑖓𑖎𑖿𑖨𑖸𑖡

始囉瞋陀上弭彌井反三八句　覩置覩置三九句

śiracchindami tuti tuti

𑖫𑖰𑖨𑖓𑖿𑖔𑖰𑖡𑖿𑖟𑖦𑖰𑖝𑖲𑖝𑖰𑖝𑖲𑖝𑖰

理理理理四十句　𤙖𤙖[扌+市]四一句

li li li li hūṃ hūṃ phaṭ

𑖩𑖰𑖩𑖰𑖩𑖰𑖩𑖰·𑖮𑖳𑖽·𑖮𑖳𑖽·𑖣𑖘𑖿

母虎母虎四二句　母呬呼以反演覩四三句

muhu muhu muhyenadu

薩縛訥瑟吒上那去健四四句　塞同上破吒上野四五句

sarvaduṣṭanāgaṃ spotāyā

紇恒沒反二合哩娜焰四六句　摩醯濕二合縛攞入縛二合理跢四七句

hṛdaya mahyeśvarajvalito

跌二合哩戍攞陀上囉四八句

ditriśūdhara

歌那歌那四九句　釺釺抪五十句

hana hana hūṃ hūṃ phaṭ

旖止母止覩置五一句　皤縛皤縛五二句

muci muci dudi babha babha

屈俱鬍反數疏古反抳屈同上數同上抳五三句　折咄二合⿰巿犬喃同上五四句

kṣane kṣane caturnāṃ

摩訶⿰口邏腎諸振反二合⿰言冉五五句　入縛二合理跢五六句

mahārājñāṃ javalito

鑠訖底五七句　陀上囉陀上囉五八句　⿰合牛⿰合牛⿰扌市五九句

śakti dhara dhara hūṃ hūṃ phaṭ

塞同上怖囉塞怖囉六十句　弭塞同上怖囉弭塞怖囉六一句

spura spura bispura bispura

*穰二合喇者*穰喇者六二句　那捨野薩縛訥瑟吒上那健六三句

varaca varaca naśayasarvaduṣṭanāgaṃ

紇同上二合哩娜焰塞同上怖吒上野六四句　吽吽抪六五句

hṛdayā spoṭāya hūṃ hūṃ phaṭ

僧去歌囉六六句　訥瑟吒上二合捨捐寧立反六七句

saṃhara duṣṭa aśani

婆同上跢米健六八句　施跢尾微吉反窒丁聿反六九句

bhadhamaga śibiryatyu

入縛孏跋塞桑邑反弭矩嚕七十句　矩嚕矩嚕七一句

jvala bhasmi kuru kuru kuru

吽吽抪七二句　莎二合縛訶七三句

hūṃ hūṃ phaṭ svāhā

娑麼野麼奴塞麼囉七四句

samayamanusmara

暴那去誐他去播羝七五句

bho nāgādhapati

弭馹懍二合彈舌呼之皤野弭馹懍同上皤野七六句

mijinipayā mijinipayā

暴暴七七句　覩置覩置七八句

bho bho tuti tuti

𤙖𤙖抪七九句　莎縛訶八十句

hūṃ hūṃ phaṭ svāhā

跋馹囉二合捨捐同上那捨野八一句　𤙖𤙖抪八二句　莎縛訶八三句

vajra āśanīnaśayā hūṃ hūṃ phaṭ svāhā

薩縛那同上誐紇同上二合哩娜野八四句

sarvanāgahṛdayā

弭塞同上怖吒上迦斤攞反野八五句

bispotakayā

鈝鈝柹八六句　莎縛訶八七句

hūṃ hūṃ phaṭ svāhā

勃陀上弭路抧跢野八八句　莎二合縛訶八九句

buddhabhilokitaya svāhā

沒二合囉歌麼拏上野九十句　莎二合縛訶九一句

brahmaṇayā svāhā

弭瑟拏知矩反暮喇曳九二句　莎二合縛訶九三句

biṣnumaraya svāhā

摩醯濕縛囉九四句　入縛二合理跢九五句

maheśvara jvalita

跌二合哩戍囉野九六句　莎二合縛訶九七句

triśūlaye svāhā

折咄秫摩訶囉惹九八句

caturmahārāja

縒麼野陀上囉野九九句　莎縛訶一百句

samayadharaya svāhā

步惹誐野一句　莎二合縛訶二句

pucagaya svāhā

那去誐地播跢曳三句　莎二合縛訶四句

nagate pataye svāhā

唵同上呼五句　地利地利六句　莎二合縛訶七句

oṃ diri diri svāhā

入縛理跢薄*无約訖怛二合囉野八句　莎二合縛訶九句

javalita vaktraya svāhā

嚕麼歌哩二合灑同上拏野十句　莎二合縛訶十一句

romakhariśanaya svāhā

母置母置十二句　跛同上囉母置十三句　莎二合縛訶十四句

muti muti pramuti svāhā

抪抪抪抪抪十五句　莎二合縛訶一一六句

phaṭ phaṭ phaṭ phaṭ phaṭ phaṭ svāhā

爾時，諸天王等說此真言時，一切諸惡毒龍神等一時熱惱，踠轉于地，身體爛壞，肢節疼痛，悉皆惶怖，投如來前，俱時唱言：「苦哉！苦哉！重苦若斯！」白言：「世尊！我諸龍眾，今為世間諸天天土毀壞我身，斷我識命，形體甚惡，羞是大眾。惟願！如來！救護我苦。世尊！我輩龍眾，從斯已去，誓不惱亂贍部洲界一切有情，不作災害。」

爾時，如來告諸龍言：「汝等勿怖！汝諸龍眾隨此真言理教行門，贍部洲界一切有情，更勿惱亂，汝諸龍眾則得安隱，永無惱苦。」

爾時，諸天王等復白佛言：「世尊！此金剛雹錐焰真言，若當有人，暫能信解、受持，讀誦一七、二七、三七遍者，則令一切諸惡毒龍，舉體熱惱，肢節疼痛。若每日時，高逈望處，加持白芥子二十一遍，散薩十方，則得周圓七踰膳那，不使諸惡毒龍神等起諸惡風、暴雨、霜雹，又得一切惡毒龍輩，并及種族悉皆降伏。若有非時一切惡風、暴雨、霜雹、雷電、霹靂災害起者，加持金剛杵一百八遍，輪擲舞杵，擊撥一切災風、暴雨、霜雹、雷電，於大山谷而降下之。

「若每晨朝，居淨室中面東趺坐，左手結龍坐印，誦此真言四十九遍，不間斷者，則得方圓七踰膳那，常無一切諸惡毒龍起災惡風、霜雹、霹靂、作諸災難。加持鍾磬二十一遍，觀視風雨、雷雹起時，又一加持一打鍾磬一百八遍，乃至二三百遍，則得一切惡毒龍輩，身肢熱惱，悉皆墜落。」

爾時，如來高聲告讚諸天王言：「善哉！善哉！汝諸天王！能為利益贍部洲界現在、未來一切有情，得大安樂。」

爾時，如來說此語已，具壽慶喜、一切天人、藥叉、羅刹、乾闥婆、阿素洛、孽嚕茶、緊那羅、莫呼羅伽、人非人等，聞佛所說皆大歡喜，信受奉行。

金剛光焰止風雨陀羅尼經

金剛光焰止風雨陀羅尼經

唐南天竺三藏法師菩提流志譯

如是我聞：一時，薄伽梵與其大眾前後圍遶，遊摩伽陀國，行在中路遇大黑雲，靉靆彌薄，嵐颲惡風，雷電霹靂，驟澍雹雨。語具壽慶喜言：「汝當取一新淨甕子，滿中盛水真言，攝逐如是婆修吉龍王及諸毒龍，惱亂世間，壞諸苗稼、華果、子實，作災害者，皆應攝逐，俱入甕內，止斯風雲，雨雹霹靂，便禁禦之。汝受如是真言法等，依法作治。」

爾時，如來說示東方止雨真言曰：

怛姪他一　矩矩矩矩二

tadyathā gugu gugu

鉢囉弭捨塞(桑乙切)民禁(俱森切下同)鞞三

pramiśasamincinbi

補嘿摩焰儞始四　那儼嚕陀弭彌井切五　莎嚩無可切下同訶六

buhamayannici nyarodhami svāhā

南方止雨真言：

努努努努米伽一　滿陀滿陀二　滿陀禰奴禮切三

nunu nunu megha bandha bandha bandhami

鉢囉弭舍書拓切塞民四　禁鞞五

pramiśasamin cinbi

諾乞使拏焰儞奴捉切始六　那儼嚕陀弭七　莎嚩訶八

cakhaśenayanice nyarodhami svāhā

西方止雨真言：

止止止止一　鉢囉鉢囉鉢囉鉢囉二

ṭiṭi ṭiṭi prapra prapra

鉢囉弭舍塞民三　禁鞞四　播室止摩焰儞始五

pramiśasamin cinbi paśaṭimayanici

那儼論陀弭六　莎嚩訶七

nyarodhami svāhā

北方止雨真言：

那迷那迷一　虎虎虎虎二

nami nami huhu huhu

暑輸主切暑暑暑三　矩矩矩矩四

śuśu śuśu gugu gugu

鉢囉弭舍塞民禁鞞五

pramiśasamincinbi

娑嚩無可切哆娑迷伽魚伽切六　娑嚩哩灑七

sarvatasamika svariśa

娑弭窟丁聿切下同娑蘗惹八　娑捨嚀奴頂切下同九　娑塞養寧養切十

somitisvagaja svaśani svasayaṃ

娑麼攞嚩歌娜十一　娑那誐建養寧養切十二

svamaravagana svanagagamyaṃ

嗢(烏骨切)怛囉焰儞始十三 那儼噞陀弭十四 莎嚩訶十五

udtre yaniśi nyarodhami svāhā

十方止雨真言：

怛姪他一 羯囉莽羯囉莽二

tadyathā karamaṃ karamaṃ

羯囉莽羯囉莽三 僧羯囉莽僧羯囉莽四

karamaṃ karamaṃ saṃkaramaṃ saṃkaramaṃ

僧羯攞莽僧羯囉莽五

saṃkaramaṃ saṃkaramaṃ

曝那誐囉惹六　遏塞民禁鞞七

punagarājā hasamincinbi

娑嚩哆娑迷伽八　娑嚩哩灑九

svatasvamiga svariśa

娑蜜窒娑*櫱惹十　娑捨矃娑細野同上十一

svamiti svagaja svaśani svaśaya

娑縛攞嚩歌娜十二　娑那誐建養同上十三

svalavagana svanagagamyaṃ

鉢囉弭捨鉢囉弭捨十四

pramiśa pramiśa

曝那誐囉惹十五　遏塞民禁鞞十六

punagarja hasamin cinbi

勃陀薩底曳二合曩十七　底瑟侘僧嚕度死十八

bodhasatiyanaṃ tiṣṭhasa rudusa

摩者攞十九　莎嚩訶二十

macara svāhā

爾時，如來說此真言已，告具壽慶喜言：「汝先於佛前及迴路地，各淨塗飾二肘曼拏羅，先置水甕，佛前壇上，執持楊枝；內水甕中，奮聲緊捷誦此真言，周旋攪水，攝取婆修吉龍王及諸毒龍，盡入甕中，二十一遍，當以水甕，路地壇中，口*倒合地，則使一切非時災害、暴雨、雷雹、霹靂一時皆止。具壽慶喜！復有真言，止諸災障、熱風、冷風、旋風、惡風，能護一切苗稼、華果、子實滋味。」

東方止風真言：

怛姪他一　歌攞歌攞二

tadyathā kara kara

滿陀上聲布哩摩焰儞始三　訥瑟吒只多四

madhaburimayanici naśaṭacita

弭醯侘乾五　那健那誐嚩旦六

mihetakaṃ nāgaṃ nagavata

米伽嚩旦七　嚩哩灑嚩旦八

niṣavata praśavata

蜜窟嚩旦九　蘖喇惹嚩旦十

mitivata prijavata

阿捨寧嚩旦十一　細養嚩攞嚩旦十二

aśanivata śyaṃ varavata

娑建養嚩旦十三　莎嚩訶十四

svakayavata svāhā

南方止風真言：

虎嚕虎嚕一　滿陀諾訖使拏焰儞孄二

hulu hulu mandhajakṣiśinyanimi

[illegible]

訥瑟吒只跢三　弭醯侘乾四　那健那誐嚩旦五

tuṣṭacita miheṭakaṃ nāgaṃ nagavata

𑖝𑖲𑖬𑖿𑖘𑖓𑖰𑖝𑖦𑖰𑖮𑖸𑖘𑖎𑖽𑖡𑖯𑖐𑖽𑖡𑖐𑖪𑖝

米伽嚩旦六　嚩哩灑嚩旦七

migavata praśavata

𑖦𑖰𑖐𑖪𑖝𑖢𑖿𑖨𑖫𑖪𑖝

蜜窋嚩旦八　蘖喇惹嚩旦九

mitivata prijavata

𑖦𑖰𑖝𑖰𑖪𑖝𑖢𑖿𑖨𑖰𑖕𑖪𑖝

阿捨寧嚩旦十　細養嚩攞嚩旦十一

aśanivata śyaṃ varavata

𑖀𑖫𑖡𑖰𑖪𑖝𑖫𑖿𑖧𑖽𑖪𑖨𑖪𑖝

建養嚩旦十二　莎嚩訶十三

kayaṃ vata svāhā

西方止風真言：

抧理抧理抧理枳理一

ṭili ṭili ṭili ṭili

滿陀鉢室止麼焰儞始二　訥瑟吒只跢三

mandapaśitimayaṃ nici tuṣṭacita

弭醯侘乾四　那健那誐嚩旦五

mihetakaṃ nāgaṃ nagavata

米伽嚩旦六　嚩哩灑嚩旦七

nikhavata variśavata

𑖝𑖰𑖨𑖰𑖪𑖝𑖪𑖩𑖰𑖨𑖰𑖪𑖝

蜜窋嚩旦八　蘗喇惹嚩旦九

mitivata prijavata

𑖦𑖰𑖝𑖰𑖪𑖝𑖢𑖿𑖨𑖰𑖕𑖪𑖝

阿捨聹嚩旦十　細養嚩攞嚩旦十一

aśanivata śyaṃ varavata

𑖀𑖫𑖡𑖰𑖪𑖝𑖫𑖿𑖧𑖽𑖪𑖨𑖪𑖝

建儞養旦十二　莎嚩訶十三

kaṃniyaṃ vata svāhā

𑖎𑖽𑖡𑖰𑖧𑖽𑖪𑖝𑖭𑖿𑖪𑖯𑖮𑖯

北方止風真言：

弭哩弭哩弭哩弭哩一　滿陀嗢跢邏焰儞始二

mili mili mili mili bandha utrayaniśi

𑖦𑖰𑖩𑖰𑖦𑖰𑖩𑖰𑖦𑖰𑖩𑖰𑖦𑖰𑖩𑖰𑖤𑖡𑖿𑖠𑖄𑖝𑖿𑖨𑖧𑖡𑖰𑖫𑖰

訥瑟吒只跢三　弭醯侘乾四　那健那誐嚩旦五

tuṣṭaciti mehetakaṃ nāgaṃ nagavata

米伽嚩旦六　嚩哩灑嚩旦七

mikhavata varaśavata

蜜啗嚩旦八　蘗喇惹嚩旦九

mitivata prijavata

阿捨膟嚩旦十　細養嚩攞旦十一

aśanivata śyaṃ varata

建養嚩旦十二　莎嚩訶十三

kaṃ yaṃ vata svāhā

「具壽慶喜！當以此等四方真言如前作法，則令一切災障、惡風壞苗子者，皆悉止之。具壽慶喜！復有真言，能止一切惡龍毒氣、猝風、雷雹、暴雨壞苗子者。」

止猝風、雷雹、暴雨真言曰：

吒吒囉吒囉一　抧理抧理二

ṭaṭara ṭara ṭili ṭili

皤囉皤囉皤囉三　弭理弭理四　者者者者五

pra pra pra mili mili caca caca

底瑟詫僧攱盧骨切度斯六　莎嚩訶七

tiṣṭhasaṃrodhusi svāhā

禁禦毒龍真言：

度度度度一　摩訶度度邏曳二　莎嚩訶三

tutu tutu mahātutulaya svāhā

嚕嚕觳度斯曝半娜誐四　縒嚩跢縒迷伽五

ruru huduse pubannaga sarvatasamikha

娑嚩哩灑六　縒蜜窋娑蘗喇惹七　娑阿捨[月*寧]八

svariśa samiti svagaraja sahaśani

縒塞蘇得切養九　嚩攞皤歌娜十　娑那誐建養十一　莎嚩訶十二

sasayaṃ varapagana svanagagaṃ yaṃ svāhā

「具壽慶喜！若欲修治此諸真言三昧耶者，先於十方佛像尊前，以眾香水，團圓塗飾二肘曼拏羅，復於路處淨地，塗潔二肘曼拏羅，取一新淨一㪷甕子，滿盛淨水置佛前壇上，當以隨時香華供養，惟以沈香、白栴檀香、薰陸香等，燒焯供養；手執楊枝內水甕中，高聲緊捷誦是真言，攝諸毒龍、惡風、暴雨、災害、毒氣，盡入甕內禁禦止之；二十一遍，加持水甕禁禦切勒，持斯水甕，路地壇上，口倒合地，待風雨止，寂淨晴明，乃除去甕。具壽慶喜！復有飲光真言：

那謨勃陀耶一　那謨達摩耶二　那謨僧伽耶三　怛姪他四

namo buddhaya namo dharmaya namaḥ saṅghaya tadyathā

唵五　歌囉歌囉歌囉歌囉六　歌歌歌歌歌歌歌歌七

oṃ kara kara kara kara kaka kaka kaka kaka

納莫迦始野播野八　怛他誐跢耶九

namakaśyabhya tathāgataya

阿囉歌羝三藐三勃陀耶十　悉殿都十一　漫怛囉播那莎訶十二

arhate samyaksaṃ buddhaya sidhyantu mantrabati svāhā

[Siddham script]

佛告阿難：「若有惡龍，降下霖雨，多時不晴，於其路地塗潔護摩燒處，隨時採取眾妙香華一千八十朵，持用獻佛；獻佛已訖，便以此華，於其路地面西趺坐，高聲緊捷，一誦真言，加持一華；持用護摩，盡此華已，一切惡龍毒氣、災害霖雨、惡風等障，一時晴止，除諸有情饑饉災厄，護益一切苗稼、華果、子實，滋味具足成就。若不晴者，倍前如法，一設、二設乃至五設，必定晴止。持真言者沐潔身服，斷諸語論，以大慈心，如法治法而得成就。」

佛告阿難：「復有真言，力能遮止一切諸惡龍、惡蟲獸食苗子者，亦能除遣一切鬼神吸人精氣者，悉皆馳散；能與世間一切有情作大安樂，苗稼、果實而常滋盛得大豐熟。」

根本滅諸災害真言：

那莫薩嚩*无可切　怛他蘖帝飄毘遙切一

namaḥ sarva tathāgatebhyo

阿囉訶弊（毘藥切）二　三藐三勃悌弊（同上）三

arhabhyaḥ samyaksaṃbuddhebhyaḥ

那謨皤誐嚩諦四　舍枳耶（二合）母娜曳五

namo bhagavate śākyamunaye

怛他誐跢耶六　唵入縛攞入縛攞七

tathāgatāya oṃ jvala jvala

祇（虬曳切）哩皤縛娜八　捐（寧立切）跛（比沒切）跢米倪九

giri bhavana dīpta megha

摩訶戰拏十　娜誐紇恒沒切哩娜耶十一

mahācaṇḍa nāga hṛdaya

播吒儞十二　虎嚕虎嚕十三　歌那陀歌十四

paṭāni huru huru hana daha

播者播者十五　播者耶播者耶十六

paca paca pacaya pacaya

薩嚩薩寫息箇切下同矃十七　那捨耶那捨耶十八

sarva sasyani naśaya nāśaya

薩嚩訥瑟吒娜誐矩攞崩扇十九

sarva duṣṭa nāgakulapāśa

縛攞鉢囉嚩囉二十 戰拏謎倪二一

vara pravara caṇḍa megha

摩訶嚩攞播囉羯囉迷二二 塞桑邑切怖哩跢二三

mahābala parakrame sphurita

滂捺囉薄訖得嚇二四 摩訖摩訖二五

raudra vaktre matha matha

入嚩羅摩羅陀哩抳二六 戰拏嚩無計切誐嚩底二七

jvalamāladhāriṇi caṇḍa vegavati

鉢囉嚩囉弭麼曩二八 馱哩抳飦飦二九 嚩攞嚩底三十

pravara vimana dhāriṇi hūṃ hūṃ balavati

[口*微]無計切伽魚迦切嚩底三一　娑囉娑囉三二

vegavati sara sara

弭娑囉弭娑囉三三　鉢囉娑嚂覩三四

visara visara prasarāntu

薩嚩薩寫窒丁吉切哩拏三五

sarva sasya treṇa

嚩娜塞播哆耶三六　補澁跛叵擺三七

vanasapatāya puṣpaphala

鉢怛囉散陀囉抳三八　阿播薩半覩三九

patra sandhāraṇi apasapantu

薩嚩那誐訥瑟吒四十　薩嚩皤嚩娜四一

sarva nāga duṣṭa sarva bhavana

弭誐跢米誐嚩底鈝鈝泮四二　那誐弭陀囉抳泮四三

vigata vegavati hūṃ hūṃ phaṭ nāga vidhāraṇi phaṭ

入嚩理寧泮四四　入嚩攞摩理寧泮泮泮四五

jvalini phaṭ jvala mālini phaṭ phaṭ phaṭ

爾時，如來說此真言時，世間一切諸惡毒龍宮殿火起，是諸毒龍為火所燒，皆悉頭痛，身膚爛壞，舉節疼痛，一時惶懼，往詣佛前頭面禮足，合掌恭敬，一時同聲白言：「世尊！如來今者說此真言，令諸龍輩極大怖惱。世尊！我諸龍等無有過罪，常為惡持真言法者，每皆惱亂我諸龍等，或縛、或打、或禁、或逐我等眷屬，令出本宮，由斯我皆生大瞋怒，則使非時起大惡風、猝暴惡雨、雷雹霹靂。世尊！以斯苦緣，損壞一切苗稼、華果、子實滋味，皆令減少。世尊！是故持真言者，常於六趣一切有情，起大慈悲利樂之心。世尊！以此起大慈悲威力，則令一切災害、疫毒、惡風、惡雨悉皆消滅。

「世尊！我諸龍等，今於佛前各立誓願，若此真言所在方處有受持者，更不損壞一切苗稼、華果、子實；若有常能如法書寫如是真言，受持讀誦，依法結界，護諸苗稼、華果、子味，我諸龍輩則當往中而皆守護，風雨順時，一切苗稼、華果、子實皆令具足滋味甘甜；永不施行一切非時惡風、暴雨、雷雹、霹靂、霜霧、毒氣而作災害，及能遮止一切怨賊、諸惡鬼神、種種蟲獸，不令侵暴一切眾生、一切苗稼、華果、子實。我諸龍輩各相勅語，不令損壞作諸災害。」

是時，如來告諸龍言：「善哉！善哉！汝諸龍等！應當如是種種守護贍部洲界一切有情，獲大安樂。」

爾時，如來復謂具壽慶喜言：「如是真言後末世時，能作護持一切苗稼、華果、子味，復能除遣一切疫毒、疾病、災難。若有惡龍數數猝起災氣、惡風、雷雹、暴雨，於是之時，應當往詣高山頂上，或詣田中，當作四肘方曼拏羅，香水、黃土、瞿摩夷，如法塗飾，標郭界位，開廓四門；以鬱金香泥，四面、四角、中央圖畫八葉開敷蓮華；以粳米粉染分五色，撚飾界道，四門莊彩，赤犢子新瞿摩夷，和白麨溲，如法捏作五龍王身。

「當壇東面，三頭龍王，頭上出三蛇龍頭；南面五頭龍王，頭上出五蛇龍頭；西面七頭龍王，頭上出七蛇龍頭；北面九頭龍王，頭上出九蛇龍頭；中央一頭龍王，頭上出一蛇龍頭。是等龍王身量十二指，面目形容狀如天神，皆半加坐八葉蓮華上，種種衣服如法莊嚴。

「四門四角置香水甕，一一龍前置於香爐，置七種三白飲食盤，淨磁甕子盛乳酪酥，盛粳米麨，於五龍王前，如法敷獻；種種時華散布供養，以沈水香、蘇合香燒焯啟獻；加持稻穀、華、白芥子。溥散壇上五金剛橛。四是佉陀羅木，一是鑌鐵，量等四指；如是五橛，真言加持一百八遍，金剛木橛釘四面那伽質多，金剛鐵橛釘中央那伽質多。壇四角豎十六肘竿幢，素絹帛上寫是真言，繫四幢頭，誦斯真言二十一遍，加持四幢而豎置之；面畏心恍，觀視十方，高聲捷利誦斯真言三十五遍，眼所及處則成結界，護祐十方田野、園苑一切苗稼、華果、子實；乃至未除壇幢已來，常得擁護一切苗稼、華果、子實，不為一切蝗蟲、諸惡鳥獸、惡風、暴雨、雷電、霹靂、諸惡毒龍而作災害，殃壞損傷；令彼國中所有一切五穀、苗稼、華果、子實悉皆豐熟，一切龍王而皆擁護。

「又以真言加持淨沙一百八遍，田中園苑皆遍散撒一切苗稼、華果樹上，如是加持亦當不為一切蝗蟲、二足、多足種種蟲獸而作災暴，食噉苗稼、華果、子實。

「又法，當處田中、園中，隨其大小，如法塗治護摩方壇，取構木、榲木，本末端直，兩把量截，加持然火。當以大麥、油麻、粳米、白芥子、酥，日別三時，一誦真言，加持一燒，一百八遍，如是相續至滿七日，則便除遣一切惡龍、藥叉、羅剎、諸惡鬼神所遊世間行諸災者，悉皆馳散，及得一切蝗蟲、鳥獸，食人苗稼、華果、子實者，亦皆除滅。

「又法，春二月、三月，秋七月、八月，高山頂上或於田中高勝望處，或仰天樓上，七日七夜如法清潔，塗飾八肘曼拏羅，四面別豎一竿幢，四幢頭上繫懸一丈六尺素帛長旛；於旛掌面各畫釋迦牟尼如來形像，佛右畫執金剛祕密主菩薩，左畫阿伽悉底仙人；旛掌向下，寫斯真言經文。

「紫檀木金剛橛四枚，長三把量，真言加持二十一遍，釘四幢下，標結方界；以時眾妙華、香、飲食、果子敷獻：寅時、卯時、辰時、巳時、未時、申時、酉時、亥時，觀視十方田野苗稼，燒香啟請十方一切諸佛、諸大菩薩、一切天仙、龍神八部降會加被，誦斯真言一百八遍；如是修治滿七日夜，則得除滅一切惡風、暴雨、雷雹災障，復得除滅二足、四足、多足蝗蟲鳥獸，食噉苗稼、華果、子實者，盡皆馳散，復得除遣一切毒蛇、虎狼等難，一切災障悉皆除滅。具壽慶喜！復有根本心真言：

那謨勃陀耶一　唵吅里弭里二

namo buddhāya oṃ kilimili

戰抳尼例切弭哩理三　戰抳戰抳蔓無繁切陀耶四　莎嚩訶五

caṇi melili caṇi caṇi bandhaya svāhā

佛告阿難：「此心真言，若有人能信解受持，高山頂上，以此真言加持石榴杖一千八十遍；右手執杖，左手結龍坐印，隨十方面，觀視天地、田野苗稼，奮怒大聲一誦真言，一杖擬擊，期剋止禦，方別一千八十遍，則令一切惡毒龍等，身毛悚豎，戰怖不安，毒心息滅，而便止除一切惡風、惡雨、毒氣、雷雹、霹靂。

「又法，三月一日、八日，於其曠野高勝望處，淨潔治地，作四肘曼拏羅，香水、黃土、瞿摩夷淨潔塗飾，白栴檀香泥重遍塗飾，標列界道，開廓四門；紫檀木金剛橛八枚，一時加持二十一遍，釘置四角四門為界；新箭五隻加持七遍，布插四面；鑌鐵三叉戟，壇心竪置；五色線索加持七遍，四面圍遶而為外界。

「四角中央置閼伽，白栴檀香、欝金香水，甕口插諸枝華葉；四門中央各置香爐五盤，種種三白飲食，四門中央如法敷獻；而復散布時諸香華，安悉香、蘇合香、沈水香、白栴檀香、薰陸香燒焯供養；稻穀、華、白芥子如法加持，獻散壇上。白芥子水加持七遍，散撒十方以為結界。於七日中，六時時別，觀視十方田野苗稼，奮聲誦心真言一千八十遍，滿七日夜，則得却後八箇月中，周遍十方一踰膳那則，無一切藥叉、羅刹、鬼神，諸惡蟲類，食噉苗稼、華果、子實者，皆悉除散。

「持真言者，當淨洗浴，以香塗身，著淨衣服，如法修習，西門跪坐，真言加持石榴杖一百八遍，右手把杖，左手結龍坐印，左手大拇指橫屈掌中，以中指、無名指屈壓大拇指上，頭指直伸微屈，小拇指直伸。是真言者，遶壇八方，立誦真言各一七遍，即便面向雲雨起處，一誦真言加持手杖，一撥擊敵惡風、雲雨，遣大山谷而下落之。如是撥遣一千八十遍，彼諸惡龍息滅毒心，風雨止之。

「若不止者，又應准前倍復加法，彼諸惡龍悉皆頭痛、心痛、身痛，熱沙著身，如刀割切身肢所苦，是諸惡龍生大怖懼。

「慶喜！以此法故，贍部洲界一切惡龍，八箇月中依法而住，降大甘雨。若有熱類、冷風、暴雨、雷雹、霹靂，數數亂起作災害者，紫檀木金剛橛一枚，量長四把，真言加持一千八十遍。當壇心上一真言加持，一釘一百八遍，沒入橛盡，惡風、惡雨、雷雹、霹靂一時禁止；若須雨者，當拔橛去。

「又以新淨劍，真言加持二十一遍；右手執劍，左手結龍坐印，當正立之，觀視雲雨所起之處，一真言劍，一擬擊敵惡雲、惡雨所起之處，則令彼諸惡毒龍等，皆見火焰遍徹虛空，是諸惡龍悉皆怖懼，戰慄不安，惡毒心息。

「又加持欝金香泥，劍兩面上畫大身孽嚕茶王，便加持劍一千八十遍；右手執劍，左手結龍坐印，面向八方方別輪劍，奮怒大聲，誦心真言一百八遍，彼諸惡龍自宮殿中，皆見大身孽嚕茶王搏逐於身，出自宮殿，一時馳走，更不非時起諸惡風、雷雹、暴雨。

「當壇南面作護摩爐，加持躑躅華、白芥子、酥，如法護摩一千八十遍，十二箇月不起非時惡風、雷雹、雨雪災障，順真言者，遣雨則雨。

「又加持蠟，揑作三頭龍王，狀若天神，身量八指，頭上出三蛇龍頭，著諸衣服，周遍身上純金莊嚴。復當如法塗飾三肘曼拏羅，淨瞿摩夷、香水、黃土淨潔泥飾，白粉界道唯開西門，香華、香水、三白飲食敷置供養。一㪷淨甕真言加持二十一遍，置壇心上；根本真言、心真言加持龍王一千八十遍，置龍甕內；淨帛四尺，真言七遍，蓋甕口上。結龍坐印，二手合腕，磔開十指如蓮華開敷，二大指、二小指並相著，二頭指相去四寸，一加持印，一印甕口上，一百八遍；稻穀、華、白芥子真言七遍，散置壇上，燒諸名香，啟召供養。

「右手把石榴杖，一誦心真言，一稱摩那斯龍王名，一加持杖，按甕口上一千八十遍，當便與此素龍王，授名摩那斯龍王，主諸毒龍，當誓願言，攝禦禁止一切災風、惡雲、惡雨、雷雹、霹靂，諸惡毒龍一時順伏摩那斯龍王俱來入甕，則斷禁止災惡、毒氣。

「如是修治，則得一切諸惡毒龍、災風、毒氣、惡雲、惡雨、雷雹、霹靂一時順伏，而皆止之。」

作斯法已時，真言者誦心真言，一一遍後當稱摩那斯龍王名，滿三落叉（此云三十萬），則得摩那斯龍王額諸眷屬，一時變形為婆羅門身，現真言者佛前。是時，當以閼伽香水，供獻讚歎，說諸佛名種種功德，聞已歡喜，龍言：「仁者！有何相須？」

便告龍言：「贍部洲中，多為諸惡毒氣、惡風、惡雲、暴雨、雷雹、霹靂，災壞一切苗稼、華果、子實滋味，由是相須。」

龍言：「隨意！若作法時，我即隨至任為所使，降澍甘雨。」

爾時，復有大身孽嚕茶王，從坐而起合掌恭敬，一心向佛，曲躬而立，白言：「世尊！我有金剛觜光焰睒電真言，如是真言神力威猛，能燒、能壞諸惡毒龍身心膚肉，亦能禁止一切災害、惡風、暴雨、雷雹、霹靂，亦能增長大地一切卉木、藥草、苗稼、華果、子實滋味，亦能禁伏諸毒蟲類。今欲佛前於大眾中，廣為利樂一切有情心滿足故說，惟願！如來！慈哀加被爾。」

時，如來便告大身孽嚕茶王言：「我已加被汝金剛觜光焰睒電真言，現在十方殑伽沙俱胝那庾多百千如來、應、正等覺，亦已加被，汝大身孽嚕茶王當速說之，為得治罰諸惡毒龍故。」

爾時，大身孽嚕茶王得佛勅已，即說金剛觜光焰睒電真言：

那謨囉怛那怛羅夜耶凡羅字口傍作者彈舌呼之下皆准此一

namo ratnatrayāya

न मो र त्न त्र या य

戰拏跋馹囉播拏曳二　摩訶藥迲細那播跢曳三

caṇḍavajrapāṇaye mahāyakṣasenābataye

那莫塞桑乞切下同窒丁吉切二合嚟路抧耶二合地播跢曳四

namas trailokya dhibataye

那摩室者咄嚕喃尼咸切五　摩訶囉腎訥如古切六

namaḥ caturanāṃ mahārājñāṃ

唵七　跋馹囉頓制尼例切下同八　頓制頓制同上九　摩訶頓制同上十

oṃ vajra dunte dunte dunte mahādunte

覩置覩置十一　跋馹囉始佉囉頓制十二

dudi dudi vajraśikharadunte

麼抳迦娜迦弭質怛囉皤囉拏十三

manikanakabicita avaraṇa

弭步使跢舍哩嚟十四　鈝鈝鈝十五

bibuśitaśarire hūṃ hūṃ hūṃ

泮泮泮泮十六

phaṭ phaṭ phaṭ phaṭ

那誐(銀迦切下同)囉若弭捺囉嚩(無可切下同)抳十七

nāgarājavidravaṇi

紇哩娜焰弭塞怖吒耶十八

hṛdayaṃ visphoṭaya

跛馹囉頓制曩十九　鉡鉡鉡鉡鉡二十

vajraduntena hūṃ hūṃ hūṃ hūṃ hūṃ

泮泮泮泮泮二一

phaṭ phaṭ phaṭ phaṭ phaṭ

入嚩理跢跛馹囉頓制同上曩二二　歌娜歌娜二三

jvalati vajra duntena hana hana

誐嚕拏博迄灑儞播諦曩二四

garuṇapakṣanipatena

皤塞弭矩嚕二五　訥瑟吒那健二六

basmi kuru duṣṭanāgaṃ

鈝鈝鈝鈝鈝二七

hūṃ hūṃ hūṃ hūṃ hūṃ

泮泮泮泮泮二八　暴暴二九

phaṭ phaṭ phaṭ phaṭ phaṭ bho bho

半娜倪魚枳切下同捺囉三十　薩怖吒塞怖吒三一

pannagentra sphuṭa sphuṭa

塞怖吒知詫切覩三二　那誐廢無計切喇麼抳三三

sphuṭanatu nagaveramani

矩路陀囉惹三四　摩訶嚩攞播囉訖囉麼三五

krodharāja mahāpalabarakrama

入縛攞入嚩攞三六　鉢囉入嚩羅鉢嚩入嚩羅三七

jvala jvala prajvala pvajvala

𤙖𤙖𤙖𤙖𤙖三八

hūṃ hūṃ hūṃ hūṃ hūṃ

泮泮泮泮泮三九　暴暴四十

phaṭ phaṭ phaṭ phaṭ phaṭ bho bho

誐嚕拏囉惹四一　跛囉頓拏四二　素*韈喇拏博迄灑四三

garuḍarāja vajra tuṇḍe suvarṇapakṣa

摩訶嚩囉四四　摩抳迦娜迦四五　弭質怛囉耄理馱囉四六

mahabala maṇikanaka vicitra molidhara

薄乞灑野暴四七　訥瑟吒那健四八　比比嚩嚩暴暴四九

bakṣaya bho duṣṭa nāgaṃ pipivava bho bho

嚩庾嚩羅歌乾五十　舛舛泮五一　輸灑野輸灑野五二

vayubalahakaṃ hūṃ hūṃ phaṭ śuṣaya śuṣaya

暴始跢嚩羅歌乾五三　誐嚕拏塢喇弭拏五四

bho śitabalahakaṃ garuḍa uramiṇa

吽吽泮五五　暴暴五六　半那娜俔捺囉五七

hūṃ hūṃ phaṭ bho bho pana nāgendra

跋馹囉頓拏五八　弭注喇拏野五九　弭窋丁聿切入嚩攞六十　吽吽泮六一

vajra dunta vicūrṇaya biddujvala hūṃ hūṃ phaṭ

滿惹野滿惹野六二　薩播捨哩囉抳六三

māṃjaya māṃjaya sarvaśariṇi

摩底羯囉麼死鉿牟含切六四　暴半曩俔捺囉六五

matikramasimāṃ bho bannāgenadra

摩底跋馹囉頓制娜六六　母喇陀南奴金切六七

mati vajraduntuṇdena mūrdhanaṃ

塞桑訖切怖吒夜弭六八　歌囉歌囉六九

sphuṭa yāmi hara hara

鉢囉歌囉鉢囉歌囉七十　吽吽泮七一

brahara brahara hūṃ hūṃ phaṭ

摩詑摩詑七二　薩嚩那健七三

mata mata sarvanāgaṃ

吽吽泮七四　怛他誐路嚩者娜七五

hūṃ hūṃ phaṭ tathāgatavacana

摩怒塞麼囉七六　吽吽泮七七

mnusmara hūṃ hūṃ phaṭ

跋馹囉播抳七八　娑麼野七九　摩努播攞耶八十　吽吽泮八一

vajrapāṇi samaya manupālaya hūṃ hūṃ phaṭ

窒嚇路抧耶二合地播底八二　嚩者娜八三

trelokyā dhipati vacana

摩努播攞耶八四　吽吽泮八五　娑囉娑囉八六　塞麼囉塞麼囉八七

manubālaya hūṃ hūṃ phaṭ sarā sarā samarā samarā

娑麼耶摩努播攞耶八八　窒哩喇怛娜薩底曳二合曩八九

samaya manubālaya triradnasatyena

吽吽泮九十　莎嚩訶九一　紇哩跋馹囉頓拏九二

hūṃ hūṃ phaṭ svāhā hṛvajradunte

薩嚩那誐弭捺囉嚩拏迦囉九三　吽吽泮九四　莎嚩訶九五

sarvanāgavidravaṇa kara hūṃ hūṃ phaṭ svāhā

窒哩喇怛娜摩努播攞耶九六　吽吽泮九七　莎嚩訶九八

triradnamanupālaya hūṃ hūṃ phaṭ svāhā

沒囉歌麼怛拏訶跢耶九九　吽吽泮一百　莎嚩訶一

brahma daṇḍahatāsa hūṃ hūṃ phaṭ svāhā

弭瑟努斫羯囉歌跢耶二　吽吽泮三　莎嚩訶四

viṣṇucakrahatāya hūṃ hūṃ phaṭ svāhā

摩醯濕嚩囉五　窒哩戍攞歌跢耶六　鈝鈝泮七　莎嚩訶八

maheśvara triśūlahastaya hūṃ hūṃ phaṭ svāhā

誐嚕拏諦惹歌跢耶九　鈝鈝泮十　莎嚩訶十一

garuḍate jahastaya hūṃ hūṃ phaṭ svāhā

誐嚕拏弭羯囉麼十二　歌哆耶十三　鈝鈝泮十四　莎嚩訶十五

garuḍavikrama hatāya hūṃ hūṃ phaṭ svāhā

矩誐矩攞十六　那舍那耶十七　鈝鈝泮十八　莎嚩訶十九

nāgakula naśanāya hūṃ hūṃ phaṭ svāhā

薩嚩捨儞㘋(寧吉切)喇駄播迦耶二十　鈝鈝泮二一　莎嚩訶二二

sarva śaṇi nirdhapakāya hūṃ hūṃ phaṭ svāhā

薩嚩婆庾三薄乞灑迦耶二三　𤙖𤙖泮二四　莎嚩訶二五

sarva bhayo saṃbhakṣaṇakaya hūṃ hūṃ phaṭ svāhā

薩婆迦攞米伽魚伽切捨儞二六　儞麼囉拏耶二七

sarva kālamegha śani nivaraṇaya

𤙖𤙖泮二八　莎嚩訶二九

hūṃ hūṃ phaṭ svāhā

摩訶跋馹囉三十　入嚩攞耶三一　莎嚩訶三二

mahāvajra jvalaya svāhā

薩嚩訥瑟吒弭那捨迦耶三三　莎嚩訶三四

sarva duṣṭavināśakāya svāhā

誐嚕拏紇哩娜耶野三五　莎嚩訶三六

garuḍahṛdayāya svāhā

誐嚕拏頓拏野三七　莎嚩訶三八

garuḍatuṇḍāya svāhā

素鉢喇拏博乞灑三九　儞播跢耶四十　莎嚩訶四一

suvarṇṇā pakṣanipātāya svāhā

唵四二　度嚕度嚕四三　莎嚩訶四四

oṃ duru duru svāhā

唵四五　母嚕母嚕四六　莎嚩訶四七

oṃ muru muru svāhā

唵四八　覩嚕覩嚕四九　莎嚩訶五十

oṃ turu turu svāhā

唵五一　哩哩哩哩五二　虎虎虎虎五三

oṃ riririri hūṃ hūṃ hūṃ hūṃ

泮泮泮泮泮五四　莎嚩訶一五五

phaṭ phaṭ phaṭ phaṭ phaṭ svāhā

爾時，大身蘗嚕荼王說是真言時，乃有八十俱胝那庾多百千惡毒龍王，一時為火所燒，悶絕踠轉于地，遍體流汗，慞惶戰慄，俱時奔走，投如來前，同聲唱言：「苦哉！苦哉！苦痛若斯！」白言：「世尊！我等龍輩聞此真言，悉皆身肢為火所燒，受大苦惱，心識慞惶，餘命無恃，惟願！善逝！救脫我等熱惱苦痛！世尊！今此龍眾，更不惱亂贍部洲中一切有情，一切苗稼、華果、子實終不損壞。世尊！若此真言所在方處，有能書寫、受持、讀誦、如法修行、恭敬供養者，我諸龍等一時往中，恭敬供養，同於如來設利羅塔。」

爾時，世尊告諸龍言：「汝等勿怖！應當常依此真言行，更勿惱亂贍部洲界一切有情，一切苗稼、華果、子實所有滋味莫令減少；所有非時毒氣、惡風、霜雹、暴雨、雷電、霹靂更勿為之，汝等諸龍則得長夜獲大安隱，無諸苦惱亦不慞惶。」

爾時，如來復告大身孽嚕荼王：「汝今當說此真言法。」

爾時，大身孽嚕荼王承佛告已，則便合掌白言：「世尊！如是真言，獨一能護諸有情界，一切苗稼、華果、子實、藥草滋味皆令增長。世界贍部洲中，若有非時惡風、惡雨、雷雹、霹靂、災害起者，持真言人往高山頂上，或仰天樓上，或阿蘭若，或諸城邑一切村落高勝望處，遍觀十方一切苗稼、華果、子實、山谷、湫河，奮怒大聲誦此真言，方別七遍，眼所及處，所有一切非時惡障、熱風、冷風、颷風、暴雨、霜雹、霹靂悉皆止息，不壞苗稼、華果、子實、藥草滋味。

「白月八日高勝望處，淨治於地，隨其大小，如法塗地，作曼荼羅，香水、黃土和瞿摩夷，精細塗飾，標郭界院，開廓四門；新箭五隻加持七遍，插豎四門、壇中心上；紫檀木金剛橛四枚，五色線索纏繫四橛，一時加持二十一遍，釘壇四角。加持香爐置壇心上，以安悉香、蘇合香，燒以供養；加持稻穀、華，散布壇上；四門當心敷置新淨三白飲食，持用供養。加持白芥子、香水五遍，普散十方以為結界。

「東門趺坐，顏畏心悅，怒聲緊捷誦此真言一百八遍；復坐門門，如是各誦二十一遍。日日如是至十五日，周圓十方一踰膳那，所有一切惡毒龍等，欲起非時諸惡毒氣、熱風、冷風、颷風、暴雨、霜雹、霹靂等，則便禁止；并及一切藥叉、羅剎、諸惡鬼神，行諸疾疫、災害障者，悉皆馳散；及一切守宮、百足蜈蚣、蚰蜒毒蟲之類，一切蝗蟲食人苗稼、華果、子實者，悉皆散滅；乃至未解壇界已來，常得依時降澍甘雨，一切苗稼、華果、子實皆當茂盛，滋味增長。如是真言，若作諸法，誦持七遍法即成就。

「又持蠟，摸捏大身孽嚕茶王，結加趺坐，身量八指，兩翅股開，首戴華鬘，面狀神面，觜狀鷹觜，右手把九頭四足蛇龍王，左手執三頭四足蛇龍王，純金莊嚴彩色間飾，身諸衣服如天衣服。復隨大小作曼荼羅，淨潔塗飾，眾妙繒帛作方座褥，敷置壇上，坐置大身孽嚕茶王像，持諸華香、三白飲食，敷列供養。

「持真言者，出入淨浴，以香塗身，著淨衣服，食三白食，像前每日六時時別，結加趺坐，作大身孽嚕茶王觀，燒安悉香，誦念金剛觜光焰睒電真言二十一遍；四面面別八盞油燈；持真言者常不出壇，晝夜像前消息睡眠，如是修習滿三七日，或七七日，則得大身孽嚕茶王夢中現身，一一教是種種事法，所求諸願悉皆滿足。

「任真言者，種種命事，其像淨處安置供養，若天旱時，即啟持像，往龍湫所，居於岸沜，隨心如法精飾，塗摩曼荼羅置像壇上；以諸華香，如法供養，壇前加持白芥子七遍，乃一加持一散湫中，一百八遍，隨時降雨。

「若不雨者，倍前加法，時諸龍等，則自宮內十方方面見大火起，復見無量孽嚕荼王來入宮中，復見熱沙從空雨下，復見湫水而欲枯竭，此諸龍王皆大怖畏，或降甘雨，或走離湫。

「若有非時熱風、冷風、颲風、暴雨、霜雹、霹靂、不晴止者，右手持大身孽嚕荼王像，觀視雲雨、雷雹起處，觀置是像，請現大身孽嚕荼王飛空騰往，搏逐一切作諸惡風、暴雨、霜雹、雷電、霹靂者，面畏心悅奮怒大聲，誦斯真言一百八遍，得周十方七踰膳那，禁止一切惡風、暴雨、雷雹、霹靂災害等障。若數數有大猝惡風災殃起者，持孽嚕荼王像城門樓上，或內門樓上，觀置像現騰往搏逐，奮怒大聲誦斯真言一百八遍，一切諸毒惡龍神等悉皆馳走。

「世尊！若修治者，常能晨朝日初出時，誦此真言二十一遍者，是人則得一切諸法最勝成就。」

爾時，復有大梵天王、那羅延天王、摩醯首羅天王、及四天王，一時合掌從座而起，詣如來前右遶三匝，於一面立，一時齊聲白言：「世尊！我等諸天亦有如是金剛雹錐焰真言，能摧一切惡毒龍王及龍種族，亦摧非時一切惡風、災水、暴雨、霜雹、霹靂、種種災癘，成熟一切苗稼、華果、子實滋味。我等天王當為利益一切有情，欲如來前廣演說之。惟願！如來！加被我等。」

爾時，世尊告諸天言：「我已加被汝諸天王，我為利益一切有情獲大安樂，汝等當說。」

爾時，諸天王眾得佛勅已，一時同聲即說金剛雹錐焰真言：

那謨囉怛那怛囉夜耶一

namo ratnatrayāya

那謨婆誐(魚迦切下同)嚩(無可切下同)帝舍抧(獨也切)野母娜曳二

namo bhagavati śākyamuniye

怛他誐跢耶三

tathāgataya

那麼室戰拏跋馹囉播拏曳四

namaḥ ścaṇḍavajra pāṇiye

摩訶藥迄叉細那播跢曳五

mahā yakṣasena badaye

摩訶嚩羅鉢囉羯囉麼耶六

mahāpala parakarabhyaḥ

那麼塞桑乙切二合窒丁吉切下同𡃤路抧野七

namaḥ strailokya

母喇怛曳八　那麼室者咄嚕喃九

murdaya namaḥ ścaturanaṃ

摩訶囉腎誐如古切十　那謨跋馹囉捨儞十一

mahārājñāṃ namavajra śani

入嚩理跢嘮捺囉　吒歌娑耶十二

jvalatarutra ṭahasaya

唵十三　麼他麼他十四

oṃ mathā mathā

鉢囉麼他鉢囉麼他十五

pramathā pramathā

入嚩理跢十六　弭訖哩多十七

javalita mikṛta

嚩訖得登乙切囉十八　惹耶惹耶十九

vaktara jāya jāya

摩訶嚩攞二十　弭哩耶二一

mahāvāla miliya

鉢囉羯囉麼二二　矩嚕陀囉惹二三

barakrama krodharāja

沒囉歌迷二四　素沒囉歌迷二五

vṛhme suvṛhme

沒囉歌麼莎嚩㘑二六　暴那誐他鉢羝二七

vṛhmasvare bho nāgadepati

弭縒桑哿切羅弭縒羅二八

misara misara

摩底沒囉歌麼但制尼例切娜二九

mātivṛhma dhacaina

暮喇馱南奴金切三十　播吒耶弭三一

murdhanaṃ spodhayāma

鈝鈝泮三二　歌囉歌囉三三

hūṃ hūṃ phaṭ bhara bhara

弭瑟努斫羯囉歌跢三四

viṣṇucakrahādha

暴半娜倪魚抧切捺囉三五

bho bannāgrendra

摩底羯囉麼三六　摩底弭瑟努知矩切斫羯㘑拏三七

matikrama mativiṣṇucakrena

始囉瞋陀弭三八　覩置覩置三九

śiracchindami tuti tuti

理理理理理四十　吽吽泮四一

li li li li hūṃ hūṃ phaṭ

母虎母虎四二　母泗演覩四三

muhu muhu muhyenadu

薩嚩訥瑟吒那健四四　塞破吒耶四五

sarvaduṣṭanāgaṃ spoṭāyā

紇哩娜焰四六　摩醯濕嚩囉入嚩理跢四七

hṛdaya mahyeśvarajvalito

窒哩戍攞陀囉囉四八

ditriśūdharara

歌那歌那四九　吽吽泮五十

hana hana hūṃ hūṃ phaṭ

阿止母止覩置五一　皤嚩皤嚩五二

muci muci dudi babha babha

屈俱鬱切數疏古切抳屈同上數抳五三　折咄嚕喃五四

kṣane kṣane caturnāṃ

摩訶囉賢諸振切謓五五　入嚩理跢五六

mahārājñāṃ javalito

鑠訖底五七　陀囉陀囉五八　吽吽泮五九

śakti dhara dhara hūṃ hūṃ phaṭ

塞怖囉塞怖囉六十　弭塞怖囉弭塞怖囉六一

spura spura bispura bispura

*韈喇者*韈喇者六二　那捨耶薩嚩訥瑟吒那健六三

varaca varaca naśayasarvaduṣṭanāgaṃ

紇哩娜焰塞怖吒耶六四　鈝鈝泮六五

hṛdayā spotāya hūṃ hūṃ phaṭ

僧歌囉僧歌囉六六　訥瑟吒捨揖寧立切六七

saṃhara saṃhara duṣṭa aśani

嚩跢米健六八　施跢尾微吉切窋丁聿切六九

bhadhamaga śibiryatyu

入嚩爤跛塞桑邑切弭矩嚕七十　矩嚕矩嚕七一

jvala bhasmi kuru kuru kuru

吽吽泮七二　莎嚩訶七三

hūṃ hūṃ phaṭ svāhā

娑麼耶麼奴塞麼囉七四

samayamanusmara

暴那誐他鉢羝七五

bho nāgādhapati

弭馹懔彈舌呼之皤耶弭馹懔皤耶七六

mijinipayā mijinipayā

暴暴七七　覩置覩置七八

bho bho tuti tuti

鉡鉡泮七九　莎嚩訶八十

hūṃ hūṃ phaṭ svāhā

跋馹囉捨捐那捨耶八一

vajra āśaninaśayā

鉡鉡泮八二　莎嚩訶八三

hūṃ hūṃ phaṭ svāhā

薩縛那誐紇哩娜耶八四

sarvanāgahṛdayā

弭塞怖吒迦耶八五

bispotakayā

鈝鈝泮八六　莎嚩訶八七

hūṃ hūṃ phaṭ svāhā

勃陀弭路枳跢耶八八　莎嚩訶八九

buddhabhilokitaya svāhā

沒囉欱麼拏耶九十　莎嚩訶九一

brahmaṇayā svāhā

弭瑟努暮喇曳九二　莎嚩訶九三

biṣnumaraya svāhā

摩醯濕嚩囉九四　入嚩理跢九五

maheśvara jvalita

窒哩戍攞耶九六　莎嚩訶九七

triśūlaye svāhā

折咄嚕麼訶囉惹九八

caturmahārāja

縒麼耶陀囉耶九九　莎嚩訶一百

samayadharaya svāhā

部惹誐耶一　莎嚩訶二

pucagaya svāhā

那誐地跛多曳三　莎嚩訶四

nagate pataye svāhā

唵五　地利地利六　莎嚩訶七

oṃ diri diri svāhā

入嚩理多薄訖怛囉耶八　莎嚩訶九

javalita vaktraya svāhā

魯麼歌哩灑同上拏耶十　莎嚩訶十一

romakhariśanaya svāhā

母置母置十二　鉢囉母置十三　莎嚩訶十四

muti muti pramuti svāhā

泮泮泮泮泮十五　莎嚩訶一一六

phaṭ phaṭ phaṭ phaṭ phaṭ svāhā

爾時，諸天王等說此真言時，一切諸惡毒龍神等一時熱惱，宛轉于地，身體爛壞，肢節疼痛，悉皆惶怖，投如來前，俱時唱言：「苦哉！苦哉！重苦若斯！」白言：「世尊！我諸龍眾，今為世間諸天王等毀壞我身，斷我識命，形體甚惡，羞是大眾。惟願！如來！救護我苦！世尊！我諸龍眾，從今已去，誓不惱亂贍部洲界一切有情，不作災害。」

爾時，如來告諸龍言：「汝等勿怖！汝諸龍眾隨此真言理教行門，贍部洲界一切有情，更勿惱亂，汝諸龍眾則得安隱，永無惱苦。」

爾時，諸天王等復白佛言：「世尊！此金剛雹錐焰真言，若當有人，暫能信解、受持，讀誦一七、二七、三七遍者，則令一切諸惡毒龍，舉體熱惱，肢節疼痛。若每日時，高迥望處，加持白芥子二十一遍，散撒十方，則得周圓七踰膳那，不使諸惡毒龍神等起諸惡風、暴雨、霜雹，又得一切惡毒龍神等，并及種族悉皆降伏。若有非時一切惡風、暴雨、霜雹、雷電、霹靂災害起者，加持金剛杵一百八遍，輪擲舞杵，擊撥一切災風、暴雨、霜雹、雷電，於大山谷而降下之。

「若每晨朝，居淨室中面東趺坐，左手結龍坐印，誦此真言四十九遍，不間斷者，則得方圓七踰膳那，常無一切諸惡毒龍起災惡風、霜雹、霹靂、作諸災難。加持鍾磬二十一遍，觀視風雨、雷雹起時，又一加持一打鍾磬一百八遍，乃至二三百遍，則得一切惡毒龍輩，身肢熱惱，悉皆墜落。」

爾時，如來高聲告讚諸天王言：「善哉！善哉！汝諸天王！能為利益贍部洲界一切有情，得大安樂。」

爾時，如來說此語已，具壽慶喜、一切天人、藥叉、羅剎、乾闥婆、阿素洛、孽嚕荼、緊那羅、莫呼羅伽、人非人等，聞佛所說皆大歡喜，信受奉行。

金剛光焰止風雨陀羅尼經

佛說俱利伽羅大龍勝外道伏陀羅尼經

如是我聞：一時，佛在王舍大城。

爾時，寶幢陀羅尼菩薩白佛言：「俱利伽羅大龍，以何因緣吞飲利劍，及以四足被繞？」

佛告寶幢陀羅尼菩薩言：「昔色究竟天魔醯首羅知勝城，無動明王與外道論，共致種種神變成智。時無動明王變成智火之劍；時有九十五種外道，其首人名智達，又成智火劍。時無動明王智火大劍，變成俱利伽羅大龍，有四支：降三世、軍陀利、琰魔都伽、金剛夜叉等四大明王也；頸王有蓮名智火含字俱利伽羅，高十萬由旬也，從口出氣，如二萬億雷一時鳴，聞之，外道魔王捨惡疑邪執。」

佛說陀羅尼曰：

曩謨悉底二合悉底二合蘇悉底下同

namo siddhi susiddhi

悉底伽羅羅耶俱琰參摩摩悉利二合

siddhi kalalaya kuya samama siddhi

阿闍麼悉底娑婆呵

ajama siddhi svāhā

此呪威力，除一切不詳，降伏諸魔王，若有人靈氣惱，書姓名，以此呪誦三七遍，靈鬼忽然之間得焚燒。斷五辛酒肉、不染婦女穢執，一心誦此呪，一切所求決定得圓滿。不時樹令開華，四海成山、妙高山王成海，此呪威力、此呪功德也。焚冰如油，凹心樹如水，一切皆隨心，猶如跋伽梵。故重說偈曰：

奉仕修行者，猶如跋伽梵，得三摩地上，與菩薩同位。

俱利伽羅龍，稱念彼名字，現除怖魔障，後生安樂國。

佛說此經，一切惡魔王、九十五種大龍王，大歡喜信受奉行。

俱利伽羅龍王陀羅尼經（終）

說矩里迦（唐作尊勅）龍王像法

其形如蛇，作雷電之勢，身金色繫如意寶，三昧焰起，四足蹴蹹之形，背張竪七金剛利針，額生一支玉角，纏繞劍上畫阿字，兼用觀心一一分明。若作人相者，面目喜、怒，遍身甲冑，猶如毘嚕博叉王；左托腰把索，右臂屈肘向上執劍，頂上置龍王蟠；立金剛山。別本云迦里龍王，如天神熙怡之相，頭上畫出七頭龍，胡跪仰視如來，合捧寶蓮華，阿字變成此龍使者，此字是重，菩提種子。凡持誦者，皆有此心，希求無上菩提故，劍上觀此字，從此生一切法也，即菩提心也。行點者成就福智故，大空者是成菩提也。涅槃點者是除遣義，諸垢入涅槃也。重字猶如大龍王有大威德，興雲致雨一切自在故。阿字亦復如是，如來作事皆從此字出生。

次，龍王法身印真言，左右無名小指掌內相叉，二中指直竪相拄，以二食指拄中指背上節，以二大指少曲，各拄二食指內中節頭來去，在肘樣如後。真言曰：

曩莫三漫多勃馱喃　唵一　布祇二

namaḥ samanta buddhānāṃ oṃ pūje

步醯布伽跛底吽莎訶上音四

bhuhi pūgapati hūṃ svāhā

一切龍王法身印，以右羽頭在左內，以右後四指少曲，母指博頭指少曲之。左手返曲向右手上，亦如是，兩手相向狀如蛇口，以二手四指開令來去。真言如前。

次，華座印，二手八指似曲不曲，皆向上竪；二小指相去二寸；二無、二中各相去二寸；二頭指去四寸；並竪大指，二指相著。

次，牙印，屈右肘向上，屈無名小指在掌，中指直竪，屈頭指側著中指節，以大指捻頭指側。

若作壇供養時節，作此印誦真言，用前喚入壇中，即得一切皆悉歡喜。若欲祈雨，當具作壇，供養即得降雨三、五、七、八、九、一寸等云云法具在別文。

次，根本真言曰：

曩莫三滿多勃馱喃

namaḥ samanta buddhānāṃ

俱迦耶迦囉若銘伽扇儞曳娑嚩二合訶

kulikanāgaraja meghāśniye svāhā

用前印，若有病患者，當結龍王身印加持。即執劍上上運心，觀想婀字變成金色龍，忿怒光曜之貌，令觀病人即得除差。若有蘖嘌訶魅魂之著、誐嘌行疫病鬼之持，位在南方，及瘧病種種苦惱事，當作一肘水壇，四角置瓶，口插生華用綵華，亦得四方置四器盛滿香水，諸供具物布列莊嚴，即勸請龍王安住壇上，壇中方置劍啟白事由，禮拜供養誦真言，加持百八遍，執刀加被病人，即得消滅，即發遣誦破壇明。

次觀風輪破壇，了不獲令久住，是法祕中祕也，莫專輒傳；俱哩迦龍者，諸龍之中王，具出文殊師利法等。

矩里迦龍王像法

俱力迦羅龍王儀軌

金剛智三藏

為此具最上利根人現身也，或為繫持念行者必可現形，是為大日如來因位三毒煩惱行相而已。

爾時，大日如來、金剛忿怒力士、諸天等，為我行者現忿怒龍王身，畏彼之三毒煩惱，永離三途輪迴苦業，此故可說我祕密呪，真言曰：

*唵娑羅阿闍憾鋡

oṃ sara a aṃ haṃ māṃ

次，俱力迦羅龍王現身印真言，二手作忿怒奉舉二肩，真言曰：

*阿憾娑吽

a haṃ sa hūṃ

次，俱迦龍王不動明王真言印，二手金剛合掌，二火、二空開散，二小指入掌中，真言：

*憾婀訶

hāṃ aḥ hā

心中心印，內縛二水，二火開散，心中心真言曰：

*郝怛囉沒囉斛尸阿鋡帶憾

haḥ trāvra hoḥ śí a māṃ tai hāṃ

不動如來大日如來龍王現身根本真言：

*唵怛囉嚩洛鋡參婀

oṃ trā va la maṃ saṃ ā

誦此真言，必現身往生十方淨土；若拜尊容，至阿耨菩提終不墮三惡趣，此龍王火光三昧神通也。火天者，此彼四智所語故，火天聖者火光三昧，赫奕光明，皆此火天身，能可念此龍王不思議神力，只有此法，觀本生法變大日成不動，變不動成劍之上相字返成龍王；左右無名、小指掌內相叉，二中指直立相跓，以二食指跓中指背上節，以二大指小曲，各柱二食指內中節來去。

曩莫三滿多勃馱南俱里迦耶迦羅惹銘伽扇儞曳娑婆訶

namaḥ samanta buddhānāṃ kulikanāgaraja meghāśniye svāhā

次，倶力迦羅龍王密修真言印，內縛二中指，二大指開散此密印也。

南莫三曼多吽罕

namaḥ samanta hūṃ hāṃ

次，倶力迦羅變身印真言大日如來也：

二手合掌，二風、二空端相著，二水開立，真言曰：

*阿娑麼訖哩唵吽賀

a sa ma hriḥ oṃ hūṃ hā

次，金剛體身真言印：

唵唅吽嚩*日囉麼曳縛*日羅*吽

oṃ hāṃ hūṃ vajramaye vajra hūṃ

次，海三昧印真言：

唵縛*日赦*憾阿機釐航吽

oṃ vajra ṇāṃ hāṃ a krī hā hūṃ

次，常住火光三昧印真言曰：

唵拔折羅赦悍*闍嚕參航

oṃ vajrāṇāṃ hāṃ aṃ ḷ saṃ hā

若行者恒繫此俱力迦龍王念，自然成護摩火光三昧四臂明王，皆此龍王用力常布行人身上；阿字有其中劍遍含五字，遍體成無動尊金剛身，如是觀已，誦一字真言：

那莫三曼多嚩*日羅赦*憾

namaḥ samanta vajrāṇāṃ hāṃ

次，金迦羅印真言（釋迦此也）：

印二手金剛合掌，二中指、二大指入掌中即成，真言：

唵金迦羅那嚩*日羅*憾

oṃ kimkarana vajra hāṃ

次，誓陀迦印真言：

二手內縛，二地、二風開散，小曲相成。

唵嚩*日囉赦吽栖陀迦野娑婆賀

oṃ vajrāṇāṃ hūṃ heḍakāya svāhā

次，蓮花吉祥印真言觀音是也部主：

二羽合掌，二水、二風內相叉。

曩莫三曼多縛*日羅赦吽吽憾曳陀羅野莎*呵

namaḥ samanta vajrāṇāṃ hūṃ hūṃ hāṃ yedhaya svāhā

此四使者，加不動，成五使者，大日如來五智成身此也。

倶力迦羅儀軌

如意寶珠轉輪祕密現身成佛金輪呪王經

大興善寺三藏沙門大廣智不空奉　詔譯

放鉢品第一

如是我聞：一時，薄伽梵在大雪山頂曼殊師利童子般若崛中，與大苾芻眾千二百五十俱，皆是大阿羅漢；及無量無數菩薩摩訶薩，所謂普賢菩薩摩訶薩、曼殊師利菩薩摩訶薩、觀世音菩薩摩訶薩、得大勢至菩薩摩訶薩、金剛手菩薩摩訶薩、虛空藏菩薩摩訶薩、除蓋障菩薩摩訶薩、地藏菩薩摩訶薩，與如是等諸大菩薩摩訶薩，及十八金剛、十二大天、無量八部善神王等無量眷屬，前後圍繞。

爾時，會中有一菩薩摩訶薩，名曰曼殊師利，大悲深重慧無量，諸菩薩中最為上首，即從座起，而白佛言：「唯願世尊為大眾說放鉢功德，我等大眾欲聞奉行。」

佛告曼殊師利菩薩言：「善哉！善哉！曼殊師利！汝等諦聽！善思念之！我今於此大會一切八部及未來世，為祕密善法修行者、及難行苦行神仙賢聖者，說放鉢法要。」

爾時，曼殊師利白佛言：「唯然！世尊！願樂欲聞。」

佛告曼殊師利童子言：「若有善男子、善女人，欲飛空鉢行佛聖道利益眾生者，先撰高山及以深谷，若如覆鉢、若如仰鉢，寂寞無人最勝境界，作造菴室，唯好獨住此清淨道場所，斷語無言，斷五穀粒，湌食松葉，呑水吸氣，禪定靜思，誦八大龍王陀羅尼及龍王名號，莫為異緣。

「若過三百日，取粳米一斛，一百日乾之，能持齋戒，不犯威儀，一心稱念寶勝佛名，次誦多寶佛名，次取空鉢召請諸龍王及迦樓羅鳥王，各呪一萬三千遍，沒於空中而起大風輪。

「爾時，金翅鳥王及娑伽羅大龍王等，乘其風輪頂載空鉢，臻於天上諸龍王宮及阿修羅宮，即取長年仙藥施與行人，行者服已，住壽一千歲，神通如意，能堪修行佛妙法道；若親近女色及食肉類，不得飛鉢，神力頓止。是則先佛修行要術神仙祕法，我今為汝及未來世無福有情說是法要，汝曼殊師利持此法要，當須演說，於我滅後末法有情，因是得脫生死苦海。」

曼殊師利言：「我等大會為獲大利，我等奉持此祕密法，利益眾生，一切悉地皆令滿足。」

善惡因果品第二

爾時，會中有一菩薩摩訶薩，名曰不空王大羂索觀自在菩薩摩訶薩，即從座起偏袒右肩，合掌白佛言：「如是！世尊！今此大眾得聞空鉢大飽滿如意寶珠王法，永厭人*間，志樂山林，不受信施，欲行佛道，是法微妙為大方便利益有情，是為行人如意珍寶。然於末世法欲滅時，有情無福，信根淺薄，不堪修行諸佛道法，如是有情多造惡、多墮惡趣，無有出期，皆因先世大慳貪業，二世障礙皆是貧窮無福慧業故。唯然！世尊！為末世有情行祕密法期佛果者，說福智業如意寶輪，諸佛法輪未曾說，是寶部方便，今於此會說是法輪利益有情。」

爾時，佛告觀自在不空王菩薩言：「善哉！善哉！觀自在！汝等自從無始以來，於大劫中修習大慈大悲三昧，即得普現色身三昧如意寶珠王身；今為此問請說大慈法要，汝等諦聽！善思念之！我今為汝說貧福業因果之事。若諸有情雖有智性而無福報，是故作罪，墮諸惡道，是人多生大慳貪心，修行般若故，今世得智無福貧窮；若諸有情雖有福德而無智慧，是人先世廣作布施，不修禪定故，今世有福而無智慧；如是業報種種不同，是則定業難改，因果決定故，是故難轉。

「諸佛有異方便祕密妙術，能轉有情定業報力，得福長壽，一切吉祥，大悉地法決定成就，汝等且得須臾之頃，有一大龍王主，名曰能辦一切有情所求願樂；去此不遠有一大池，清淨無垢，無有惡鳥，四岸即是四寶所成，金、銀、瑠璃、硨磲、頗梨、真珠等無量莊嚴所所遍布；於其中有一大龍王坐於五柱銅寶宮殿，名曰無熱惱龍王，能辦諸業，位居第八地不動三昧，能有慈悲為一切有情；常有甘露智慧法水，長養五穀，生長萬物，因是人法無有缺減。我今行至般若水池大龍王宮，欲說如意寶珠大菩薩法，汝等大眾暫時可持，其時必有證。」

爾時，如意輪觀自在大菩薩等、大法王子金剛手等、大灌頂位大菩薩摩訶薩眾，一切眾會默然待時。

如意寶珠品第三

爾時，無熱惱池龍王，從無熱惱池銅輪龍宮自然涌出，詣釋迦牟尼佛所，從紫雲下，禮拜世尊、恭敬供養，與諸眷屬白佛言：「世尊！唯願入我宮中受我供養，池中有情願樂欲聞甚深妙法，唯願！如來！以大慈悲願垂納受，是故我等及以眷屬來詣奉請。」

爾時，世尊受龍王請，即起寶座，放大光明照曜十方，諸佛世界常住法界，清淨寶剎六種震動，天雨寶花繽紛而下，猶如冬雨，亦如飛鳥。

爾時，十方諸佛世尊、大菩薩眾、一切八部、有神通力者，一切皆來一時雲集。爾時，世尊與諸大眾俱，皆步大虛空中，乘黃雲上白蓮華臺，作天妓樂，入龍王宮；八部大眾亦隨佛後，各現神力。

時，阿耨達池大龍王宮六種震動，雨寶蓮華，天鼓自鳴，光明照耀。爾時，池中龍子及龍女等、諸大眷屬一時來集，莊嚴寶殿敷師子座，*辦備供物，奉迎如來。

爾時，世尊以神通力來入龍宮，就寶師子座。其座能以月光摩尼、水精、白銀、妙真珠寶而為莊嚴；即其宮殿赤銅五柱寶宮殿，左右各有五千樓閣，亦其宮殿有諸寶樹，處處皆有寶池、寶沼、寶山、寶崛；亦有寶鳥所謂孔雀、鸚鵡、命命諸鳥，和鳴遊樂。爾時，如來坐寶座上猶如金山，受其供養，為大龍王宣說法要，其事具如阿耨達池龍王經中說。

爾時，會中有一龍女，相好奇妙猶如天女，心意和雅如大菩薩，名曰善女。即從座起，頂禮佛足而白佛言：「我等先世罪障深重，貪、恚、愚癡而不殖智種，故今我受生於湖水中而為女身，雖無熱惱及諸苦患，猶居畜類鱗族之中，願我生生不受女身、不作女事；以供養佛及聞法力，皆悉迴向佛微妙道，不求餘果，唯期成佛。」

爾時，龍王女即於佛前，以偈讚佛言：

世尊面目，猶如月光，清淨殊妙，無有比類。

我等今日，歸依聞法，宿福深厚，得道不虛。
我有寶珠，奉獻世尊，利益有情，令得法寶。
報謝佛恩，守護密教，齊及一切，令得佛果，
演說三乘，利益一切。

爾時，龍王女善女說斯偈已，持一寶珠奉獻如來，而作是言：「唯願！世尊！受我寶珠。是如意寶珠即龍淵底九重蒼海中在水精寶篋中，父王隱祕、諸龍守護，崇敬尊重，猶如帝釋甘露寶瓶，滿一切願；若諸有情得此寶珠，一切所作，一切所求，如意如願，一切悉地皆得成就；我今重法即輕寶財故，奉上世尊，價直無數，唯願！世雄！願垂納受！」

佛告龍女言：「汝今欲為守護正法，獻上寶珠，我受信心淨白寶珠，不受麗龍寶珠。所以者何？如意寶珠者，非有寶非無寶，不有情不非情，非石非金，自然所出檀那波羅蜜。諸佛、菩薩能有四種寶珠，所謂慈、悲、喜、捨寶，以施二十五有諸有情類；是則法界海中有金剛寶幢，上以是寶珠，我常普雨戒、定、慧功德寶財，為一切有情，令得滿足六波羅蜜、十地皆梯八萬法藏。人*間、龍宮

雖在近境，水陸果報，亦別異故。

「人*間亦有如意寶珠，轉輪聖王十善寶珠為最上品，中品、下品：八戒、五戒。人民纔雖聞名，不得其體；若有智者，受持戒品法律儀等，為護正法、利人天等故，求期法寶，亦得真陀摩尼寶珠。是寶珠者，人中造作大祕密如意寶珠，更非龍宮所有寶珠；龍者水德，人者火德，陰陽所變，別位寶珠故；亦不同海中明珠，得人為如意寶。此事亦希故，是為虛誕，是故不受汝如意寶珠。汝等守護於我正法及未來世諸有情類，勿令失念，是為真珠，是為寶珠。」

爾時，世尊說是法門已，龍女得聞甚深法，即悲泣涕淚、五體投地，白佛言：「世尊！我寧失命，敢不背佛勅！」

爾時，虛空藏菩薩摩訶薩、地藏菩薩摩訶薩，各與五百寶部眷屬俱，從座而起俱白佛言：「願佛演說如意寶珠法，令消無福有情貧窮困苦，令得福智吉祥勝妙無上大果。」

佛告二大士言：「善哉！善哉！汝等受持佛言勿令*忘失，我今欲說，是法甚深諸佛祕藏，是法一切菩薩聖眼，是法毘盧遮那花臺具體，是法毘盧遮那金剛頂寶，是法一切功德頂上最上、最尊微妙甚深大灌頂寶；我今宣說，汝等受持利益世間，善思念之！

「我今告汝等宿福深厚深位大士，不能薄地凡夫所知；若有眾生，欲得天中龍宮福壽隨意寶珠，隨大阿闍梨先授灌頂法已，既入佛境界大道場已，深心受授大金剛志，即身受授大三昧耶戒，不犯威儀，為利有情守護正法故，造作寶珠。

「復以十一種珍寶合成如意寶珠，所謂：一者、即佛舍利，二者、黃金，三者、白銀，四者、沈香，五者、白檀，六者、紫檀，七者、香桃，八者、桑沈，九者、白心樹沈，十者、柏沈，十一者、真漆；此中金、銀造作團形為如意寶，於其中納佛舍利三十二粒，以香末泥塗寶器上。造寶珠已，即以赤色九條袈裟是裹隱祕入十八重清淨梵篋，一一重表九山八海，加大鐵圍山，最後梵篋四寶色成；第一鑌鐵色，中間黃金色赤白銀色，一一八重悉皆封之；莫見非人、小人、乃至天魔。

「既造作畢，安置道場，辦備香花，恭敬禮拜，必成大悉地。莫生疑念，晝夜慇懃修行念誦，是為人間祕密精進大如意珠玉，更不龍宮珍寶珠玉，是為人中最上寶珠。

「若無舍利，以金、銀、琉璃、水精、馬腦、玻梨眾寶等造作舍利，珠如上所用。行者無力者，即至大海邊拾清淨砂石即為舍利，亦用藥草、竹、木根節造為舍利，其數三十二粒。七粒為主，大如鷄子計，即造寶珠，其珠放光普照一切貧窮困苦，如汝寶珠無有別異。」

佛告金剛手菩薩摩訶薩言：「若有瑜伽者欲求心願者，建立壇場曼荼羅法，向寶珠王舍利菩薩祈誓所求，自寶珠中出微妙言：『欲求何願？我今滿足。』爾時，行者示心願樂，所謂世*間、出世*間，所有諸願長命福德，眾人敬愛、惡人降伏，長年仙藥，入窟禪定，飛行神通，是則現生所求心願；六度圓滿、超證十地，七等覺地、八正道法、四無量心如是等法名出世法，一切皆悉所思念事，必得成就。」

大曼荼羅品第四

佛告虛空藏菩薩言：「持誦行者，欲作曼荼羅成大悉地，以瞿摩夷和黃土泥，如法摩塗，以白檀香、甘松香、欝金香、龍腦香、麝香，塗治嚴飾壇上，安置如意寶珠王；正中安置大般若經，正後安置大般若菩薩，右邊安置不空觀自在菩薩、虛空藏菩薩、地藏菩薩、慈氏菩薩等；前左安置曼殊師利菩薩、普賢菩薩、日光菩薩、月光菩薩；左前下安置不動使者；右前下安置軍陀利金剛、水吉祥菩薩、如意輪觀自在菩薩，亦一髻羅剎使者、梵天、帝釋、四大天王、伊首羅天、摩醯首羅天、炎魔王、地天、那羅延天、辯才天、吉祥天、持明仙、龍王、龍女、訶利帝母、苗稼神等；左右傍並置五色粉，粉橫外界；燈油一百六十四盞，閼伽香花、飲食種種供物，如法*辦備令不斷絕。每日受持八關齋戒、發菩提心，營造斯壇，一切悉地決定成就。」

佛亦告言：「我今重說畫像曼荼羅法：先畫大海，其大海中亦畫二階大寶宮殿，無量珍寶而為莊嚴；於其殿中畫七寶壇，寶蓮華上畫如意寶珠王，即令放火光；亦其右邊畫曼殊師利菩薩像，於左邊畫虛空藏菩薩像，各依本法令執幖幟；其宮殿外，右方海中畫難陀龍王，頂具九頭，乘黑雲，左手持寶珠，守護如意珠王；左方海中畫跋難陀龍王，頂有七頭，乘黑雲，右手執摩尼，護持摩尼寶王像，是名畫像曼荼羅法。即對此像結印念誦，無量悉地不求自得，極祕無上甚深祕密無比無過上法。」

灌頂印真言品第五

爾時，佛告金剛祕密手菩薩言：「若有佛子欲得最上大悉地法，隨順大師教，非己智慧分，先受灌頂法，然後結如意寶珠王印，誦持根本陀羅尼；我今欲說汝樂聞否？」

祕密手菩薩白佛言：「願佛、世尊！為我等說，願樂欲聞！」

爾時，佛、世尊說根本陀羅尼曰：

娜謨曷羅怛那多羅夜耶一　南無阿利耶二

namo ratnatrayāya nama āryā

波盧吉帝濕波囉耶三

valokiteśvarāya

菩提薩跢波耶　摩訶薩跢波耶　摩訶迦盧尼迦耶四

bodhisatvāya mahāsatvaya mahākāruṇikāya

他爾耶他　唵　阿慕伽摩尼*五　摩訶摩抳*六

tadyathā oṃ amoghamaṇi mahāmaṇi

鉢頭摩摩抳*七　莎訶*八

padmamaṇi svāhā

佛說此陀羅尼已，即時龍宮六種動搖，雨如意寶珠，譬如春雨盛而降下。

爾時，大眾皆得證果；善女龍王女發大菩提心，亦發誓言：「願我守護如來遺教、遺身所在，亦佛所說人中能作如意寶珠王所在國土，如守己命加護己服，即增寶威、令得悉地，莫令乏少；但請我身令護寶珠，掘一寶池，即殖蓮華不見人畜，唯入阿闍梨及以侍者，莫入餘人，我住其中守護寶珠，護持正法。」

佛言：「善哉！善哉！善神水天大龍王女！如汝所願！」

爾時，祕密手菩薩白佛言：「唯願說此大陀羅尼大灌頂印。」

佛告祕密手菩薩言：「是則一切如來肝心祕密印，今就汝請，我當說之。」

時佛即說其印相言：「二手合掌，以二無名指、二小指屈掌中，右押左相叉，二大指亦右押左入掌中，二中指豎並微屈指頭，以二頭指押二中指側中節上，指頭相拄，此印名觀自在不空如意寶珠王印，能成一切所求事業。」

阿闍梨成佛品第六

爾時，釋迦牟尼佛入一切佛發心覺悟法界平等性者修行菩提大涅槃常住金剛三昧，說有情決定成佛真言曰：

唵阿鑁覽坎佉摩尼鉢頭迷吽

oṃ a vaṃ raṃ khaṃ kha maṇi padma hūṃ

「若諸有情，若誦一遍，當得度脫生死大海，到彼大涅槃岸，一切有情成滿三種悉地，一切異願、一切善願一時成就。是故，汝等！應當一心修行此法得最勝無上悉地；今開祕密無上寶庫，與諸修行真言法者，即是無上甚深祕法，極祕中極祕，今正說之。」

佛說此真言已，應時即為遍照如來，頂戴金剛五佛寶冠，重說即身成佛大海印，亦名三昧耶印；若諸佛子欲得即身成佛，當修此觀，能使凡夫父母所生身即成佛身。即向本尊如意寶珠王，結法界塔婆印；謂二手虛心合掌，八指為寶形即成密印；觀阿字門，一切智慧廣大清淨門，隨字身量內外廣博，同等虛空無分別心，黃白二色光明，徹照地輪妙體，離諸境界，意生作業攝持有情，安住心王同虛空相，成就一切上品悉地；縛(無可切)字門，入內心為曼陀羅加持自身，大日雪色徹妙水輪，加持自身離諸垢過門；囉(彈舌呼)字門，自體清淨，無垢門；迦(爾羅切)字門，因業離遍一切法，遠離諸垢，度生死門；欠字門，大空無生，加持自體安住法界無有戲論門，無二行相門。

於閑靜處，縱廣四肘，淨治其地，如護摩標式，四門中圓三十二葉七寶蓮華臺上，安置如意寶珠王菩薩，放光照耀，六道有情遇斯光者，捨是身後，證得不壞金剛三昧，安住覺王普賢聖位，一切如來、十六大菩薩摩頂授記，金剛界遍照如來常伸右手摩頂授記，受佛寶冠，壽命一劫不捨於身，得見彌勒如來，壽終之後，即得往生無量壽佛極樂國土。

悉地成就品第七

佛告虛空藏菩薩摩訶薩言：「若諸有情，每日晨朝對寶珠王像，念根本呪及灌頂印一千八十遍，除滅無始一切根本罪，淨除業障海，得成就大悉地法，捨此身已，往生西方安樂國土上品蓮臺，證得無生不空王三摩地，遊歷十方金剛界會，禮拜承仕大日如來。若有善男子、善女人，欲求現生最上悉地，從後夜時至明晨時，從日沒時至三更時，行斯法要相續不絕，經於千日，消滅五逆重罪，一切悉地決定成*辦，一切意願速得成就。」

佛復告大虛空藏菩薩言：「若諸有情行此法者，世、出世間一切法門速皆圓滿，亦得世間一切無畏尊貴富饒，為諸國王、王子、大臣，得令愛敬、尊重、讚嘆，無有勝計；持是行者則得成*辦一切諸願，降伏一切諸魔、怨敵、業障、報障，一切諸病即時消滅，是故行者常應持念、禮拜、供養諸佛真身馱都權現如意寶珠王，乃至天上大海龍宮寶藏大摩尼珠王；菩薩摩訶薩心不廢亂，即得成就一切悉地，現生證得吽迦羅心、摩訶縛日羅身。」

佛復告言：「若有善男子、善女人欲成無上大菩提果，及求無邊福智成就，即向空中第三禪頂大梵天王安置寶塔、如來頂骨，結印誦明速得成就；若諸有情欲求福德、壽命長遠，即向地底堅牢地神安置如來炭土、寶瓶，行此法者速成悉地。汝等！當知是二寶珠，是即真性祕密寶珠，勸請、供養，一切所求、無上悉地，必得成就。」

護摩品第八

爾時，佛告虛空藏菩薩言：「若諸有情欲得剎帝利位，持白麻仁、粳米、小豆、酥密、乳酪行護摩者，其國王甚大歡喜，讓與帝位，后妃、王子亦復如是。

若見曼拏羅如意珠王，速蠲淨除阿鼻業報，四重、五逆、誹謗正法、一切惡業、一切劇苦悉皆除滅，更不重五逆惡趣身，常居勝位；八萬四千執金剛夜叉、十地金剛陀羅尼菩薩、六十八千持明神仙晝夜守護，常為伴侶；若命終之後，必生勝妙金剛手大悉地宮，即為真言大持明仙，十六菩薩以為兄弟。」

爾時，如來說護摩印曰：「即以左手頭指、大母指相縛，直伸中指、無名指，向掌作拳，以印當胸；右手頭指、中指、大母指拍珠，以一切如來金剛摩尼身大灌頂印言，即聲誦呪作護摩法，一切事業皆令成就，則是三部諸尊極祕無上密印及祕密明。我今即為一切有情廣宣說之，汝虛空藏受持是法，流通世間，普令利益末世有情。」

爾時，虛空藏菩薩摩訶薩受誠實語，願垂加持。

佛言：「善哉！善哉！如汝所願，守護正法，莫令失墜。」

爾時，虛空藏菩薩、金剛手菩薩、觀自在菩薩等而說偈言：

善哉善哉大調御，雨寶利益諸有情；

善哉善哉大丈夫，演說祕密利生類。

善哉善哉大日輪，照耀黑暗得光明；
善哉善哉大師子，噉食一切諸惡魔。
唯願大日遍照尊，開示悟入般若法，
我等歸依遍智者，證得佛果利群生。

囑累品第九

爾時，大梵天王、帝釋天王、四大天王、魔醯首羅天王、娑竭羅龍王、無熱惱池龍王、大辯才天女、大吉祥天女及寶藏天女等，即從座起頂禮佛足，而白佛言：「我等眷屬守護行者，如守眼睛，如護身命，衛護祕密真言教法，流通世間令不斷絕。唯願！世尊！加被養育我等眷屬！為報如來深重恩德，發誠實語，願垂加持。」

佛言：「善哉！善哉！如汝所願，守護正法，莫令失墜。」

爾時，遍照光明釋迦牟尼佛說是如意寶珠頓成悉地法已，以千輻輪兩足尊行步雲上，還大雪山曼殊師利神仙窟中。

爾時，無熱惱池龍王宮中六種震動，一切大眾皆大歡喜，信受奉行。

如意寶珠轉輪祕密現身成佛金輪呪王經

（此經相傳，高祖大師遍照金剛真雅僧正授之。以下至先師般若寺僧正，自大日如來凡十二代，此嫡嫡相承但一人也。仍停祐傳之，如眼睛祕之。今元杲大法師授之，為次阿闍梨也而已，天曆三年己酉八月二十三日。傳授阿闍梨內供奉十禪師淳祐。）

佛說大愛陀羅尼經

西天譯經三藏朝散大夫試光祿卿明教大師臣法賢奉　詔譯

如是我聞：一時，佛在舍衛國祇樹給孤獨園。時，有海神名曰大愛，來詣佛所。到佛所已，頭面著地，禮佛雙足，却住一面，而白佛言：「世尊！我有所願利益眾生，惟佛哀愍許我宣說。」

爾時，世尊知大愛心有大利益，而告之曰：「善哉！善哉！汝為利益，隨汝意說。」

爾時，大愛蒙佛聽許，而白佛言：「我與眷屬住於大海，多見眾生陷於海難，愍念此等欲說陀羅尼，令彼海難無能為害。世尊！若有善男子、善女人，乃至苾芻、苾芻尼、優婆塞、優婆夷等，聞此陀羅尼讀誦受持，及得聞我與眷屬等名者，所有大海一切危難悉皆解脫。」

爾時，大愛承佛威力，即說陀羅尼曰：

怛𩕳切身他引一　祖嚕祖嚕二　吐蘭達哩引三

tadyathā curu curu dhulaṃ dhari

摩賀引謗哥悉體二合帝引四　酤引儞瑟哥二合引儞瑟計二合五

mahāpaṅga siddhati kuniṣkaniṣki

阿那護六　撈鉢黎引七　祖嚕祖嚕八　三滿多跋*捺哩二合引九

anahu capali curu curu samanta bhadre

阿屹儞二合作訖哩二合引十　作訖囉二合多朗十一　補囉儗儞引娑嚩二合引賀引十二

agāni cakṣiri cakra talaṃ brokīni svāhā

爾時，大愛海神承佛聖旨，說此陀羅尼已，歡喜踊躍，禮佛而退。

佛說大愛陀羅尼經

佛說龍施女經

吳月氏優婆塞支謙譯

聞如是：一時，佛遊於維耶離奈氏樹園，與大比丘眾千二百五十人俱，及五百眾菩薩。

佛以晨旦，著衣，持鉢，入城分衛，眾會皆從；諸天龍神香、華、伎樂倍於常時。

佛到長者須福門外。須福有女，名曰龍施，厥年十四。時在浴室澡浴，塗香，著好衣。為佛眉間毫相之光，照七重樓上，東向見佛在門外住，容貌端正如星中有月，奇相眾好，金色從容，諸根寂定。女大歡喜，則自念言：「今得見佛及眾弟子，當以發意作菩薩行，願令我得道如佛！」

魔見女發大意，心為不樂，念言：「是女今興大福，及欲求佛，必過我界，多度人民。今我當往，壞其道意。」

魔便下，化作女父形象、被服，謂龍施言：「今所念者大重，佛道難得，億百千劫勤勞不懈然後乃成。今世幸有佛，不如求羅漢，既要易得，且俱度世泥洹無異，何為貪佛？久負勤苦，汝是我女，故語汝耳。」

龍施對曰：「不如父言，羅漢與佛雖俱度世，功德不同。佛智大度，如十方空，度人無極；羅漢智少，若一時耳，何有高才樂於少者？」

魔復言：「未曾聞女人得作轉輪聖王，況乃欲得作佛！佛道長久，不如求羅漢，早取泥洹。」

龍施報言：「我亦聞：『女人不得作轉輪聖王、不得作帝釋、不得作梵王、不得作佛。』我當精進，轉此女身竟，受作男子身。蓋聞：『天下尊行菩薩道億劫不懈者，後皆得作佛。』」

魔見女意不轉，益用愁毒，更作急教言：「作菩薩行者，當不貪於世間，不惜於壽命。今汝精進，能從樓上自投於地者，後可得佛。」

龍施念言：「今我見佛，乃自愛欲菩薩道，父有教以精進棄身，可得佛道。我何惜此危脆之命？」

女即於欄邊叉手向佛言：「我今自歸天中之天，以一切慜念，知我所求，請棄軀命，不捨菩薩。」

以身施佛願而散華以，便縱身自投樓下。於空中未及至地，女身則化成男子。

時，佛乃笑，五色光從口出，照一佛剎，還從頂入。賢者阿難前跪問言：「佛不妄笑，願聞其意！」

佛言：「阿難！汝見此女自投空中，化成男子不？」

對曰：「見。」

佛言：「此女乃前世時以事萬佛，後當供養恒沙如來，却至七億六千萬劫當得作佛，號名龍盛，其壽一劫。般泥洹後，經道興盛半劫乃滅。時佛說法，當度九十七億萬人，令得菩薩及羅漢道。是時人民飲食，當如第二忉利天上。」

於是龍施身住佛前，報父母言：「願放捨我，得作沙門！」父母即聽。

諸家親屬合五百人，及八百天神，見女人龍施化成男子，皆發無上正真道意。魔王見眾人求佛，更多憂愁不樂，慚愧而歸。

佛說是時，莫不歡喜。

佛說龍施女經

佛說龍施菩薩本起經

西晉月氏三藏竺法護譯

聞如是：一時，佛遊維耶離奈女樹園，與大比丘眾千二百五十、五千菩薩及無央數天人。

時，佛說經，眾會皆定。龍施菩薩立於佛前，作師子吼，嗟歎大乘，說前世行，積功累德，不惜身命，不計吾我，無所希求，白佛言：「過去世時，有一般遮旬在叢樹下，精進行道，心無所著，常愍十方人及蠕動之類，行四等心：慈、悲、喜、護；常食果蓏，而飲泉水；不慕世榮，無所貪惜；得五神通，以自娛樂，何等為五？眼能徹視，耳能徹聽，身能飛行，了眾人根，自知本末。在其山中誦習經義，晝夜不懈。

「時，有毒蛇，見般遮旬晝夜誦經，心大歡悅，前詣般遮旬所，稽首作禮，取草用掃，含水灑地，供事道人，不敢懈慢。常在左側，聽經不離，般遮旬所說經，毒蛇輒悉諷誦。

「如是數月之中轉向冬寒，樹木、華果遂復欲盡。般遮旬心念言：『冬寒以至，華果以盡，無所依怙，我今當還，止於人間。』便取衣鉢，即欲發去。毒蛇時見，悲泣淚出，白道人言：『欲何至乎？』道人答曰：『寒冷且至，亦無屋舍，華果復盡，無以自活，故相捨去，欲入郡國。』

「毒蛇聞之，益甚悲哀，白道人言：『道人在此，如依太山，晝夜樂法，其心不傾。今捨我去，無所恃怙，願見愍傷我身可憐！』道人答曰：『吾有四大，常當衣食，以自住立。今此山中亦無供具，雖有慈心，不能自在。』

「毒蛇白曰：『今此山中樹木參天，泉水流行，百鳥嚶嚶，甚可娛樂，何為捨焉？唯願道人勿見棄捐。今雖當去，欲從其後，奉侍道人，不敢住留，在此愁思，但有死憂。』

「道人答曰：『卿為毒蛇，眾人所憎，見者欲害，無有愛樂；或於道中虎、狼、毒蟲、蜚鳥、走獸共害汝身。今實悢悢，無有已已，雖有是心，不得自在，願卿住此，思道念德，精進自守，忍諸困厄！若前強健，後年復會。』道人悲泣，收淚而去。

「毒蛇涕零，不能自止，貪見道人無有極已，便即上樹，遙望道人；觀視若行，察其所避；道人不現，轉復上行；適復不現，上盡樹頭，遙望道人，遂遠不現。毒蛇益悲，自責悔言：『身罪所致，失善道人。前世愚癡，多犯眾惡，婬妷、瞋恚，闇冥、放逸，懈怠、無知，不奉精進，迷亂不止，其心不一；不值佛世，遠離正法，失大智慧，違遠至明；從苦入苦，離波羅蜜，墮於五道、蟲蛾、蚤虱。今受蛇身，為人所憎，皆是身過，不由他人。天上、世間，豪貴無常，何況我此含毒之身？展轉生死，譬如車輪。』

「爾時，毒蛇自說瑕惡，身意靜然，但還自責：『今此危身，不足貪惜，不顧軀命，此無所著。』便從樹上自投於下，未及至地，墮樹岐間，身絕兩分，便即命過，生兜術天，得見光明，即自思惟，便識宿命：『我在世時，身為毒蛇，奉侍道人，行正遠邪，精進不懈，伏惡心魔，視其身命，譬如土沙；知命非常，自投樹下，於彼壽終，來生此上。』便於天上，從諸玉女及與天子，各持香華散毒蛇上，便自說言：『今此蛇身雖為毒惡，於我大厚，終不為薄。精進行法，心無所著，絕其壽命，得上為天。今故來下，欲報其恩。』便復行詣般遮旬所，稽首作禮，供養華香，嗟歎功德，皆共稱譽：『今此道人無有等侶，行大慈悲，無有親疎，教授一切，令離三塗。本為毒蛇，視如赤子，憂念一切。此功德大，欲報其恩，何時能達？』適說是已，便還去上兜術天。

皆從諸天人，行詣彌勒前，俱稽首作禮，其心悉等平。
見彌勒歡喜，禮畢住一面，彌勒為說法，皆得無所從生。
天上壽終後，來生於世間，長者須福家，作女意甚明，
端名曰龍施，除去諸欲情。時佛來詣舍，眉間放光明，
時女在浴室，志意用愕驚；便即上樓觀，見佛功德正，
諸根悉寂定，三十二相明。女心即歡喜，今逮得安寧，
當供養佛法，便發菩提心。時魔聞知之，心中為愁思：
「此女發道意，盡我境界人。」已下變為父，具說艱惱事：
「佛今現在世，功德甚尊特，菩薩多勤苦，羅漢疾易得。」

時女即對曰：「父言無義理，佛智譬虛空，羅漢如芥子，猶是以觀之，小道無高士，佛德如巨海，度人無極已。」時魔謂女言：「汝今何愚癡，菩薩甚勤苦，得道無有期；假使欲得佛，當不惜軀命，從樓自投地，乃知女妙英，精進無所著，可得無上正。」時女住欄邊，向佛叉手言：「我用一切故，願佛知我誠。」便自投樓下，逮得無從生，變為男子形。阿難乃怖驚，叉手正衣服，前白佛天中天：「今我意甚怪，此為何等焉？一切皆愚癡，願佛現大明。」時佛告阿難：「汝見此女不？自投於虛空，轉作男子身。不獨今棄軀，前世亦復爾。已更事萬佛，精進無懈止，却後當來世，供養如恒沙，便當得作佛，號名曰龍上。在第一大會，度脫諸天人，其數難屢陳，譬之如浮雲。爾時佛治世，快樂無有極，飲食皆自然，譬如忉利天。」於是龍施身，住立在佛前，報其父母言：「聽我作沙門。」

父母即聽之，侍從五百人，及八百天神，皆發無上心。
爾時魔愁毒，悔恨無所陳。龍施白佛言：「願愍一切人，
為斷十二海，除去諸苦辛，用眾愚癡故，多說大珍寶。」
時佛便講法，五百侍從人，皆得無所從生；及八百諸天，
得不起法忍。彼時龍施身，便住於佛前，自說過世行：
「求道甚苦勤，不用己身故，但為一切人；如來之功德，
不可具說陳。爾時般遮旬，今則是世尊；其毒蛇之軀，
今是龍施身；時五百玉女，今是五百人；八百諸天子，
共志無等倫。菩薩所示現，猶為有所因，欲歎其功德，
終無能盡焉。」彼龍施菩薩，作師子吼時，無數諸天人，
皆發無上真，一切皆歡喜，作禮於佛前。

佛說長阿含經　卷第十二　摘錄

後秦弘始年佛陀耶舍共竺佛念譯

（一九）佛說長阿含第二分大會經第十五

如是我聞：一時，佛在釋翅提國迦維林中，與大比丘眾五百人俱，盡是羅漢，復有十方諸神妙天皆來集會，禮敬如來及比丘僧。

（略）

復有毘波蜜神，住在馬國，將五百鬼，皆有神足、威德。復有金毘羅神，住王舍城毘富羅山，將無數鬼神恭敬圍遶。復有東方提頭賴吒天王，領乾沓惒神，有大威德，有九十一子，盡字因陀羅，皆有大神力。南方毗樓勒天王，領諸龍王，有大威德，有九十一子，亦字因陀羅，有大神力。西方毗樓博叉天王，領諸鳩槃茶鬼，有大威德，有九十一子，亦字因陀羅，有大神力。北方天王名毗沙門，領諸悅叉鬼，有大感德，有九十一子，亦字因陀羅，有大神力。此四天王護持世者，有大威德，身放光明，來詣迦維林中。

爾時，世尊欲降其幻偽虛妄之心，故結呪曰：

摩拘樓羅摩拘樓羅　毗樓羅毗樓羅

mākurūra mākurūra virūra virūra

旃陀那加摩世致　迦尼延豆　尼延豆

caṇḍā nāga masici kaṇiyaduḥ niyaduḥ

波那攎嗚呼奴奴主　提婆蘇暮

pānārūhūdodocu devasoma

摩頭羅　支多羅斯那

madhura cita rasana

乾沓波　那羅主　闍尼沙　尸呵

gandharva naradacu janisa niha

無蓮陀羅　鼻波蜜多羅

urandhara bhipāmitara

樹塵陀羅　那閻尼呵

jyojidhara nadiniha

斗浮樓　輸支婆迹婆

dhūvru śuci vakyeva

（略）

爾時，魔王見諸大眾在世尊所，懷毒害心，即自念言：「我當將諸鬼兵往壞彼眾，圍遶盡取，不令有遺。」時，即召四兵，以手拍車，聲如霹靂，諸有見者無不驚怖，放大風雨、雷電、霹靂，向迦維林圍繞大眾。

佛告諸比丘樂此眾者：「汝等！當知今日魔眾懷惡而來。」於是頌曰：

汝今當敬順，建立於佛法，當滅此魔眾，如象壞花蘩。
專念無放逸，具足於淨戒，定意自念惟，善護其志意。
若於正法中，能不放逸者，則度老死地，永盡諸苦本。
諸弟子聞已，當勤加精進，超度於眾欲，一毛不傾動。
此眾為最勝，有大智名聞，弟子皆勇猛，為眾之所敬。

爾時，諸天、神、鬼、五通仙人皆集迦維園中，見魔所為，怪未曾有。佛說此法時，八萬四千諸天遠塵離垢，得法眼淨。諸天、龍、鬼、神、阿修羅、迦樓羅、真陀羅、摩睺羅伽、人與非人聞佛所說，歡喜奉行。

佛說長阿含經　卷第十八　摘錄

後秦弘始年佛陀耶舍共竺佛念譯

(三〇)第四分世記經閻浮提州品第一

佛告諸比丘：「如一日月周行四天下，光明所照，如是千世界，千世界中有千日月、千須彌山王、四千天下、四千大天下、四千海水、四千大海、四千龍、四千大龍、四千金翅鳥、四千大金翅鳥、四千惡道、四千大惡道、四千王、四千大王、七千大樹、八千大泥犁、十千大山、千閻羅王、千四天王、千忉利天、千焰摩天、千兜率天、千化自在天、千他化自在天、千梵天，是為小千世界。如一小千世界，爾所小千千世界，是為中千世界。如一中千世界，爾所中千千世界，是為三千大千世界。如是世界周匝成敗，眾生所居名一佛剎。」

（略）

「閻浮提有大樹王，名曰閻浮提，圍七由旬，高百由旬，枝葉四布五十由旬。金翅鳥王及龍王樹，名俱利睒婆羅，圍七由旬，高百由旬，枝葉四布五十由旬。

（略）

「雪山埵出高百由旬，其山頂上有阿耨達池，縱廣五十由旬，其水清冷，澄淨無穢，七寶砌壘，七重欄楯、七重羅網、七重行樹，種種異色，七寶合成。其欄楯者，金欄銀桄，銀欄金桄，琉璃欄水精桄，水精欄琉璃桄，赤珠欄馬瑙桄，馬瑙欄赤珠桄，硨磲欄眾寶所成。金網銀鈴，銀網金鈴，琉璃網水精鈴，水精網琉璃鈴，硨磲網七寶所成。金多羅樹：金根、金枝、銀葉、銀果，銀多羅樹：銀根、銀枝、金葉、金果，水精樹：水精根枝、琉璃花果，赤珠樹：赤珠根枝、馬瑙葉、馬瑙花果，硨磲樹：硨磲根枝、眾寶花果。

「阿耨達池側皆有園觀浴池，眾花積聚，種種樹葉，花果繁茂，種種香風，芬馥四布，種種異類，諸鳥哀鳴相和。阿耨達池底，金沙充滿。其池四邊皆有梯陛，金桄銀陛，銀桄金陛，琉璃桄水精陛，水精桄琉璃陛，赤珠桄馬瑙陛，馬瑙梡赤珠陛，硨磲梡眾寶陛。遶池周匝皆有欄楯，生四種花：青、黃、赤、白，雜色參間，華如車輪，根如車轂，花根出汁，色白如乳，味甘如蜜。阿耨達池東有恒伽河，從牛口出，從五百河入于東海。阿耨達池南有新頭河，從師子口出，從五百河入于南海。阿耨達池西有婆叉河，從馬口出，從五百河入于西海。阿耨達池北有斯陀河，從象口中出，從五百河入于北海。阿耨達宮中有五柱堂，阿耨達龍王恒於中止。」

佛言：「何故名為阿耨達？阿耨達其義云何？此閻浮提所有龍王，盡有三患，唯阿耨達龍，無有三患。云何為三？一者、舉閻浮提所有諸龍，皆被熱風、熱沙著身，燒其皮肉，及燒骨髓以為苦惱，唯阿耨達龍無有此患。二者、舉閻浮提所有龍宮，惡風暴起，吹其宮內，失寶飾衣，龍身自現以為苦惱，唯阿耨達龍王無如是患。三者、舉閻浮提所有龍王，各在宮中相娛樂時，金翅大鳥入宮搏撮，或始生方便，欲取龍食，諸龍怖懼，常懷熱惱，唯阿耨達龍無如此患；若金翅鳥生念欲*往，即便命終，故名阿耨達（阿耨達秦言無惱熱）。」

佛說長阿含第四分世記經鬱單曰品第二

「比丘！彼鬱單曰土，四面有四阿耨達池，各縱廣百由旬，其水澄清，無有垢穢，以七寶塹廁砌其邊，乃至無數眾鳥相和悲鳴，與摩陀延池嚴飾無異。彼四大池各出四大河，廣十由旬，其水洋順，無有卒暴，眾花覆上，汎汎徐流。挾岸兩邊多眾樹木，枝條柔弱，花果繁熾，地生濡草，槃縈右旋，色如孔翠，香猶婆師，濡若天衣，其地柔濡，以足蹈地，地凹四寸，舉足還復，地平如掌，無有高下。

（略）

「其土中夜、後夜，阿耨達龍王數數隨時起清淨雲，周遍世界而降甘雨，如搆牛頃，以八味水潤澤普洽，水不留停，地無泥淖，猶如鬘師以水灑華，使不萎枯，潤澤鮮明。」

佛說長阿含第四分世記經轉輪聖王品第三

「轉輪聖王治於世時，阿耨達龍王於中夜後起大密雲，彌滿世界而降大雨，如搆牛頃，雨八味水，潤澤周普，地無停水，亦無泥*淖，潤澤沾洽，生長草木。猶如鬘師水灑花鬘，使花鮮澤，令不萎枯，時雨潤澤，亦復如是。又時於中夜後，空中清明，淨無雲曀，海出涼風，清淨調柔，觸身生樂。聖王治時，此閻浮提五穀豐賤，人民熾盛，財寶豐饒，無所匱乏。」

佛說長阿含經 卷第十九 摘錄

後秦弘始年佛陀耶舍共竺佛念譯

佛說長阿含第四分世記經龍鳥品第五

佛告比丘：「有四種龍，何等為四？一者、卵生，二者、胎生，三者、濕生，四者、化生，是為四種。有四種金翅鳥，何等為四？一者、卵生，二者、胎生，三者、濕生，四者、化生，是為四種。大海水底有娑竭龍王宮，縱廣八萬由旬，宮牆七重，七重欄楯、七重羅網、七重行樹周匝嚴飾，皆七寶成，乃至無數眾鳥相和而鳴，亦復如是。須彌山王與佉陀羅山二山中間，有難陀、婆難陀二龍王宮，各各縱廣六千由旬，宮牆七重，七重欄楯、七重羅網、七重行樹周匝校飾，以七寶成，乃至無數眾鳥相和而鳴，亦復如是。

「大海北岸有一大樹，名究羅睒摩羅，龍王、金翅鳥共有此樹。其樹下圍七由旬，高百由旬，枝葉四布五十由旬。此大樹東有卵生龍王宮、卵生金翅鳥宮，其宮各各縱廣六千由旬，宮牆七重，七重欄楯、七重羅網、七重行樹，周匝校飾，以七寶成，乃至無數眾鳥相和悲鳴，亦復如是。其究羅睒摩羅樹南有胎生龍王宮、胎生金翅鳥宮，其宮各各縱廣六千由旬，宮牆七重，七重欄楯、七重羅網、七重行樹周匝校飾，以七寶成，乃至無數眾鳥相和悲鳴，亦復如是。究羅睒摩羅樹西有濕生龍宮、濕生金翅鳥宮，其宮各各縱廣六千由旬，宮牆七重，七重欄楯、七重羅網、七重行樹周匝校飾，以七寶成，乃至無數眾鳥相和而鳴，亦復如是。究羅睒摩羅樹北有化生龍王宮、化生金翅鳥宮，其宮各各縱廣六千由旬，宮牆七重，七重欄楯、七重羅網、七重行樹周匝校飾，以七寶成，乃至無數眾鳥相和悲鳴，亦復如是。

「若卵生金翅鳥欲搏食龍時，從究羅睒摩羅樹東枝飛下，以翅搏大海水，海水兩*披二百由旬，取卵生龍食之，隨意自在，而不能取胎生、濕生、化生諸龍。

「若胎生金翅鳥欲搏食卵生龍時，從樹東枝飛下，以翅搏大海水，海水兩披二百由旬，取卵生龍食之，自在隨意。若胎生金翅鳥欲食胎生龍時，從樹南枝飛下，以翅搏大海水，海水兩披四百由旬，取胎生龍食之，隨意自在，而不能取濕生、化生諸龍食也。

「濕生金翅鳥欲食卵生龍時，從樹東枝飛下，以翅搏大海水，海水兩披二百由旬，取卵生龍食之，自在隨意。濕生金翅鳥欲食胎生龍時，於樹南枝飛下，以翅搏大海水，海水兩披四百由旬，取胎生龍食之，自在隨意。濕生金翅鳥欲食濕生龍時，於樹西枝飛下，以翅搏大海水，海水兩披八百由旬，取濕生龍食之，自在隨意，而不能取化生龍食。

「化生金翅鳥欲食卵生龍時，從樹東枝飛下，以翅搏大海水，海水兩披二百由旬，取卵生龍食之，自在隨意。化生金翅鳥欲食胎生龍時，從樹南枝飛下，以翅搏大海水，海水兩披四百由旬，取胎生龍食之，隨意自在。化生金翅鳥欲食濕生龍時，從樹西枝飛下，以翅搏大海水，海水兩披八百由旬，取濕生龍食之。化生金翅鳥欲食化生龍時，從樹北枝飛下，以翅搏大海水，海水兩披千六百由旬，取化生龍食之，隨意自在。是為金翅鳥所食諸龍。

「復有大龍，金翅鳥所不能得。何者是？娑竭龍王、難陀龍王、跋難陀龍王、伊那婆羅龍王、提頭賴吒龍王、善見龍王、阿盧龍王、伽拘羅龍王、伽毗羅龍王、阿波羅龍王、伽㝹龍王、瞿伽㝹龍王、阿耨達龍王、善住龍王、優睒伽波頭龍王、得叉伽龍王，此諸大龍王皆不為金翅鳥之所搏食，其有諸龍在近彼住者，亦不為金翅鳥之所搏食。」

佛告比丘：「若有眾生奉持龍戒，心意向龍，具龍法者，即生龍中。若有眾生奉持金翅鳥戒，心向金翅鳥，具其法者，便生金翅鳥中。或有眾生持兔梟戒者，心向兔梟，具其法者，墮兔梟中。若有眾生奉持狗戒，或持牛戒，或持鹿戒，或持瘂戒，或持摩尼婆陀戒，或持火戒，或持月戒，或持日戒，或持水戒，或持供養火戒，或持苦行穢汙法，彼作是念：『我持此瘂法、摩尼婆陀法、火法、日月法、水法、供養火法、諸苦行法，我持此功德，欲以生天。』此是邪見。」

佛言：「我說此邪見人必趣二處，若生地獄，有墮四生。或有沙門、婆羅門有如是論、如是見：『我、世間有常，此實餘虛；我及世間無常，此實餘虛；我及世間有常無常，此實餘虛；我及世間非有常非無常，此實餘虛。我、世有邊，此實餘虛；我、世無邊，此實餘虛；我、世有邊無邊，此實餘虛；我、世非有邊非無邊，此實餘虛。是命是身，此實餘虛；是命異身異，此實餘虛；非有命非無命，此實餘虛；無命無身，此實餘虛。』或有人言：『有如是他死，此實餘虛。』有言：『無如是他死，此實餘虛。』或言：『有如是無如是他死，此實餘虛。』又言：『非有非無如是他死，此實餘虛。』

「彼沙門、婆羅門若作如是論、如是見者，言：『世是常，此實餘虛。』者，彼於行有我見、命見、身見、世間見，是故彼作是言：『我、世間有常。』彼言無常者，於行有我見、命見、身見、世間見，是故彼言：『我、世間無常。』彼言有常無常者，彼行於有我見、命見、身見、世間見，故言：『世間有常無常。』彼言非有常非無常者，於行有我見、命見、身見、世間見，故言：『我、世間非有常非無常。』

「彼言我、世間有邊者，於行有我見、命見、身見、世間見，言：『命有邊，身有邊，世間有邊，從初受胎至於塚間，所有四大身如是展轉，極至七生，身、命行盡，我入清淨聚。』是故彼言：『我有邊。』彼言我、世間無邊者，於行有我見、命見、身見、世間見，言：『命無邊，身無邊，世間無邊，從初受胎至於冢間，所有四大身如是展轉，極至七生，身、命行盡，我入清淨聚。』是言：『我、世間無邊。』彼作是言：『此世間有邊無邊。』彼於行有我見、命見、身見、世間見：『命有邊無邊，從初受胎至於冢間，所有四大身如是展轉，極至七生，身、命行盡，我入清淨聚。』是故言：『我有邊無邊。』彼作是言：『我、世間非有邊非無邊。』於行有我見、命見、身見、世間見：『命身非有邊非無邊，從初受胎至於冢間，所有四大身如是展轉，極至七生，身、命行盡，我入清淨聚。』是故言：『我非有邊非無邊。』

「彼言是命是身者，於此身有命見，於餘身有命見，是故言：『是命是身。』彼言身命異身異者，於此身有命見，於餘身無命見，是故言：『命異身異。』彼言無命非有非無者，於此身無命見，於餘身有命見，是故言：『非有非無。』彼言無身命者，此身無命見，餘身無命見，是故言：『無命無身。』彼言有如是他死者，其人見今有命，後更有身、命遊行，是故言：『有如是他死。』無如是他死者，彼言今世有命，後世無命，是故言：『無如是他死。』有如是他死無如是他死者，彼言今世命斷滅，後世命遊行，是故言：『有如是他命無如是他命。』非有非無如是他死者，彼言今身、命斷滅，後身、命斷滅，是故言：『非有非無如是他死。』」

爾時，世尊告諸比丘言：「乃往過去有王名鏡面，時，集生盲人聚在一處，而告之曰：『汝等生盲，寧識象不？』對曰：『大王！我不識、不知。』王復告言：『汝等欲知彼形類不？』對曰：『欲知。』時，王即勅侍者，使將象來，令眾盲子手自捫象。中有摸象得鼻者，王言此是象，或有摸象得其牙者，或有摸象得其耳者，或有摸象得其頭者，或有摸象得其背者，或有摸象得其腹者，或有摸象得其髀者，或有摸象得其膊者，或有摸象得其跡者，或有摸象得其尾者，王皆語言：『此是象也。』

「時，鏡面王即却彼象，問盲子言：『象何等類？』其諸盲子，得象鼻者，言象如曲轅，得象牙者，言象如杵，得象耳者，言象如箕，得象頭者，言象如鼎，得象背者，言象如丘阜，得象腹者，言象如壁，得象髀者，言象如樹，得象膊者，言象如柱，得象跡者，言象如臼，得象尾者，言象如絙。各各共諍，互相是非，此言如是，彼言不爾，云云不已，遂至鬪諍。時，王見此，歡喜大笑。

「爾時，鏡面王即說頌曰：

「諸盲人群集，於此競諍訟，象身本一體，異相生是非。」

佛告比丘：「諸外道異學亦復如是，不知苦諦，不知習諦、盡諦、道諦，各生異見，互相是非，謂己為是，便起諍訟。若有沙門、婆羅門能如實知苦聖諦、苦習聖諦、苦滅聖諦、苦出要諦，彼自思惟，相共和合，同一受，同一師，同一水乳，熾然佛法，安樂久住。」

爾時，世尊而說偈言：

若人不知苦，不知苦所起，
亦復不知苦，所可滅盡處；
亦復不能知，滅於苦集道，
失於心解脫，慧解脫亦失，
不能究苦本，生老病死源。
*若能諦知苦，知苦所起因，
亦能知彼苦，所可滅盡處；

又能善分別，滅苦集聖道，
則得心解脫，慧解脫亦然。
斯人能究竟，苦陰之根本，
盡生老病死，受有之根原。

「諸比丘！是故汝等當勤方便思惟苦聖諦、苦集聖諦、苦滅聖諦、苦出要諦。」

佛說長阿含經 卷第二十 摘錄

後秦弘始年佛陀耶舍共竺佛念闍係譯

佛說長阿含第四分世記經四天王品第七

佛告比丘：「須彌山王東千由旬提頭賴吒天王城，名賢上，縱廣六千由旬，其城七重，七重欄楯、七重羅網、七重行樹，周匝校飾，以七寶成，乃至無數眾鳥相和而鳴，亦復如是。須彌山南千由旬有毗樓勒天王城，名善見，縱廣六千由旬，其城七重，七重欄楯、七重羅網、七重行樹周匝校飾，以七寶成，乃至無數眾鳥相和而鳴，亦復如是。須彌山西千由旬有毗樓婆叉天王城，名周羅善見，縱廣六千由旬，其城七重，七重欄楯、七重羅網、七重行樹周匝校飾，以七寶成，乃至無數眾鳥相和而鳴，亦復如是。須彌山北千由旬有毗沙門天王，王有三城：一名、可畏，二名、天敬，三名、眾歸。各各縱廣六千由旬，其城七重，七重欄楯、七重羅網、七重行樹周匝校飾，以七寶成，乃至無數眾鳥相和而鳴，亦復如是。

「眾歸城北有園林，名伽毗延頭，縱廣四千由旬，園牆七重，七重欄楯、七重羅網、七重行樹周匝校飾，以七寶成，乃至無數眾鳥相和而鳴，亦復如是。園城中間有池名那隣尼，縱廣四十由旬，其水清澄，無有垢穢，以七寶塹廁砌其邊，七重欄楯、七重羅網、七重行樹周匝校飾，七寶所成，中生蓮花，青、黄、赤、白、雜色，光照半由旬，其香芬薰聞半由旬，又其花根大如車轂，其汁流出，色白如乳，味甘如蜜，乃至無數眾鳥相和悲鳴，亦復如是。

「除日月宮殿，諸四天王宮殿縱廣四十由旬，宮牆七重，七重欄楯、七重羅網、七重行樹周匝校飾，以七寶成，乃至無數眾鳥相和而鳴，亦復如是。其諸宮殿有四十由旬、二十由旬，極小縱廣五由旬。從眾歸城有寶階道至賢上城，復有階道至善見城，復有階道至周羅善見城，復有階道至可畏城、天敬城，復有階道至伽毗延頭園，復有階道至那隣尼池，復有階道至四天王大臣宮殿。

「若毘沙門天王欲詣伽毘延頭園遊觀時，即念提頭賴天王，提頭賴天王復自念言：『今毘沙門王念我。』即自莊嚴駕乘寶車，與無數乾沓和神前後圍遶，詣毘沙門天王前，於一面立。時，毘沙門王復念毘樓勒天王，毘樓勒天王復自念言：『今毘沙門王念我。』即自莊嚴駕乘寶車，與無數究槃茶神前後圍遶，詣毘沙門天王前，於一面立。毘沙門王復念毘樓婆叉，毘樓婆叉復自念言：『今毘沙門王念我。』即自莊嚴駕乘寶車，無數龍神前後圍遶，詣毘沙門王前，於一面立。毘沙門王復念四天王大臣，四天王大臣復自念言：『今毘沙門王念我。』即自莊嚴駕乘寶車，無數諸天前後導從，詣毘沙門天王前，於一面立。

「時，毘沙門天王即自莊嚴，著寶飾衣，駕乘寶車，與無數百千天神詣伽毘延頭園。有自然風，吹門自開；有自然風，吹地令淨；有自然風，吹花散地，花至於膝。時，王在園共相娛樂，一日、二日，乃至七日，遊觀訖已，還歸本宮。毘沙門王常有五大鬼神侍衛左右：一名、般闍樓，二名、檀陀羅，三名、醯摩跋陀，四名、提偈羅，五名、修逸路摩。此五鬼神常隨侍衛。毘沙門王福報、功德、威神如是。」

佛說長阿含第四分世記經忉利天品第八

「善見堂北有二階道至帝釋宮殿，善見堂東有二階道至麤澁園，復有階道至晝樂園觀，復有階道至雜園中，復有階道至大喜園，復有階道至大喜池，復有階道至晝度樹，復有階道至三十三天宮，復有階道至諸天宮，復有階道至伊羅鉢龍王宮。若天帝釋欲麤澁園中遊觀時，即念三十三天臣，三十三天臣即自念言：『今帝釋念我。』即自莊嚴駕乘寶車，與無數眾前後圍遶至帝釋前，於一面立。帝釋復念其餘諸天，諸天念言：『今帝釋念我。』即自莊嚴，與諸天眾相隨至帝釋前，於一面立。帝釋復念伊羅鉢龍王，伊羅鉢龍王復自念言：『今帝釋念我。』龍王即自變身出三十三頭，一一頭有六牙，一一牙有七浴池，一一浴池有七大蓮華，一一蓮花有一百葉，一一花葉有七玉女，鼓樂絃歌，抃舞其上。時，彼龍王作此化已，詣帝釋前，於一面立。

「時，釋提桓因著眾寶飾，瓔珞其身，坐伊羅鉢龍王第一頂上，其次兩邊各有十六天王，在龍頂上次第而坐。」

佛說長阿含經　卷第二十一　摘錄

佛說長阿含第四分世記經戰鬬品第十

佛告比丘：「昔者阿須倫自生念言：『我有大威德，神力不少，而忉利天、日月諸天常在虛空，於我頂上遊行自在，今我寧可取彼日月以為耳璫，自在遊行耶？』時，阿須倫王瞋恚熾盛，即念捶打阿須倫，捶打阿須倫即復念言：『今阿須倫王念我，我等當速莊嚴。』即勅左右備具兵仗，駕乘寶車，與無數阿須倫眾前後導從，詣阿須倫王前，於一面立。時，干復念舍摩梨阿須倫，舍摩梨阿須倫復自念言：『今王念我，我等宜速莊嚴。』即勅左右備具兵仗，駕乘寶車，與無數阿須倫眾前後導從，詣阿須倫王前，在一面立。

「時，王復念毘摩質多阿須倫，毘摩質多阿須倫復自念言：『今王念我，我等宜速莊嚴。』即勅左右備具兵仗，駕乘寶車，與無數阿須倫眾前後導從，往詣王前，在一面立。時，王復念大臣阿須倫，大臣阿須倫即自念言：『今王念我，我等宜速莊嚴。』即勑左右備具兵仗，駕乘寶車，與無數阿須倫眾前後導從，往詣王前，於一面立。時，王復念諸小阿須倫，諸小阿須倫復自念言：『今王念我，我等宜速莊嚴。』即自莊嚴，備具兵仗，與無數眾相隨，往詣王前，於一面立。時，羅呵阿須倫王即自莊嚴，身著寶鎧，駕乘寶車，與無數百千阿須倫眾兵仗嚴事，前後圍遶出其境界，欲往與諸天共鬬。

「爾時，難陀龍王、跋難陀龍王以身纏遶須彌山七匝，震動山谷，薄布微雲，渧渧稍雨，以尾打大海水，海水波涌，至須彌山頂。時，忉利天即生念言：『今薄雲微布，渧渧稍雨，海水波涌，乃來至此。將是阿須倫欲來戰鬬，故有此異瑞耳。』

「爾時，海中諸龍兵眾無數巨億，皆持戈鉾、弓矢、刀劍，重被寶鎧，器仗嚴整，逆與阿須倫共戰，若龍眾勝時，即逐阿須倫入其宮殿。若龍眾退，龍不還宮，即驛趣伽樓羅鬼神所，而告之曰：『阿須倫眾欲與諸天共戰，我往逆鬬，彼今得勝；汝等當備諸兵仗，眾共併力，與彼共戰。』時，諸鬼神聞龍語已，即自莊嚴，備諸兵仗，重被寶鎧，與諸龍眾共阿須倫鬪，得勝時，即逐阿須倫入其宮殿。若不如時，不還本宮，即退走𩣡持華鬼神界，而告之言：『阿須倫眾欲與諸天共鬪，我等逆戰，彼今得勝；汝等當備諸兵仗，眾共併力，與彼共戰。』

「諸持華鬼神聞龍語已，即自莊嚴，備諸兵仗，重被寶鎧，眾共併力，與阿須倫鬪，若得勝時，即逐阿須倫入其宮殿。若不如時，不還本宮，即退走𩣡常樂鬼神界，而告之言：『阿須倫眾欲與諸天共鬪，我等逆戰，彼今得勝；汝等當備諸兵仗，與我併力，共彼戰鬪。』時，諸常樂鬼神聞是語已，即自莊嚴，備諸兵仗，重被寶鎧，眾共併力，與阿須倫鬪，若得勝時，即逐阿須倫入其宮殿。若不如時，不還本宮，即退走𩣡四天王，而告之曰：『阿須倫眾欲與諸天共鬪，我等逆戰，彼今得勝；汝等當備諸兵仗，眾共併力，與彼共戰。』

「時，四天王聞此語已，即自莊嚴，備諸兵仗，重被寶鎧，眾共併力，與阿須倫共鬪，若得勝時，即逐阿須倫入其宮殿。若不如者，四天王即詣善法講堂，白天帝釋及忉利諸天言：『阿須倫欲與諸天共鬪，今忉利諸天當自莊嚴，備諸兵仗，眾共併力，往共彼戰。』時，天帝釋命一侍天而告之曰：『汝持我聲往告焰摩天、兜率天、化自在天、他化自在天子言：「阿須倫與無數眾欲來戰鬪，今者諸天當自莊嚴，備諸兵仗，助我鬪戰。」』時，彼侍天受帝教已，即詣焰摩天，乃至他化自在天，持天帝釋聲而告之曰：『彼阿須倫無*數眾來戰鬪，今者諸天當自莊嚴，備諸兵仗，助我戰鬪。』

「時，焰摩天子聞此語已，即自莊嚴，備諸兵仗，重被寶鎧，駕乘寶車，與無數巨億百千天眾前後圍遶，在須彌山東面住。時，兜率天子聞此語已，即自莊嚴，備諸兵仗，重被寶鎧，駕乘寶車，與無*數巨億百千天眾圍遶，，在須彌山南面住。時，化自在天子聞此語已，亦嚴兵眾，在須彌山西面住。時，他化自在天子聞此語已，亦嚴兵眾，在須彌山北住。

「時，天帝釋即念三十三天忉利天，三十三天忉利天即自念言：『今帝釋念我，我等宜速莊嚴。』即勅左右備諸兵仗，駕乘寶車，與無數巨億諸天眾前後圍遶，詣天帝釋前，於一面立。時，天帝釋復念餘忉利諸天，餘忉利諸天即自念言：『今帝釋念我，我等宜速莊嚴。』即勅左右備諸兵仗，駕乘寶車，與無數巨億諸天眾前後圍遶，詣帝釋前，於一面立。時，帝釋復念妙匠鬼神，妙匠鬼神即自念言：『今帝釋念我，我宜速莊嚴。』即勅左右備諸兵仗，駕乘寶車，無數千眾前後圍遶，詣帝釋前立。時，帝釋復念善住龍王，善住龍王即自念言：『今天帝釋念我，我今宜往。』即詣帝釋前立。

「時，帝釋即自莊嚴，備諸兵仗，身被寶鎧，乘善住龍王頂上，與無數諸天、鬼神前後圍遶，自出天宮，與阿須倫往鬪。所謂嚴兵仗、刀劍、鉾矟、弓矢、斲釿、鉞*斧、旋輪、羂索，兵仗鎧器，以七寶成，復以鋒刃加阿須倫身，其身不傷，但刃觸而已。阿須倫眾執持七寶刀劍、鉾矟、弓矢、斲釿、鉞斧、旋輪、羂索，以鋒刃加諸天身，但觸而已，不能傷損。如是欲行諸天共阿須倫鬪，欲因欲是。」

佛說大三摩惹經 摘錄

西天譯經三藏朝散大夫試鴻臚卿傳教大師臣法天奉　詔譯

如是我聞：一時，佛在迦毘羅林，與大苾芻眾，皆阿羅漢，諸漏已盡，所作已辦，逮得己利，盡諸有結，心得自在，如是五千五百人俱。

爾時，十方復有釋、梵大威德諸天，與諸眷屬恭敬圍繞，身色端嚴，光明照耀，來迦毗羅林，詣世尊前，頭面禮足，住立一面。時，四大梵王各以伽陀而頌佛德。第一梵王，而說頌曰：

此大三摩惹，宣揚妙法音，我佛無能勝，天人普來集。

（略）

爾時，世尊以淨天眼，普觀大會，人天之眾無量無數，告苾芻眾言：「過去如來、應、正等覺，集會人天，而為說法，亦復如是。我於今日，普集人天，欲為說法。汝等受持，若人勇猛，決定無畏，猶如師子，深信堅固而無所著，大地山間，乃至梵世皆得涅槃。」說是法時，復有一千七百有學天人及無數諸天，光明照耀，來詣佛所。佛告苾芻：「汝等！諦聽！我觀彼等諸來天眾，應以聲聞所樂之法，而可度之。」

爾時，復有七千大藥叉，具大神通威德，光明照耀，與諸眷屬，恭敬圍繞，來迦毗羅林。

（略）

復有東方護世天王、乾闥婆主，名地里多囉瑟姹囉，具大神通無量威德，身色妙好，光明熾盛，與其眷屬，恭敬圍繞，來迦毘羅林，集會聽法；南方護世天王、鳩槃拏主，名尾嚕茶迦，具大神通無量威德，身色妙好，光明熾盛，與其眷屬，恭敬圍繞，來迦毘羅林，集會聽法；西方護世天王，是大龍主，名尾嚕博叉，具大神通無量威德，身色妙好，光明熾盛，與其眷屬，恭敬圍繞，來迦毘羅林，集會聽法；北方護世天王、大藥叉主，名俱吠囉，具大神通無量威德，身色妙好，光明熾盛，與其眷屬，恭敬圍繞，來迦毘羅林，集會聽法；復有四大天王侍從鬼神，所謂摩野、迦致、尾枳致、跋里虞、跋里俱致等，皆有神通勢力，我慢無明，形貌麤惡，種種變化，與其眷屬，恭敬圍繞，來迦毘羅林，集會聽法。

（略）

復有諸大毒龍，所謂怛叉迦、劍末羅濕嚩多嚕、鉢囉鉢多、鉢囉惹虞、莎虞曩娑賀掃那娑俱、地里多囉瑟吒囉、俱祖囉、愛囉嚩尼龍等，瞋恚暴惡，有大神通威德，光明熾盛，與諸眷屬，恭敬圍繞，來迦毘羅林，集會聽法。

（略）

如是十方梵王帝釋天人八部、諸大苾芻，無量無數，皆來集會。

爾時，會中有大黑神，名祖蹲那，具大神通。勇猛暴惡，惱害人天，障修善事，以手拍地，發大惡聲，於虛空中，化大風雲、電雹、雷閃種種惡相，眾皆驚怖。佛即觀察，說聲：「聞法。」魔既聞已，歸依息惡，與諸苾芻，同住聲聞乘。

是時，眾會見佛降魔，踊躍歡喜，信受奉行。

佛說大三摩惹經

大樓炭經 卷第一 摘錄

西晉沙門法立共法炬譯

閻浮利品第一

聞如是：一時，佛遊於舍衛祇樹給孤獨園，與大比丘眾千二百五十人俱。

爾時，眾比丘飯已後，會於講堂上，坐共議言：「可佐！未曾有！是天地云何破壞？云何成就？」

佛徹聽遙聞，諸比丘飯已後，於講堂共坐議此事。佛即起到講堂坐，問諸比丘：「向者會議此何等？」

諸比丘白佛言：「飯已後，於講堂上共議：『可佐！未曾有！是天地云何破壞？云何成就？』但共議是事耳。」

佛告諸比丘：「欲從如來聞知是天地成敗時不？」

諸比丘白佛言：「唯，天中天！今正是時，應為諸比丘說，知天地成敗時。比丘從佛聞，即當持之。」

佛告諸比丘：「諦聽！善思念之！今為汝說。」

諸比丘言：「唯然！世尊！願欲聞知。」

佛言：「諸比丘！如一日月旋照四天下時，爾所四千天下世界，有千日月，有千須彌山王，有四千天下、四千大海水、四千大龍宮、四千大金翅鳥、四千惡道、四千大惡道、七千種種大樹、八千種種大山、萬種種大泥梨，是名為一小千世界。如一千小世界，爾所小千千世界，是名為中千世界。如一中千世界，爾所中千千世界，是名為三千世界；悉燒成敗，是為一佛剎。」

（略）

佛言：「比丘！須彌山王，以四寶作城：琉璃、水精、金、銀；須彌山王北有天下，名欝單曰，廣長各四十萬里，正方；須彌山王東有天下，名弗于逮，廣長各三十六萬里，周匝正圓；須彌山王西有天下，名俱耶尼，廣長各三十二萬里，如半月形；須彌山王南有天下，名閻浮利，廣長各二十八萬里，北廣南狹。須彌山王北脇天金，照北方天下；須彌山王東脇天銀，照東方天下；須彌山王西脇天水精，照西方天下；須彌山王南脇天琉璃，照南方天下。

「北方天下，有樹名銀莖，圍二百八十里，高四千里，枝葉分布二千里；東方天下，有大樹名條莖，圍二百八十里，高四千里，枝葉分布二千里；俱耶尼天下，有樹名斤莖，圍二百八十里，高四千里，枝葉分布二千里，其樹上有石牛，高四十里；閻浮利天下，有大樹名閻，高四千里，莖圍二百八十里，枝葉分布二千里。金翅鳥王及龍，有樹名駒利睒，高四千里，莖圍二百八十里，枝葉分布二千里；阿須倫，有大樹名善晝過度，高四千里，莖圍二百八十里，枝葉分布二千里；忉利天，有樹名度晝，高四千里，莖圍二百八十里，枝葉分布二千里；大海北，有大樹名閻，高四千里，莖圍二百八十里，枝葉分布二千里。

「北方地空中，有叢樹名菴，廣長各二千里；復有叢樹名閻破，廣長各二千里（略）；復有叢樹名蒲萄，廣長各二千里。過是空地，其空地中，復有優鉢華池二千里、紅蓮華池二千里、白蓮華池二千里、黃蓮華池二千里、毒蛇池二千里。過是已地空，其空中有海鬱禪，從東西流入大海。其鬱禪海中，見轉輪王，亦知天下；有轉輪王，見遊行時跡，欝禪北有山名欝單茄。」

佛語比丘：「其山甚樂，姝好樹木生葉，華實甚香，畜、獸、鳥無所不有，無與等者也。」

佛言：「比丘！其欝單茄山甚樂，姝好巍巍；欝單茄山，有山名須桓那，其山有八萬窟，中有八萬象，皆在中止，其象七日一食，有六牙上廣下狹，牙齒間悉金填。過須那鉢山，次有山名冬王，甚高過億，山上高四千里。上有水名阿那達，廣長二千里，其底沙皆金，其水涼冷，軟美且清。以七寶：金、銀、琉璃、水精、赤真珠、硨磲、馬瑙作塹壘，其四面起墻，亦布底，有七重欄楯、七重行樹，周匝圍繞，七寶交露，彩畫姝好。

「阿耨達龍王水四面有陛，金陛銀桄，銀陛金桄，琉璃陛水精桄，水精陛琉璃桄，赤真珠陛馬瑙桄，馬瑙陛赤真珠桄，硨磲陛七寶桄，陛上有曲箱蓋，皆有欄楯，有交露樓觀，其水中有青蓮華、紅蓮華、白蓮華、黃蓮華，華亦有火色者、金色者、青色者、紅色者、赤色者、白色者，周匝大如車輪，其莖大如車轂，若刺，其汁出如乳色，其味如蜜。阿耨達龍王宮在其水中，宮名般闍兜，阿耨達龍王在中止。其龍有何等寶？何謂為阿耨達龍？過阿耨達龍，天下餘諸龍王，以三熱見燒，阿耨達龍王，不以三熱見燒。

「復次，天下諸餘龍王，過阿耨達龍王，餘龍王，熱沙雨身上，燒炙燋革，燋革已燒膚，燒膚已燒筋，燒筋已燒骨，燒骨已燒髓，燒炙甚毒痛，過阿耨達龍王，餘龍王皆見熱，阿耨達龍王獨不熱，是故名為阿耨達，是為第一事。

「復次，天下，過阿耨達龍王，餘龍王，起*婬欲事相向時，熱風來吹其身，燋龍身，即失無顏色得蛇身，便恐不喜。天下諸所龍王，過阿耨達，諸龍王得熱，阿耨達龍王獨無熱，是故名為阿耨達，是為二事。

「復次，天下諸龍王，過阿耨達龍王，餘龍王，諸金翅鳥王，悉入其宮，悉恐怖取食之。若金翅鳥自念言：『欲入阿耨達龍王宮。』適念是，便自無央數災變及其身。過阿耨達龍王，天下餘龍王，皆見是毒熱，阿耨達龍王，獨不見熱，是故名阿耨達，是為三事。以三事故，名為阿耨達龍王。

「東有大流江，下行一江，有五百部河，繞阿耨達龍王，東流入大海。阿耨達龍王南有大江名和叉，有五百部河，繞阿耨達龍王，流入大南海。阿耨達龍王西有大江名信陀，有五百部河流，繞阿耨達龍王，入大西海。阿耨達龍王北有大江名斯頭，有五百部河流，繞阿耨達龍王，入北海。

「冬王山南有國，名維耶離。維耶離北有七黑山，黑山北有七仙人婆羅門在中止，一者名機機榆，二者名施泥梨，三者名欝單，四者名禪，五者名迦蛇，六者名優多羅，七者名、波被頭。」

大樓炭經 卷第三 摘錄

西晉沙門法立共法炬譯

龍鳥品第六

佛告比丘言：「有四種龍。何等為四？一者、卵生種龍，二者、水生種龍，三者、胎生種龍，四者、化生種龍，是為四種龍。」

佛語比丘：「金翅鳥有四種：一者、卵生種鳥，二者、水生種鳥，三者、胎生種鳥，四者、化生種鳥，是為四種鳥。

「大海底須彌山北，有娑竭龍王宮，廣長八萬由旬，以七寶：金、銀、水精、琉璃、赤真珠、硨磲、馬瑙，作七重壁、七重欄楯、七重刀分、七重樹，周匝姝好；金壁銀門，銀壁金門，琉璃壁水精門，水精壁琉璃門，赤真珠壁馬瑙門，馬瑙壁赤真珠門，硨磲壁一切寶門，彩畫姝好。其壁二萬里有一門，門高二千四百里，廣千二百里。其門常有五百鬼神守門，門壁上有欄楯交露曲蓋，門邊園觀浴池，有種種樹，出種種香，有種種華、種種葉、種種飛鳥相和而鳴。大海北邊，有難頭和難龍王宮，廣長各二萬八千里，以七寶作七重壁、欄楯，七重刀分、樹木，周匝圍遶。宮門高千四十里，廣四百八十里，壁上有欄楯交露曲箱蓋，周匝有園觀浴池樹木，飛鳥相和而鳴，如娑竭龍王園觀。

「難頭和難龍王北有大樹，名為句梨睒，莖圍繞二百八十里，高四千里，枝葉分布二千里。句梨睒樹東，有卵種金翅鳥宮，廣長二十四萬里，有七寶七重壁、欄楯、刀分、樹木，園觀浴池，飛鳥相和而鳴。句梨睒樹南，有水生種金翅鳥宮，廣長二十四萬里，同有七寶七重壁、欄楯、刀分、樹木，園觀浴池華香，飛鳥相和而鳴。句梨睒大樹西，有胎生種金翅鳥宮，廣長二十四萬里，同有七寶七重壁、欄楯、刀分、樹木，園觀浴池華香，飛鳥相和而鳴。句梨睒大樹北，有化生種金翅鳥宮，廣長二十四萬里，同有七寶七重壁、欄楯、刀分、樹木，園觀浴池華香，飛鳥相和而鳴。

「卵種金翅鳥，欲求取卵種龍時，從句梨睒樹東枝，下入大海，以翅搏海水，波八千里，取卵種龍食之，不能得食胎種、水種、化種龍。

「水種金翅鳥，欲求取卵種龍時，便從句梨睒大樹，下至大海，以翅搏海水，波八千里，取卵種龍食之。水種金翅鳥，欲取水種龍時，便從句梨睒大樹南枝下入海，以翅搏海，水波萬六千里，取水種龍食之，不能得食胎種、化種龍。

「胎種金翅鳥，欲取卵種龍時，便從句梨睒大樹東枝，下入大海，以翅搏海水，波八千里，取卵種龍食之。胎種金翅鳥，欲取水種龍時，便從句梨睒大樹南枝，下至大海，以翅搏海水，波萬六千里，取水種龍食之。胎種金翅鳥，欲取胎種龍時，便從句梨睒大樹西枝，下至大海，以翅搏海水，波三萬二千里，取胎種龍食之，不能取化種龍食之。

「化種金翅鳥，欲取卵種龍時，便從句梨睒大樹東枝，下至大海，以翅搏海水，波八千里，取卵種龍食之。化種金翅鳥欲取水種龍時，便從句梨睒大樹南枝，下入大海，以翅搏海水，波萬六千里，取水種龍食之。化種金翅鳥，欲取胎種龍時，便從句梨睒大樹西枝，下入大海，以翅搏海水，波三萬二千里，取胎種龍食之。化種金翅鳥欲取化種龍時，便從句梨睒大樹北枝，下入大海，以翅搏海水，波六萬四千里，取化種龍食之。

「有餘龍王，金翅鳥不能得食者。何等龍王，金翅鳥不能得食者？一者、娑竭龍王，二者、阿耨達龍王，三者、難頭和難龍王，四者、善見龍王，五者、提頭賴龍王，六者、伊羅募龍王，七者、善住龍王，八者、迦句龍王，九者、阿于樓龍王，十者、欝旃鉢龍王，十一者、揵呵具曇龍王，十二者、監波龍王，金翅鳥皆不能得取是諸龍王食之。此諸龍王皆在山中居止，若有婆羅門道人，行求龍意，奉龍戒行具足，即生龍中；若有婆羅門道人，行求金翅鳥意，奉金翅鳥行，求金翅鳥，死已即生金翅鳥中；若有婆羅門道人，行求優留鳥意，奉戒行具足，從死後生優留鳥中；若有婆羅門道人，行求牛，奉牛意戒具足，死後便生牛中；若有婆羅門道人，行求狗道，奉狗意戒行具足，死後生狗中；若有婆羅門道人，行求鹿道，奉鹿意戒具足，死後生鹿中；若有婆羅門道人，行求雞道者，死後生雞中；若有婆羅門道人，行求摩尼越天、求女人者、求大神者、求日月者，有日三過浴水中，求生天上者，有事天者、事日月者求天者。」

佛言：「是癡見者，墮兩惡道：一者、泥犁，二者、畜生。若有婆羅門道人，說見如是：『我與世有常。』言：『我至誠，其餘者為癡。』有言：『我與世非常，我至誠，其餘者為癡。』有言：『我與世有常無常，我至誠，其餘者為癡。』有言：『我與世亦不常亦不無常，我至誠，其餘者為癡。』有言：『我與世有限，我至誠，其餘者為癡。』有言：『我與世無限，我至誠，其餘者為癡。』有言：『我與世有限無限，我至誠，其餘者為癡。』有言：『我與世亦不有限亦不無限，我至誠，其餘者為癡。』有言：『我有是身命，我至誠，其餘者為癡。』有言：『我身死異，我至誠，其餘者為癡。』有言：『無有身命，我至誠，其餘者為癡。』有言：『亦不有身命亦不無身命，我至誠，其餘者為癡。』有言：『人生時所從來，死後亦趣彼，我至誠，其餘者為癡。』有言：『無所從來生，死後亦趣彼，我至誠，其餘者為癡。』有言：『有所從來生，無所從來生，死後亦趣彼，我至誠，其餘者為癡。』有言：『亦不有所從生，亦不無所從生，我至誠，其餘者為癡。』」

佛言：「其有婆羅門道人言：『我於世有常，我至誠，其餘者為癡。』其人所行，見有我、有命、有身，見世間是，故言：『我與世有常。』有言：『我與世無常。』有言：『我與世有常無常。』有言：『我與世亦不有常亦不無常。』各言：『我至誠，其餘者為癡。』其人所行，見有我、有命、有身，見世間是，故言：『我與世有常。』

「其有婆羅門道人言：『我與世有限，我至誠，其餘者為癡。』其人所見有我、有命，是故言：『命有限、人有限。在腹中時，死後塚間葬埋同等，人從初生受身四分，七反生死，已後得道。是故言：『我與世有限。』有言：『我與世無限，我至誠，其餘者為癡。』其人所見有我、有命、有身，見世間，言：『有命有人無限，在人腹中時，死後塚間葬埋同等，從初生受身四分，七反生死即得道。』

「若婆羅門道人，說見言：『我與世有限無限。』其人所見有我、有命、有身，見世間，言：『命無限人有限，在人腹中時，死後葬埋同等，從初生受身四分，七反生死後得道。』人所見亦不有限亦不無限我及世者，其人言：『命有限，人在腹中時，死後葬埋同等，從初生受身四分，七反生死後得道。』是故言：『亦不有限亦不無限。』

「若有婆羅門道人，所言見有是命、有是身，其人言：『今世命常在，後世命常在。』是故言：『我至誠，其餘者為癡。』有道人所見命異、人異，其人言：『今有壽，後世無有壽。』是故言：『我至誠，其餘者為癡。』

「若婆羅門道人言：『今見命盡死，後世轉行生。』故言：『我至誠，其餘者為癡。』有婆羅門道人言：『亦不有命亦不有身，今世命盡滅，後世亦盡滅。』若有婆羅門道人，所見言：『生所從來，死亦趣彼者，我至誠，其餘者為癡。』其人見今世有身命，見後世有身命，故言：『我至誠，其餘者為癡。』

「若有婆羅門道人，所見言：『無所從來生，死亦至彼，亦不見今世有命，亦不見後世無命。』若有婆羅門道人，所見言：『有從無所從來生，死亦趣彼，我至誠，其餘者為癡，亦不見今世有身命，亦不見後世有身命。』若有婆羅門道人，所見言：『亦不有亦不無所從來生，我至誠，其餘者為癡。』其人亦非不見今世有身命，亦非不見後世有身命。」

佛告比丘：「乃往去世時，有王名不現面。爾時，多聚會盲子，便問盲子：『汝曹！寧知象所類不？』盲子白言：『不知！天王！』王言：『汝欲知象所類不？』白言：『欲知！』爾時，勅使將象來，令眾盲子捫之。中有盲子，捫象得鼻；中有盲子，捫象得牙；中有盲子，捫象得耳；中有盲子，捫象得頭；中有盲子，捫象得背；中有盲子，捫象得腹；中有盲子，捫象得後脚；中有盲子，捫象得膝；中有盲子，捫象得前脚；中有盲子，捫象得尾。

「時，王不現面問眾盲子言：『象何等類？』得象鼻者言：『象如曲車轅。』得象牙者言：『象如杵。』得象耳者言：『象如箕。』得象頭者言：『象如鼎。』得象背者言：『象如積。』得象腹者言：『象如壁。』得象後脚者言：『象如樹。』得象膝者言：『象如柱。』得象前脚者言：『象如臼。』得象尾者言：『象如蛇。』各各共爭不相信，自呼為是，言象如是，一人言不如是。王歡喜笑。」

佛言：「如是，其有異道人，不知苦諦所從起，亦不知苦習諦、苦盡諦、苦滅道諦，各各諦不相信、罵詈，自呼為是。若有沙門道人，知苦、習、盡、滅道諦所從起，便共和合同。譬如乳，一合無亂，但說佛教，行安隱。」

佛言：「比丘！當諦行是苦諦，習、盡、道諦。」

大樓炭經四天王品第八

佛語比丘：「須彌山王東，去須彌山四萬里，有提頭賴天王城郭，名賢上王處，廣長二十四萬里，以七寶作七重壁、七重欄楯、七重交露、七重行樹姝好，周匝圍繞。金壁銀門，銀壁金門，琉璃壁水精門，水精壁琉璃門，赤真珠壁馬瑙門，馬瑙壁赤真珠門，硨磲壁一切寶門。金欄楯者，金柱栿銀桄；銀欄楯者，銀柱栿金桄；琉璃欄楯者，琉璃柱栿水精桄；水精欄楯者，水精柱栿琉璃桄；赤真珠欄楯者，赤真珠柱栿馬瑙桄；馬瑙欄楯者，馬瑙柱栿赤真珠桄；硨磲欄楯者，硨磲柱栿一切寶桄。金交露銀垂珞，銀交露金垂珞，琉璃交露水精垂珞，水精交露琉璃垂珞，赤真珠交露馬瑙垂珞，馬瑙交露赤真珠垂珞，硨磲交露一切寶垂珞。金樹者，金莖根，銀枝葉、華、實；銀樹者，銀莖根，金枝葉、花、實；琉璃樹者，琉璃莖根，水精枝葉、花、實；水精樹者，水精莖根，琉璃枝葉、華、實；赤真珠樹者，赤真珠莖根，馬瑙枝葉、華、實；馬瑙樹者，馬瑙莖根，赤真珠枝葉、花、實；硨磲樹者，硨磲莖根，一切寶枝葉、華、實。門上有曲箱蓋交露，下有園觀浴池。有種種樹、種種葉、種種花、種種實、種種香出、種種飛鳥相和而鳴。

「須彌山王南，去四萬里，有毘樓勒天王城郭，名善見，廣長二十四萬里。王處亦有七寶七重壁、七重欄楯、七重交露、七重行樹，周匝圍遶姝好。門上有曲箱蓋交露，下有園觀浴池樹木，飛鳥相和而鳴。

「須彌山王西，去四萬里，有天名毘留羅。有城郭，廣長二十四萬里。王處亦有七寶七重壁、七重欄楯、七重交露、七重樹木，周匝圍遶姝好。門上有曲箱蓋交露，下有園觀浴池樹木，飛鳥相和而鳴。

「須彌山王北，去四萬里，有天王名毘沙門。有三城郭，廣長各二十四萬里。王處：一者、名沙摩，二者、名波迦羅曰，三者、名阿尼槃，亦有七寶作七重壁、七重欄楯、七重交露、七重行樹，周匝圍繞姝好。門上有曲箱蓋交露，下有園觀浴池樹木，飛鳥相和而鳴。

「阿尼槃王處東，毘沙門天王，有山名迦比延，高廣長四千里，以四寶：金、銀、水精、琉璃作之。山周匝有垣墻，廣長二萬里，以七寶作七重壁、七重欄楯、七重交露、七重樹木，周匝圍繞姝好。四面有門，以四寶作，上曲箱蓋交露，下有園觀浴池樹木，飛鳥相和而鳴。迦比延山阿尼槃王處，有大毘沙門天王浴池，名那利，廣長二千里，周匝有垣墻，水底皆金沙，水涼且清，浴池周匝，以四寶作重壁、欄楯、交露、樹木姝好，中生青蓮華、黃蓮華、白蓮華、赤蓮華，光照二十四里，香亦聞二十四里，浴池周匝有堦。

「毘沙門天王，欲至迦比延山遊戲相娛樂，即時念提頭賴天王。提頭賴天王即言：『毘沙門天王以念我。』即時莊嚴衣被冠幘，嚴駕，與無央數揵沓和，百千周匝圍繞，從賢上城出，往至毘沙門天王所，在前住。爾時，毘沙門天王念毘樓勒天王。毘樓勒天王即時念言：『毘沙門天王已念我。』便著衣冠幘，嚴駕，與無央數百千兵九鬼神，從須卑旃城出，往至毘沙門天王所，在前住。爾時，毘沙門天王念毘樓勒叉天王。毘樓勒叉天王，即自念：『毘沙門天王已念我。』便著衣被冠幘，嚴駕，與無央數百千龍俱，從末利旃城出，周匝圍遶，往至毘沙門天王所，在前住。爾時，毘沙門天王，著衣被冠幘，嚴駕，與諸天王無央數百千諸鬼神，俱往至迦比延山。時，風吹掃迦比延山地，風吹山中樹華散地，四天王便共入迦比延山，相娛樂，快共飲食，一日二日至七日，以後各自罷去。」

大樓炭經卷第三

大樓炭經　卷第四　摘錄

西晉沙門法立共法炬譯

忉利天品第九

佛語比丘：「須彌山王頂上，有忉利天，廣長各三百二十萬里。上有釋提桓因城郭，名須陀延，廣長各二百四十萬里，七重壁、七重欄楯、七重交露、七重行樹，周匝圍遶姝好，皆以七寶作之。（略）其壁高二千四百里，廣千二百里。其門高二千四百里，廣千二百里。壁相去二萬里，有一門，各各門常有五百鬼神，守忉利天門。門上有曲箱蓋樓觀交露，下有園觀浴池，有種種樹，樹有種種葉華實，出種種香，種種飛鳥相和而鳴。

「須陀延城中有伊羅蒱龍王宮，廣長各廿四萬里，皆以七寶：金、銀、水精、琉璃、赤真珠、硨磲、馬瑙，作七寶欄楯、七重交露、七重行樹。須陀延城中有忉利天帝參議殿舍，廣長各二萬里，高四千里，以七寶作七重欄楯、七重交露、七重行樹，周匝圍繞二萬里。殿舍上有曲箱蓋交露樓觀，以水精、琉璃為蓋，黃金為地，殿舍中柱，圍四百八十里，門高四千里，以七寶作之。中有天帝釋座，廣長各四十里，皆以七寶作，座甚柔軟，兩邊各十六座。

（略）

「忉利天殿舍前有兩道，至天帝釋後宮；復有兩道，至麤堅園觀；復有兩道，至樂畫園觀；復有兩道，至憒亂園觀；復有兩道，至歌舞園觀；復有兩道，至難陀浴池；復有兩道，至晝過度大樹；復有兩道，至諸天宮；復有兩道，至伊羅滿龍王宮。

「天帝釋欲至麤堅園觀遊戲相娛樂時，念諸天王，爾時諸天王言：『天帝釋已念我等。』便整衣服，著冠幘，莊嚴乘騎，即共往至天帝釋所，在前住。爾時，天帝釋復念忉利天，忉利天人言：『天帝釋已念我等。』便著衣服，莊嚴種種乘騎，往至天帝釋所。

「復念伊羅摩龍王，爾時伊羅摩龍王言：『天帝釋已念我等。』便化作三十六頭象，一一頭化作六牙、一一牙上化作七浴池、一一浴池中化作七蓮華、一一蓮華上化作七玉女作妓樂。伊羅摩龍王，以是種種作神化，往至天帝釋所，在前住。爾時，天帝釋整衣服著冠幘，蹈龍王肩上，坐其頂上，兩邊各有十六小王侍坐。天帝釋便往至麤堅園觀中。爾時，開門風開麤堅園觀門，掃除風便起吹園觀地，伊羅風生，吹園觀中樹華墮地，至于人膝。時，天帝釋與諸天俱入園觀中，便坐賢善石上。若賢善石上兩邊，各有十六小天王坐。

（略）

「水中生好青蓮華、紅蓮華、黃蓮華、白蓮華，甚香好；陸地華亦甚軟好，名阿蹄物、名陀波羅、須交和、師陀、奴末。俱耶尼天下人，欝單曰、東方弗于逮天下人，地亦如是。龍及金翅鳥，水中生青蓮華、紅蓮華、黃蓮華、白蓮花，甚柔軟香好，及陸地有諸花。阿須倫，水中亦有青、紅、黃、白蓮華，柔軟甚香好，陸地亦有好華，名摸、大摸、加加、漫陀、大漫陀。四天王上中生蓮華，青、紅、黃、白蓮華，甚柔軟香好，陸地生花亦好。忉利、焰天、兜率天、無貢高天、他化自轉天，水中亦有青、紅、黃、白蓮花，甚柔軟香好，陸地花亦好。

（略）

「閻浮利天下人，身長七尺或至八尺者，衣廣一丈，長六尺；俱耶尼天下人、弗于逮天下人，身長七尺或至八尺者，衣廣一丈，長六尺；欝單曰天下人，身長一丈四尺，衣廣二丈八尺，長一丈四尺，衣重二兩半；龍及金翅鳥，身高四十里，衣廣八十里，長四十里，衣重二兩半；諸阿須倫，本身高四十里，衣廣八十里，長四十里，衣重二兩半；四天王天上天人，本身長二十里，衣廣四十里，長二十里，衣重二兩半；忉利天人，本身長四十里，衣廣八十里，長四十里，衣重七銖半；焰天人，本身長八十里，衣廣百六十里，長八十里，衣重半兩；兜率天人，本身長百六十里，衣廣三百二十里，長百六十里，衣重兩銖；樂無貢高天人，本身長三百二十里，衣廣六百四十里，長三百二十里，衣重一銖；他化自轉天人，本身長六百四十里，衣廣千六百八十里，長六百四十里，衣重半銖，過其上諸天人，所著衣應其身。

「閻浮利天下人，壽百歲或長或短；俱耶尼天下人，壽二百歲或長或短；弗于逮天下人，壽三百歲或長或短；欝單曰天下人，皆壽千歲，無中死者。龍及金翅鳥，壽一劫，亦有中死者；阿須倫天下人，壽千歲，亦有中死者；四王天上諸天人，壽天上五百歲，亦有中死者；忉利天人，壽天上千歲，亦復有中夭者；焰天上諸天人，壽天上二千歲，亦有中夭者；兜率天上諸天人，壽天上四千歲，亦有中夭者；樂無貢高諸天人，壽天上八千歲，亦有中夭者；他化自轉天上諸天人，壽天上萬六千歲，亦有中夭者。梵迦夷天上諸天人，壽一劫，亦有中夭；阿波波天上諸天人，壽二劫，亦有中夭者；首陀行天上諸天人，壽四劫，亦有中夭者；遺呼鉢天上諸天人，壽天上八劫，亦有中夭者；無想天人及餓鬼，壽天上七劫，亦有中夭者；阿毘波天上諸天人，壽十劫，亦有中夭者；阿答和天上諸天人，壽二十劫，亦有中夭者；修陀旃天上諸天人，壽四十劫，亦有中夭者；須陀旃尼天上諸天人，壽八十劫，亦有中夭者；阿迦尼吒天上諸天人，壽百劫，亦有中夭者；虛空知天上諸天人，壽萬劫，亦有中夭者；識知天上諸天人，壽二萬劫，亦有中夭者；阿竭若然天上諸天人，壽四萬劫，亦有中夭者；無思想亦有思想天上諸天人，壽八萬劫，無有夭者。」

佛言：「為人民，四種食以豎立身。何等為四？一者、見取食，二者、溫食，三者、意食，四者、識食，是為四種食。何等為所取食？閻浮利天下人，食米飯、麨麩、肉魚，衣被澡浴，以是安隱食；西方俱耶尼、東方弗于逮天下人，亦如是；欝單曰天下人，食淨潔自然粳米，是為見取食及澡浴。龍及金翅鳥食魚、鱉，及食提米提歷大魚，是為取食及沐浴；阿須倫食自然食及衣澡浴；四天王諸天，食自然食，衣被及澡浴；忉利諸天，亦食自然食，衣被及澡浴；焰天、兜率天、無貢高天、他化自轉天人，皆食自然之食及衣被沐浴。從他化自轉天以上，用禪好喜作食，以定意作食。何等人食溫食？卵種之類食溫食，是為溫食也。何等為意念作食者？其有意念肉食相，是為以意念作食。何等為識食者？泥犁中人，及無想天人，以識作食，是為識食。是為四種食，為人民故，生以竪立身命。

「閻浮利天下人，以金、銀、珍寶、米穀、錢財、生口，市買賈販；俱耶尼天下人，以牛、馬、米穀、珠玉，作市販賣；弗于逮天下人，以金、銀、珍寶、米穀、錢財、生口，市買賈販；欝單曰天下人，無市買賈財。諸天亦爾。

「閻浮利天下，有男女婚姻之事；俱耶尼、弗于逮天下人，亦有男女婚姻之事；欝單曰天下人，無婚姻之事，若男子起婬泆意，向女人時，相視便度道去，男子在前，女人在後，有樹曲合如交露；北方天下人，在其中止，男女各異處，便共往至其樹下，若樹低蔭覆其人上，便共交通，樹不覆人上者，不行交通之事，各自別去；龍及金翅鳥，有男子女人婚姻之事；阿須倫亦有男女婚姻之事。從是以上，無有婚姻之事。閻浮利天下人，男女共居止交通；俱耶尼、弗于逮、欝單曰天下人，男女行陰陽之事；龍及金翅鳥，男女亦有陰陽之事；諸阿須倫男女，亦行陰陽之事；四天王天上人男女，亦行陰陽之事；忉利天上人男女，以風為陰陽之事；焰天人男女，以相近成陰陽之事；兜率天人男女，相牽手便成陰陽；無貢高天人男女，相視便成陰陽；他化自轉天人，念婬欲便成陰陽。從是以上離於欲。」

大樓炭經　卷第五　摘錄

西晉沙門法立共法炬譯

戰鬪品第十

佛告比丘：「昔者諸天，與阿須倫共戰鬪，諸天得勝，阿須倫壞。爾時，天帝釋甚歡喜，還造起大講堂，名為勝。何以故名為勝？勝諸阿須倫故。作百重欄楯，一一欄楯間，各作七百交露。一一交露中，有七百玉女。一一玉女，有七百侍者。爾時，天帝釋不復憂諸玉女衣被飲食，各如前世所行，自然為生。起講堂千世界中，講堂無與天帝釋講堂等者。

「阿須倫王念言：『我威神乃尊，如是諸日月及忉利天，於我上虛空中住還，我欲取日月之光明，著耳中行至十方。』念是已，便瞋恚無所復隨避。爾時，阿須倫王念維摩質阿須倫，維摩質阿須倫既知之，便著種種具莊，取種種兵仗騎乘，無央數阿須倫百千俱，往至阿須倫王所，在前住。

「爾時，阿須倫王復念舍摩利阿須倫，舍摩利阿須倫即復知之，便著種種具莊，取兵仗騎乘，與無央數百千阿須倫，往至阿須倫王所，在前住。爾時，阿須倫王復念滿由阿須倫、祇羅阿須倫，即知之，便著種種具莊，取兵仗，與無央數百千阿須倫俱，往至阿須倫王所，在前住。

「爾時，阿須倫王自著種種具莊，取兵仗騎乘，與無央數百千阿須倫王圍遶，從城出，往欲與忉利天共戰鬪。

「爾時，難頭和難龍王，以身繞須彌山七匝，而震動須彌山，以尾搏扇大海，其水跳上至須彌山邊，三百三十六萬里，忉利天即知阿須倫欲來與天戰鬪。

「爾時，海中諸龍著種種具莊，取兵仗騎乘，皆往逆諸阿須倫共鬪。若鬪得勝者，逐諸阿須倫入其城郭。若諸龍壞不能勝者，便往至拘蹄鬼神所，語諸拘蹄鬼神言：『諸阿須倫欲與諸天戰鬪，共去逆鬪來。』

「拘蹄諸鬼神聞諸龍語，便著種種衣，被具莊，取兵仗騎乘，共往逆阿須倫便戰鬪。若能勝者，逐阿須倫至其城郭。不能勝者，即往至持華鬼神所，語諸持華鬼神言：『阿須倫欲與天共戰鬪，當俱往逆逐之。』持華鬼神從龍及拘蹄鬼神聞是語，便著種種具莊，取兵仗騎乘，共往逆與阿須倫共戰鬪。若得勝者，便逐入其城郭。若不能勝者，便往至蔡陀末鬼神所，語蔡陀末鬼神言：『諸阿須倫欲與諸天共鬪，當共往逆逐之。』蔡陀末鬼神聞之，便著種種具莊，取兵仗騎乘，共往逆阿須倫共戰鬪。得勝者，即逐阿須倫至其城郭。不能勝者，便往至四天王上，語四天王言：『諸阿須倫，欲與天戰鬪，當共往逆戰鬪逐之。』諸天聞之。

「爾時，毘沙門大天王念提頭賴天王，提頭賴天王即知之，便著種種具莊，取兵仗騎乘，與無央數提陀羅百千俱前後圍繞，往至毘沙門大天王所，在前住。爾時，毘沙門天王復念畢樓勒天王，畢樓勒大王即知之，便著種種具莊取兵仗騎乘，畢樓勒天王，與無央數諸天，又與無央數百千俱，畢樓勒天王，又與無央數諸龍百千俱前後圍繞，往至毘沙門大天王所，在前住。爾時，毘沙門天王，著種種具莊，取兵仗騎乘，與無央數百千諸鬼神俱圍繞，及諸天王往，與諸阿須倫共戰鬪。若能得勝者，便逐諸阿須倫至其城郭。不得勝者，即往至善等天等白天帝釋，及語忉利諸天言：『諸阿須倫欲與天戰鬪，當共往逆鬪逐之。』

「爾時，天帝釋告諸天言：『往至須焰天子所、兜率天子所、尼摩羅天子所、波羅尼蜜天子所言：「阿須倫欲與諸天共戰鬪，當共往鬪逐之。」』波羅摩天子即受天帝釋教，往語上四天如是。便各各著種種具莊，取兵杖騎乘來下天，與無央數天人，焰天往須彌山東脅護忉利天（略）爾時，天帝釋自著種種具莊，取兵仗騎乘，坐善住象王脅上，與無央數百千諸天俱，前後圍繞，出天宮，往至諸阿須倫所共戰鬪，刀刃、矛箭、弓弩以刺傷諸阿須倫身所，毒痛不可言，以因緣故亦不死。諸阿須倫亦如是，用七寶刀刃、矛箭、弓弩，以刺傷諸天身，毒痛不可言，以因緣故亦不死。欲行天亦如是，與諸阿須倫戰鬪，因欲藏故，欲因緣故乃如是。」

起世經　卷第一　摘錄

隋天竺三藏闍那崛多等譯

閻浮洲品第一

佛言：「比丘！如一日月所行之處照四天下，如是等類，四天世界有千日月所照之處，此則名為一千世界。諸比丘！千世界中，千月、千日、千須彌山王，四千小洲、四千大洲、四千小海、四千大海、四千龍種姓、四千大龍種姓、四千金翅鳥種姓、四千大金翅鳥種姓、四千惡道處種姓、四千大惡道處種姓、四千小王、四千大王，七千種種大樹，八千種種大山，十千種種大泥犁，千閻摩王、千閻浮洲、千瞿陀尼、千弗婆提、千欝單越、千四天王天、千三十三天、千夜摩天、千兜率陀天、千化樂天、千他化自在天、千摩羅天、千梵世天。

（略）

「諸比丘！此閻浮洲，有一大樹，名曰閻浮，其本縱廣亦七由旬，乃至枝葉垂覆五十由旬。於此樹下，有閻浮那檀金聚，高二十由旬，以此勝金出閻浮樹下，是故名為閻浮那檀，閻浮那檀金者，因此得名。諸比丘！諸龍、金翅所居之處，有一大樹，名曰拘吒賒摩利，其本縱廣亦七由旬，乃至枝葉垂覆五十由旬。諸比丘！阿修羅處，有一大樹，名善晝華，其本縱廣亦七由旬，乃至枝葉垂覆五十由旬。諸比丘！三十三天，有一大樹，名曰天遊，其本縱廣亦七由旬，下入於地二十一由旬，高百由旬，枝葉垂覆五十由旬。

（略）

「諸比丘！次復有山，名曰金脇。於此山中，有八萬窟，有八萬龍象在中居住，竝皆白色，如拘牟陀華，七支拄地，悉有神通，乘空而行。其頂赤色，似因陀羅瞿波迦蟲，六牙具足，其牙纖利，雜色金填。

「諸比丘！過金脇已，即有雪山，高五百由旬，闊厚亦爾。其山殊妙，四寶所成，謂金、銀、琉璃、頗梨。其山四面，有四金峯挺出山外，各高二十由旬。

「復有高峯，眾寶間雜，迥然秀出，高百由旬。於山頂上有池，名曰阿耨達多，阿耨達多龍王，在中居住。其池縱廣五十由旬，其水涼冷，味甘輕美，清淨不濁；七重塼壘、七重板砌、七重欄楯、七重鈴網周匝圍遶，端嚴殊妙，乃至瑪瑙等七寶所成。復有諸華：優鉢羅華、鉢頭摩華、拘牟陀華、奔茶利迦華，其華雜色青、黃、赤、白，大如車輪，下有藕根，麤如車軸，汁白如乳，味甘如蜜。

「諸比丘！此阿耨達多池中，有阿耨達多龍王宮，其殿五柱，殊妙可愛。阿耨達多龍王與其眷屬，在中遊戲，受天五欲，快樂自在。

「諸比丘！阿耨達多池東有恒伽河，從象口出，與五百河俱流入東海。阿耨達多池南有辛頭河，從牛口出，與五百河俱流入南海。阿耨達多池西有薄叉河，從馬口出，與五百河俱流入西海。阿耨達多池北有斯陀河，從*師子口出，與五百河俱流入北海。

「諸比丘！以何因緣，此龍名為阿耨達多？諸比丘！有三因緣。何等為三？諸比丘！閻浮洲中有諸龍住處，唯除阿耨達多龍王，其餘諸龍受快樂時，便有熱沙墮其身上，諸龍爾時即失天形，現蛇形相，諸龍時時受斯等苦；阿耨達多龍王，無如此事，是名第一因緣。諸比丘！閻浮洲中，除阿耨達多龍王，其餘諸龍遊戲樂時，有熱風來吹其身體，即失天形，現蛇形相，有如是苦；阿耨達多龍王，無如此事，是名第二因緣。諸比丘！閻浮洲中所有諸龍遊戲樂時，金翅鳥王飛入其宮，諸龍既見金翅鳥王，心生恐怖，以恐怖故，即失天形，現蛇形相，具受眾苦；阿耨達多龍王，無如此事。若金翅鳥王，生如是心：『我今欲入阿耨達多龍王宮內。』彼金翅鳥，以報劣故，即自受苦，永不能入阿耨達多龍王宮殿。諸比丘！此是第三因緣。是故說名阿耨達多。」

起世經　卷第五

隋天竺三藏闍那崛多等譯

諸龍金翅鳥品第五

「復次，諸比丘！一切龍類有四種生。何等為四？一者、卵生，二者、胎生，三者、濕生，四者、化生，此等名為四生龍也。諸比丘！金翅鳥類亦四種生，所謂卵生、胎生、濕生、化生，此名四生。諸比丘！大海水下，有娑伽羅龍王宮殿，縱廣正等八萬由旬，七重垣牆、七重欄楯周匝嚴飾，七重珠網，寶*鈴間錯。復有七重多羅行樹，扶踈蔭映，周迴圍繞，妙色樓觀，眾寶莊挍，所謂金、銀、琉璃、頗梨、赤珠、硨磲、瑪瑙等七寶所成。於其四方各有諸門，一一諸門，並有重閣樓觀却敵，復有園苑及諸泉池。園池之內，各各皆有眾雜花草，行伍相當。復有諸樹，種種枝葉、種種花果、種種妙香，隨風遠熏；種種諸鳥，和鳴清亮。諸比丘！須彌山王、佉低羅山，二山中間，復有難陀、優波難陀二大龍王宮殿住處，其處縱廣六千由旬，七重垣牆，七重欄楯，略說如上，乃至眾鳥各各和鳴。

「諸比丘！大海之北，為諸龍王及一切金翅鳥王故，生一大樹，名曰居吒奢摩離（隋言鹿聚）。其樹根本周七由旬，下入地中二十由旬，其身出高一百由旬，枝葉遍覆五十由旬。樹外園院，縱廣正等五百由旬，七重牆壍，乃至眾鳥各各和鳴，略說如上。

「諸比丘！居吒奢摩離大樹東面，有卵生龍及卵生金翅鳥等宮殿住處。其宮縱廣各六百由旬，七重垣牆，乃至眾鳥各各和鳴，略說如上。居吒奢摩離大樹南，有胎生龍及胎生金翅鳥等宮殿住處，亦各縱廣六百由旬，七重垣牆，乃至眾鳥各各和鳴，略說如上。居吒奢摩離大樹西面，有濕生龍及濕生金翅鳥等宮殿住處，亦各縱廣六百由旬，七重垣牆，乃至眾鳥各各和鳴，略說如上。居吒奢摩離大樹北面，有化生龍及化生金翅鳥等宮殿住處，亦各縱廣六百由旬，七重垣牆，乃至眾鳥各各和鳴，略說如上。

「諸比丘！彼卵生金翅鳥王，若欲摶取卵生龍時，便即飛往居吒奢摩離大樹東枝之上，觀大海已，乃更飛下，以其兩翅扇大海水，令水自開二百由旬，即於其中，銜卵生龍，將出海外，隨意而食。諸比丘！卵生金翅鳥王，唯能取得卵生龍等隨意食之，則不能取胎生、濕生、化生龍等。

「諸比丘！胎生金翅鳥王，若欲摶取卵生龍者，即便飛往居吒奢摩離大樹東枝之上，下觀大海，亦以兩翅扇大海水，令水自開二百由旬，因而銜取卵生諸龍，將出海外，隨意而食；又胎生金翅鳥王，若欲摶取*胎生龍者，即便飛往居吒奢摩離大樹南枝之上，下觀大海，以其兩翅扇大海水，水為之開四百由旬，遂於其中，銜胎生龍，將出海外，隨意而食。諸比丘！此胎生金翅鳥王，唯能取得卵生諸龍及胎生龍，隨其所用，則不能取濕生、化生二種龍也。

「諸比丘！濕生金翅鳥王，若欲摶取卵生龍時，即便飛往居吒奢摩離大樹東枝之上，以其兩翅扇大海水，水為之開二百由旬，開已銜取卵生諸龍，隨意而食；又濕生金翅鳥王，若欲摶取胎生龍時，即便飛往居吒奢摩離大樹南枝之上，以其兩翅扇大海水，水為之開四百由旬，開已銜取胎生諸龍，隨意所用；又濕生金翅鳥王，若欲搏取濕生龍者，即便飛往居吒奢摩離大樹西枝之上，以其兩翅扇大海水，水為之開八百由旬，即便銜取濕生諸龍，隨意而食。諸比丘！諸濕生金翅鳥王，唯能取得卵生、胎生、濕生龍等，恣其所用，隨意而食，則不能取化生諸龍。

「諸比丘！其化生金翅鳥王，若欲搏取卵生龍者，即時飛往居吒奢摩離大樹東枝之上，以其兩翅扇大海水，水為之開二百由旬，即便銜取卵生諸龍，隨意而食；又此化生金翅鳥王，若欲搏取胎生龍者，即時飛往居吒奢摩離大樹南枝之上，以翅扇海，水為之開四百由旬，海既開已，化生鳥王，即便銜取胎生諸龍，隨意而食；又此化生金翅鳥王，若欲搏取濕生龍者，即便飛往居吒奢摩離大樹西枝之上，以翅扇海，水為之開八百由旬，即時銜取濕生諸龍，隨意而食；又此化生金翅鳥王，若欲搏取化生龍者，即復飛往居吒奢摩離大樹北枝之上，下觀大海，便以兩翅飛扇大海，水為之開一千六百由旬，即便銜取化生諸龍，隨意而食。諸比丘！彼諸龍等，悉皆為此金翅鳥王之所食噉。

「諸比丘！別有諸龍，金翅鳥王所不能取，謂娑伽羅龍王，未曾為彼金翅鳥王之所驚動；復有難陀龍王、優波難陀龍王，此二龍王，亦不為彼金翅鳥王之所能取；復有提頭賴吒龍王、阿那婆達多龍王，金翅鳥王亦不能取。諸比丘！其餘龍王，亦有不為金翅鳥王搏取食者，謂摩多車迦龍王、德叉迦龍王、羯勒拏橋多摩伽龍王、熾婆陀弗知梨迦龍王、商居波陀迦龍王、甘婆羅龍王、阿濕婆多羅龍王等。諸比丘！更有餘龍，於其住處境界之中，亦復不為諸金翅鳥之所食噉。

「諸比丘！此等眾生有何因緣，在如是趣，生於龍中？諸比丘！有諸眾生熏修龍因，受持龍戒，發起龍心，分別龍意，作是業已，為彼因緣所成熟故，生在龍中。復有眾生熏修金翅鳥因，受持金翅鳥戒，發起金翅鳥心，分別金翅鳥意，以是因緣身壞命盡，生在如是金翅鳥中。復有眾生，熏修野獸因，受持野獸戒，發起野獸心，習行野獸業，分別野獸意，以如是等種種熏修諸獸戒因，發起行業，成就心意，眾因緣故，身壞命盡，即生如是諸雜獸中。復有眾生熏修牛因、牛戒、牛業、牛心、牛意，略說如前，乃至分別以是緣故生於牛中。復有眾生熏修雞因、雞戒、雞業、雞心、雞意，略說如前，乃至分別以是因緣生於雞中。復有眾生修鵄鵂因，受鵄鵂戒，發鵄鵂心，行鵄鵂業，分別鵄鵂意，以是熏修鵄鵂之業、受鵄鵂戒、起鵄鵂心、分別鵄鵂意故，捨此身已生鵄鵂中。

「諸比丘！復有眾生熏修月戒，或修日戒、星宿戒、大人戒，或有熏修默然戒，或有熏修大力天戒，或有熏修大丈夫戒，或有熏修入水戒，或有熏修供養日戒，或有熏修事行火戒，或修苦行諸穢濁處，既熏修已作如是念：『願我所修此等諸戒，謂月戒、日戒、星辰戒、默然戒、大力天戒、大丈夫戒、水戒、火戒、苦行穢濁如是等戒，令我因此當得作天，或得天報。』發如是等邪思惟願。諸比丘！此諸丈夫福伽羅等，起邪願者，我今當說彼所趣向，必生二處：若生地獄、若生畜生。

「諸比丘！或有一種沙門、婆羅門等，作如是見，作如是言：『我及世間常。此事實，餘虛妄。』復有一種沙門、婆羅門等，作如是見，作如是言：『我及世間無常。此事實，餘虛妄。』復有一種沙門、婆羅門，作如是見，作如是言：『我及世間亦常無常。此事實，餘虛妄。』復有一種沙門、婆羅門，作如是見，作如是言：『我及世間非常非無常。此事實，餘虛妄。』

「諸比丘！或有一種沙門、婆羅門等，作如是見，作如是言：『我及世間有邊。此事實，餘虛妄。』復有一種沙門、婆羅門等，作如是見，作如是言：『我及世間無邊。此事實，餘虛妄。』復有一種沙門、婆羅門等，作如是見，作如是言：『我及世間亦有邊亦無邊。此事實，餘虛妄。』復有一種沙門、婆羅門等，作如是見，作如是言：『我及世間非有邊非無邊。此事實，餘虛妄。』

「諸比丘！或有一種沙門、婆羅門等，作如是見，作如是言：『命即是身。此事實，餘虛妄。』復有一種沙門、婆羅門等，作如是見，作如是言：『命異身異。此事實，餘虛妄。』復有一種沙門、婆羅門等，作如是見，作如是言：『有命有身。此事實，餘虛妄。』復有一種沙門、婆羅門等，作如是見，作如是言：『無命無身。此事實，餘虛妄。』復有一種沙門、婆羅門等，作如是見，作如是言：『如來死後有有。此事實，餘虛妄。』復有一種沙門、婆羅門等，作如是見，作如是言：『如來死後無有。此事實，餘虛妄。』復有一種沙門、婆羅門等，作如是見，作如是言：『如來死後亦有有亦無有。此事實，餘虛妄。』復有一種沙門、婆羅門等，作如是見，作如是言：『如來死後非有有非無有。此事實，餘虛妄。』

「諸比丘！是中所有沙門、婆羅門等，作如是見，如是說言：『我及世間常。此事實，餘虛妄。』者，彼諸沙門、婆羅門等，於諸行中當有我見、當有世見；離諸行中當有我見、當有世見。以是義故，彼等作如是見，作如是說：『我及世間常。此事實，餘虛妄。』

「諸比丘！是中所有沙門、婆羅門等，作如是見，如是說言：『我及世間無常。此事實，餘虛妄。』者，彼諸沙門、婆羅門等，於諸行中當有無我見、無世間見；離諸行中當有無我見、無世間見。以是義故，彼等作如是說：『我及世間無常。此事實，餘虛妄。』

「諸比丘！是中所有沙門、婆羅門等，作如是見，作如是說言：『我及世間亦常亦無常。此是實，餘虛妄。』者，彼諸沙門、婆羅門等，於諸行中當有我見及世間見；離諸行中當有我見及世間見。以是義故，彼等作如是說：『我及世間亦常無常。此事實，餘虛妄。』

「諸比丘！是中所有沙門、婆羅門等，作如是見，如是說言：『我及世間非常非非常。此事實，餘虛妄。』者，彼諸沙門、婆羅門等，於諸行中當有我見及世間見；離諸行中當有我見及世間見。是故彼等作是說言：『我及世間非常非非常。此事實，餘虛妄。』

「諸比丘！是中所有沙門、婆羅門等，作如是見，如是說言：『我及世間有邊。此事實，餘虛妄。』者，彼諸沙門、婆羅門等，作如是說『命有邊、人有邊，從初託胎在母腹中名命，死後殯埋名人。上人從初出生受身四種，七返墮落、七度流轉、七走七行，成就命及入命聚。』是故彼等作如是說：『我及世間有邊。此事實，餘虛妄。』

「諸比丘！是中所有沙門、婆羅門等，作如是見，如是說言：『我及世間無邊。此事實，餘虛妄。』者，彼諸沙門、婆羅門等，作如是說：『命無有邊、人無有邊。從初託胎在母腹中名命，死後殯埋名人。上人從初出生受身四種，七返墮落、七度流轉、七走七行，成就命及入命聚。』是故彼等作如是說：『我及世間無邊。此事實，餘虛妄。』

「諸比丘！是中所有沙門、婆羅門等，作如是見，作如是說言：『我及世間亦有邊亦無邊。此事實，餘虛妄。』者，彼諸沙門、婆羅門等，作如是說：『命亦有邊亦無邊。是人從初託胎在母腹中，死後殯埋。上人從初受身四種，七返墮落、七度流轉、七走七行，成就命及入命聚。』是故彼等作如是說：『我及世間，亦有邊亦無邊。此事實，餘虛妄。』

「諸比丘！是中所有沙門、婆羅門等，作如是見，作如是說言：『我及世間非有邊非無邊。此事實，餘虛妄。』者，彼諸沙門、婆羅門等，作如是說：『世間非有邊非無邊。從初受身四種，七返墮落、七度流轉、七走七行已，成就命及入命聚。』是故彼等作如是言：『我及世間非有邊非無邊。此事實，餘虛妄。』

「諸比丘！是中所有沙門、婆羅門等，作如是見，作如是說言：『命即是身。此事實，餘虛妄。』者，彼諸沙門、婆羅門等，於身中見有我及見有命；於餘身中亦見有我及見有命。是故彼等作如是言：『即命是身。此事實，餘虛妄。』

「諸比丘！是中所有沙門、婆羅門等，作如是見，作如是說言『命異身異。此事實，餘虛妄。』者，彼諸沙門婆羅門等，於身中見有我及見有命；於餘身中亦見有我及見有命。是故彼等作如是言：『命異身異。此事實，餘虛妄。』

「諸比丘！是中所有沙門、婆羅門等，作如是見，作如是說言『有命有身。此事實，餘虛妄。』者，彼諸沙門、婆羅門等，於身中見有我及見有命；於餘身中亦見有我及見有命。是故彼等作如是言：『有命有身。此事實，餘虛妄。』

「諸比丘！是中所有沙門、婆羅門等，作如是見，作如是說言：『非命非身。此事實，餘虛妄。』者，彼諸沙門、婆羅門等，於身中不見有我不見有命；於餘身中亦不見有我不見有命。是故彼等作如是言：『非命非身。此事實，餘虛妄。』

「諸比丘！是中所有沙門、婆羅門等，作如是見，作如是說言：『如來死後有有。此事實，餘虛妄。』者，彼諸沙門、婆羅門等，於世作如是見：從壽命當至壽命，亦當趣向流轉。是故彼等作如是言：『如來死後有有。此事實，餘虛妄。』

「諸比丘！是中所有沙門、婆羅門等，作如是見，如是說言：『如來死後無有。此事實，餘虛妄。』者，彼諸沙門、婆羅門等，於世作如是見：此有壽命至彼，後有壽命即斷。是故彼等作如是言：『如來死後無有。此事實，餘虛妄。』

「諸比丘！是中所有沙門、婆羅門等，作如是見，如是說言：『如來死後亦有有亦無有。此事實，餘虛妄。』者，彼諸沙門、婆羅門等，於世作如是見：此處命斷，往至彼處，趣向流轉。是故彼等作如是言：『如來死後亦有有亦無有。此事實，餘虛妄。』

「諸比丘！是中所有沙門、婆羅門等，作如是見，如是說言：『如來死後非有有非無有。此事實，餘虛妄。』者，彼諸沙門、婆羅門等，於世作如是見：人於此處命斷壞已，移至彼處命亦斷壞。是故彼等作如是言：『如來死後非有有非無有。此事實，餘虛妄。』」

爾時，佛告諸比丘言：「諸比丘！我念往昔有一國王，名曰鏡面。彼鏡面王曾於一時，意欲觀諸生盲以為戲樂，即便*宣勅普告國內生盲丈夫，皆令集會。既集會已，語彼群盲作如是言：『汝等生盲，頗亦能知象之形相？其狀云何？』彼諸生盲同聲答言：『天王！我等生盲，實不能知象之形相。』王復告言：『汝等先來既未識象，今者欲知象形相不？』時，彼群盲復同答言：『天王！我實未識，若蒙王恩，我等或當知象形相。』時，鏡面王即時降勅，喚一象師，而告之言：『卿可速往我象廐內，取一象來，置於我前，示諸盲人。』時，調象師受王勅已，即將象來置王殿前，語眾盲言：『此即是象。』時，諸盲人各各以手摩觸其象。爾時，象師復語眾盲：『汝觸象已，以實報王。』時，眾盲人有觸鼻者、有觸牙者、有觸耳者、有觸頭、項、背、脇、尾、腳諸身分者。

「時，王問言：『諸生盲輩，汝等已知象形相耶？』諸生盲人同答王言：『天王！我等已知象之形相。』爾時，彼王即復問言：『汝等諸盲，若知象者，象為何相？』時，群盲中有觸鼻者，即白王言：『天王！象形如繩。』觸其牙者，答言：『天王！象形如橛。』觸其耳者，答言：『天王！象形如箕。』觸其頭者，答言：『天王！象形如甕。』觸其項者，答言：『天王！象如屋栿。』觸其背者，答言：『天王！象如屋脊。』觸其脇者，答言：『天王！象形如*篅。』觸其髀者，答言：『天王！象形如樹。』觸其腳者，答言：『天王！象形如臼。』觸其尾者，答言：『天王！象如掃箒。』時，眾盲人各各答言：『天王！象形如是』、『天王！象形如是』，作如是白已。時，王即告眾盲人言：『汝亦不知是象非象，況能得知象之形相？』時，彼眾盲各各自執，共相諍鬪，各各以手自遮其面，互相諠競，互相呰毀。各言已，是時鏡面王見彼眾盲，如是諍競，大笑歡樂。王於彼時，即說偈言：

是等群盲生無目，橫於此事互相諍，
曾無有人教語之，云何能知象身分？

「諸比丘！如是如是，世間所有諸沙門、婆羅門等，亦復如是，既不能知如實苦聖諦、苦集聖諦、苦滅聖諦、苦滅道聖諦。既不實知，當知彼等，方應長夜共生諍鬪，流轉生死，互相呰毀，互相罵辱。既生諍鬪，執競不休，各各以手，自遮其面，如彼群盲，共相惱亂。」於中有偈：

若不能知苦聖諦，亦復不知苦集因，
所有世間諸苦法，此苦滅盡無餘處。
於中是道尚不知，況知滅苦所行行，
如是其心未解脫，未得智慧解脫處。
彼既不能諦了觀，但知趣向生老死，
未得免離諸魔縛，豈能到於無有處。

「諸比丘！若有沙門、婆羅門等，能知如實苦聖諦，苦集、苦滅、苦滅道聖諦，如實知者，應當如是隨順修學。彼等長夜和合共行，各各歡喜，無有諍競，同趣一學，猶如水乳，共相和合，一處同住，示現教師所說聖法，安樂處住。」

此中說偈：

若能知是諸有苦，及*有所生諸苦因，
既知一切悉皆苦，應令盡滅無有餘。
若知此滅由於道，便到苦滅所得處，
即能具足心解脫，及得智慧解脫處。
則能到於諸有邊，如是不至生老死，
長得免脫於魔縛，永離世間諸有處。

起世經 卷第六 摘錄

隋天竺三藏闍那崛多譯

起世經四天王品第七

「諸比丘！須彌山王，東面半腹有山，名曰由乾陀，山頂去地，四萬二千由旬。其山頂上，有提頭賴吒天王城郭住處，城名賢上，縱廣正等六百由旬，七重垣牆、七重欄楯、七重鈴網。復有七重多羅行樹，周帀圍遶，雜色可觀，悉以七寶而為莊飾，所謂金、銀、*琉璃、頗梨、赤珠、硨璩、瑪瑙等之所成就。於四方面，各有諸門，一一諸門，皆有樓櫓却敵臺觀、園苑諸池，有諸花林種種異樹，其樹各有種種葉、種種花、種種果、種種香，其香普熏。有種種鳥，各各和鳴，其音哀雅，甚可愛樂。

「諸比丘！須彌山王，南面半腹，下去地際，四萬二千由旬，於由乾陀山頂之上，有毘樓勒迦天王城郭住處，城名善現，縱廣莊嚴，皆如提頭賴吒天王住處所說。乃至種種諸鳥，各各和鳴，其音哀雅，甚可愛樂。

「諸比丘！須彌山王西面半腹，下去地際，四萬二千由旬，由乾陀山頂，有毘婁博叉天王城郭住處，城名善觀，縱廣莊嚴，一一皆如提頭賴吒天王住處所說。乃至種種諸鳥，各各和鳴，其音哀雅，甚可愛樂。

「諸比丘！須彌山王北面半腹，下去地際，亦四萬二千由旬，由乾陀山頂，有毘沙門天王住止之處，三大城郭。其三者何？一名、毘舍羅婆，二名、伽婆鉢帝，三名、阿荼槃多。咸各縱廣六百由旬，七重垣牆、七重欄楯，略說乃至種種眾鳥，各各和鳴。

「諸比丘！唯除月天子宮殿、日天子七大宮殿已，自餘官屬，及四天王天中諸天子宮，其間或有縱廣正等四十由旬，或有三十、或有二十，乃至十二由旬，其最小者，猶尚縱廣六由旬。所居亦各七重垣牆、七重欄楯，略說如前。乃至眾鳥，各各和鳴。

「諸比丘！毘舍羅婆、伽婆鉢帝二宮之間，為毘沙門天王出生一池，名那稚尼，縱廣正等四十由旬。其水調和，清涼輕軟，其味甘美，香潔不濁。其池四邊七重塼砌，七重寶板間錯分明，七重欄楯、七重鈴網，亦有七重多羅行樹，周匝圍遶，雜色可觀，乃至硨璩、瑪瑙等七寶所成。於四方面，各有階道，亦以七寶之所莊飾。池中多有優鉢羅花、鉢頭摩花、拘牟陀花、奔荼利花等，自然出生；其花火形、火色、火光，乃至水形、水色、水光。花量大小，皆如車輪，光明所照，至半由旬，香氣所熏，滿一由旬。有諸藕根，大如車軸，割之汁出，色白如乳，食之甘美，味如上蜜。

「諸比丘！伽婆鉢帝、阿荼槃多二宮之間，為毘沙門天王立一園苑，其園名曰迦毘延多，縱廣正等四十由旬。七重垣牆、七重欄楯，乃至七重多羅行樹，周匝圍遶，雜色可觀，略說如前，乃至七寶之所成就。

「諸比丘！提頭賴吒天王賢上住處，城郭往來，有二岐道；毘樓勒迦天王善現住處，城郭往來，亦二岐道；毘樓博叉天王善觀住處，城郭往來，亦二岐道；毘沙門天王阿荼般多城郭住處，亦二岐道；毘舍羅婆及伽婆鉢帝城郭住處，亦二岐道；四天王天所有眷屬，諸小天眾宮殿住處，亦各往來有二岐道；那稚尼池，及迦毘延多苑等，亦各往來有二岐道。

「諸比丘！毘沙門天王若欲往至迦毘延多苑中，遊戲澡浴者，爾時即念提頭賴吒天王。時，提頭賴吒天王，心亦生念：『毘沙門天王，意念於我。』如是知已，即復自念其界所屬諸小天王及小天眾。是時，東面眷屬諸王，及其天眾，咸作是念：『提頭賴吒天王，心念我等。』如是知已，各各嚴身，著諸瓔珞，乘諸騎乘，詣提頭賴吒大天王所，到已在前一面而住。爾時，提頭賴吒天王，亦自莊飾，服諸瓔珞，嚴駕騎乘，與諸小王天眾眷屬，前後圍遶，相與俱詣毘沙門大天王所，到已在前一面而住。

「爾時，毘沙門天王，心復更念毘樓勒迦、毘樓博叉二大天王。時彼二王，亦作是念：『毘沙門王，意念我等。』如是知已，即各自念已所統領諸小天王，并諸天眾。時，彼小王及諸天眾，亦皆作念：『我大天王，心念我等，宜時速往。』如是知已，各以瓔珞，嚴飾其身，俱共往詣毘樓勒迦、毘樓博叉二大王所。時，二天王，知諸小王及餘天眾皆集會已，亦自嚴身，服眾瓔珞，前就騎乘，與眾圍遶，咸共往詣毘沙門大天王所，到已在前隨便停住。

「爾時，毘沙門大天王，見二天王及其天眾皆已集會，亦自念其所領小王及諸天眾。爾時，北方諸小天王及其天眾，即作是念：『毘沙門大天王今念我等。』如是知已，各著種種眾寶瓔珞，莊嚴其身，俱共往詣毘沙門大天王前，默然而住。

「爾時，毘沙門大天王，即亦自著眾寶瓔珞莊嚴其身，駕種種乘，與提頭賴吒、毘樓勒迦、毗樓博叉等，四大天王，各將所屬諸天王眾，前後圍遶，皆共往詣迦毘延多園苑。到已在苑門前，暫時停住。諸比丘！其迦毘延多苑中，自然而有三種風輪，謂開、淨、吹。開者，開彼園門；淨者，淨其園地；吹者，吹其園樹，令花飄颺。諸比丘！迦毘延多苑中所散眾花，積至于膝，種種香氣，周遍普熏。

「爾時，毘沙門大天王、提頭賴吒天王、毘樓勒迦天王、毗樓博叉天王等，與諸小王及眾眷屬圍遶，共入迦毘延多苑中，澡浴遊戲，種種受樂。在彼園中澡浴訖已，或復一月、二月、三月，遊戲受樂，隨心所欲，恣意遊行。

「諸比丘！毘沙門王，有五夜叉，恒常隨逐，侍衛左右，為防護故。何者為五？一名、五丈，二名、曠野，三名、金山，四名、長身，五名、針毛。諸比丘！毗沙門天王，遊戲去來，常為此等五夜叉神之所守護。」

起世經三十三天品第八之一

「諸比丘！須彌山王頂上，有三十三天宮殿住處，其處縱廣八萬由旬，七重城壁、七重欄楯、七重鈴網，外有七重多羅行樹，周匝圍遶，雜色可觀，七寶所成，所謂金、銀、琉璃、頗梨、赤珠、硨璩、瑪瑙等。其城舉高四百由旬，厚五十由旬，城壁四面相去，各各五百由旬。於其中間，乃開一門，一一城門，悉皆舉高三十由旬，闊十由旬。其門兩邊，並有樓櫓却敵臺閣、軒檻輦輿。又有諸池花林果樹，其樹各各有種種葉、種種花、種種果、種種香，其香普熏。有種種鳥，各各和鳴，其音調雅，甚可愛樂。又彼諸門，一一門處，各有五百夜叉，為三十三天晝夜守護。

「諸比丘！於彼城內，為三十三天王更立一城，名曰善見，其城縱廣六萬由旬，七重城壁、七重欄楯、七重鈴網。

（略）

「諸比丘！三十三天善見城側，為伊羅鉢那大龍象王，立一宮殿，其宮縱廣六百由旬，七重牆壁，七重欄楯，略說乃至種種眾鳥，各各和鳴。」

起世經 卷第七 摘錄

隋天竺三藏闍那崛多譯

三十三天品第八之二

「諸比丘！其善法堂，三十三天聚會之處，有二岐道；帝釋天王宮殿住處，亦二岐道；諸小天王并餘*官屬三十二天宮殿之處，亦二岐道；伊羅婆那大龍象王宮殿處所，亦二岐道；波婁沙迦園，亦二岐道；雜色車園、雜亂園、歡喜園，歡喜池等一一處所，各有二道；波利夜怛邏拘毘陀羅樹下，亦二岐道。

「諸比丘！帝釋天王，若欲往詣波婁沙迦園、雜色車園、歡喜園等，澡浴遊戲受歡樂時，爾時即念伊羅婆那大龍象王。時，伊羅婆那大龍象王，亦生是念：『帝釋天王，心念於我。』如是知已，從其宮出，即自化作三十三頭，其一一頭具有六牙，一一牙上化作七池，一一池中各有七花，一一花上各七玉女，一一玉女，各復自有七女為侍。

「爾時，伊羅婆那大龍象王，作如是等諸神變已，即時往詣帝釋王所，到已在前儼然而住。爾時，帝釋天王復更心念三十二天諸小王等，并三十二諸小天眾。時，彼小王及諸天眾，亦生是心：『帝釋天王，今念我等。』如是知已，各以種種眾妙瓔珞莊嚴其身，各乘車乘，俱共往詣天帝釋所，到已各各在前而住。時，天帝釋見諸天已，亦自種種莊嚴其身，服眾瓔珞。諸天大眾，前後左右，周匝圍遶，與諸小王，共昇伊羅婆那龍象王上。帝釋天王正當中央，坐其頭上。左右兩邊，各有十六諸小天王，坐彼伊羅婆那龍象王化頭之上。各各坐已，時，天帝釋將諸天眾，向波婁沙迦及雜色車、雜亂、歡喜等園，到已停住。其歡喜等四園之中，各各皆有三種風輪，謂開、淨、吹，略說如前，開、淨地及吹花等。諸比丘！彼諸園中，吹花分散，遍布地上，深至于膝，其花香氣處處普熏。時，天帝釋與諸小天王及三十二天眾，前後圍繞，入雜色車、歡喜等園，嬉戲受樂，隨意遊行，或坐或臥。時，釋天王，欲得瓔珞，即念毘守羯磨天子。時，彼天子，即便化作眾寶瓔珞，奉上天王。若三十三天諸眷屬等，須瓔珞者，毘守羯磨亦皆化出而供給之。欲聞音聲及伎樂者，則有諸鳥出種種聲，其聲和雅，令天樂聞。諸天爾時如是受樂，一日乃至七日，一月乃至三月種種歡娛，澡浴嬉戲，行住坐臥，隨意東西。

（略）

「諸比丘！一切諸龍及金翅鳥住處，各有水生眾花，最極好者，所謂優鉢羅花、鉢頭摩花、拘牟陀花、奔茶利迦花，香氣氛氳，柔軟美妙；有陸生花，最極好者，所謂阿提目多迦花、瞻波迦花、波吒羅花、蘇摩那花、婆利師迦花、摩利迦花、摩頭揵地迦花、搔揵地迦花、遊提迦花、殊低沙迦利迦花、羯迦羅利迦花、摩訶羯迦羅利迦花等。

（略）

「諸比丘！閻浮提人，壽命百年，中有夭逝；瞿陀尼人，壽命二百，亦有夭逝；弗婆提人，壽命三百，亦有中夭；欝單越人，定壽千年，無有夭殤；閻魔羅世諸眾生等，壽七萬二千歲，亦有中夭；諸龍及金翅鳥等，壽命一劫，亦有中夭；諸阿修羅，壽命千歲，同三十三天，然亦中夭；四天王天壽五百歲，亦有中夭；三十三天，壽一千歲；夜摩諸天，壽二千歲；兜率陀天，壽四千歲；化樂諸天，壽八千歲；他化自在天，壽萬六千歲；魔身天，壽三萬二千歲；梵身天，壽命一劫；光憶念天，壽命二劫；遍淨諸天，壽命四劫；廣果諸天，壽命八劫；無想諸天，壽十六劫；不麤諸天，壽命千劫；無惱諸天，壽二千劫；善見諸天，壽三千劫；善現諸天，壽四千劫。色究竟天，壽五千劫；虛空處天，壽十千劫；識處天，壽二萬一千劫；無所有處天，壽四萬二千劫；非想非非想處天，壽八萬四千劫。此等諸天，皆有中夭。

（略）

「諸比丘！閻浮提人、瞿陀尼人、弗婆提人，悉有男女婚嫁之法；欝單越人，無我我所，樹枝若垂，男女便合，無復婚嫁。諸比丘！諸龍、金翅鳥、阿修羅等，皆有婚嫁，男女法式，略如人間；四天王天、三十三天、夜摩天、兜率陀天、化樂天、他化自在天、魔身天等，皆有婚娶，略說如前。從此已上所有諸天，不復婚嫁，以無男女異故。諸比丘！閻浮提人，若行欲時，二根相到，流出不淨；瞿陀尼人、弗婆提人、欝單越人，並亦如是；一切諸龍、金翅鳥等，若行欲時，亦二根相到，但出風氣，即得暢適，無有不淨；諸阿修羅、四天王天、三十三天，行欲之時，根到暢適，亦出風氣，猶如諸龍及金翅鳥，無有差異；夜摩諸天，執手成欲；兜率陀天，憶念成欲；化樂諸天，熟視成欲；他化自在天，共語成欲；魔身諸天，相看成欲，並得暢適，成其欲事。

（略）

「諸比丘！一切眾生，有四種食，以資諸大，得自住持，得成諸有，得相攝受。何等為四？一者、麤段及微細食，二者、觸食，三、意思食，四者、識食。何*等眾生應食麤段及微細食？諸比丘！閻浮提人，飯食、麨豆及魚肉等，此等名為麤段之食；覆蓋按摩，澡浴揩拭，脂膏塗摩，此等名為微細之食。瞿陀尼人、弗婆提人，麤段微細，與閻浮提略皆齊等。欝單越人，身不耕種，自然而有成熟粳米，為麤段食；覆蓋、澡浴及按摩等，為微細食。

「諸比丘！一切諸龍、金翅鳥等，以諸魚鼈、黿鼉、蝦蟇、虬螭、虵獺、金毗羅等，為麤段食；覆蓋、澡浴等，為微細食。諸阿修羅，以天須陀妙好之味，以為麤段；諸覆蓋等，以為微細。四天王天并諸天眾，皆用彼天須陀之味，以為麤段；諸覆蓋等，以為微細。三十三天，還以彼天須陀之味，以為麤段；諸覆蓋等，以為微細。如三十三天乃至夜摩天、兜率陀天、化樂天、他化自在天等，並用彼天須陀之味，以為麤段；諸覆蓋等，以為微細。自此以上，所有諸天，並以禪悅法喜為食、三摩提為食、三摩跋提為食，無復麤段及微細食。」

起世經　卷第八　摘錄

隋天竺三藏闍那崛多等譯

三十三天品第八之三

「諸比丘！閻浮提洲，有五種事，勝瞿陀尼，何等為五？一者、勇健，二者、正念，三者、佛出世處，四者、是修業地，五者、行梵行處。瞿陀尼洲，有三種事，勝閻浮提，何等為三？一者、饒牛，二者、饒羊，三者、饒摩尼寶。閻浮提有五種事，勝弗婆提，略說如前。弗婆提洲，有三種事，勝閻浮提，何等為三？一者、洲最寬大，二者、普含諸渚，三者、洲甚勝妙。閻浮提洲，有五種事，勝欝單越，如上所說。欝單越洲，有三種事，勝閻浮提，何等為三？一者、彼人無我我所，二者、壽命最長，三者、彼人有勝上行。閻浮提洲，有五種事，勝閻摩世，亦如上說。閻摩世中，有三種事，勝閻浮提，何等為三？一者、壽命長，二者、身形大，三者、有自然衣食。閻浮提人，有五種事，勝一切龍、金翅鳥等，如前所說。諸龍及金翅鳥，有三種事，勝閻浮提，何等為三？一者、壽命長，二者、身形大，三者、宮殿寬博。閻浮提中，有五種事，勝阿修羅，如前所說。阿修羅中，有三種事，勝閻浮提，何等為三？一者、壽命長，二者、形色勝，三者、受樂多，如是三事，最為殊勝。

「諸比丘！四天王天，有三事勝：一者、宮殿高，二者、宮殿妙，三者、宮殿有勝光明。三十三天、有三事勝，何等為三？一者、長壽，二者、色勝，三者、多樂。如是夜摩天、兜率陀天、化樂天、他化自在天、魔身天等，應知皆有三種勝事，如三十三天勝閻浮提中所說。閻浮提洲，有五種事，勝諸天龍，如上所說。汝等應知。」

起世經鬪戰品第九

「爾時，羅睺羅阿修羅王，自服種種嚴身器仗，與鞞摩質多羅、踊躍、幻化三阿修羅王，并彼三王小王眷屬，前後圍遶，從阿修羅城，導從而出，欲共忉利諸天與大戰鬪。

「爾時，難陀、優波難陀二大龍王，從其宮出，各各以身遶須彌山，周迴七匝，一時動之，動已復動，大動遍動，震已復震，大震遍震，涌已復涌，大涌遍涌，以尾打海，令一段水上於虛空，在須彌頂上。

「諸比丘！即於是時，天主帝釋告諸天眾，作如是言：『汝等諸仁！見此大地如是動不？空中霴䨲，猶如雲雨，又似重霧，我今定知，諸阿修羅欲與天鬪。』

「於是海內所住諸龍，各從自宮，持種種仗，嚴備而出，當阿修羅前，與其戰鬪。勝則逐退，直至其宮；若其不如，恐怖背走。復共往見地居夜叉，到已告言：『汝等！當知諸阿修羅欲與天鬪。汝等！今可共我詣彼相助打破。』

「夜叉聞已，復嚴器仗，與龍相隨，共修羅戰。勝則逐之；不如便退，恐怖而走。復共往見鉢手夜叉，到已告言：『鉢手夜叉！仁等知不？諸阿修羅欲與天鬪。汝等可來共我相助，逆往打之。』鉢手聞已，亦嚴器仗，相隨而去，乃至退走。復共往告持鬘夜叉，具說如前退走。往告常醉夜叉，亦復嚴仗，共持鬘等，併力合鬭。若得勝者，逐到其宮；若不如者，恐怖退走。

「復共往見四大天王，到已諮白四天王言：『四王！當知諸阿修羅，今者欲來與諸天鬭，王等應當與我相助打令破散。』時，四天王，聞常醉言，即各嚴持種種器仗，駕馭而往，乃至退走，不能降伏。是時，四王便共上昇詣善法堂諸天集會議論之處，啟白帝釋，說如是言：『天王！當知諸阿修羅，今者聚集欲與天鬭，宜應往彼與其合戰。』時，天帝釋從四天王聞是語已，開意許之，即召一天摩那婆告言：『汝天子來！汝今可往須夜摩天、珊兜率陀天、化自樂天、他化自在天，至已為我白諸天王，作如是言：「仁等諸天！自當知之，今阿修羅欲與天鬭。仁等天王！宜應相助俱詣其所與其戰鬭。」』時，摩那婆聞釋語已，即便往詣須夜摩天，具白是事。

（略）

「時，天帝釋又復念其諸小天王并三十三天所有眷屬。如是念時，並各著鎧甲，嚴持器仗，乘種種乘，詣天王前。於是帝釋，自著種種鎧甲器仗，乘種種乘，與空夜叉及諸小王三十三天，前後圍遶，從天宮出，欲共修羅興大戰鬭。

「諸比丘！是諸天眾，與阿修羅戰鬪之時，有如是等諸色器仗，所謂刀箭、穳棓、椎杵金剛、鈹箭、面箭、鑿箭、鏃箭、犢齒箭、迦陵伽葉鏃箭、微細鏃箭、努箭，如是等器，雜色可愛，皆是金、銀、琉璃、頗梨、赤珠、硨磲、瑪瑙等七寶所成。以此刀仗，遙擲阿修羅身，莫不洞徹，而不為害，於其身上，亦復不見瘡痕之迹，唯以觸因緣故受於苦痛。諸比丘！諸阿修羅所有器仗，與天鬪時，色類相似，亦是七寶之所成就，穿諸天身，亦皆徹過，而無瘢痕，唯以觸因緣故，受於痛苦。諸比丘！欲界諸天與阿修羅戰鬪之時，尚有如是種種器仗，況復世間諸人器仗！」

起世因本經 卷第一

摘錄

隋天竺沙門達摩笈多譯

閻浮洲品第一

爾時，佛告諸比丘言：「諸比丘！如一日月所行之處，照四天下，爾所四天下世界，有千日月，諸比丘！此則名為一千世界。諸比丘！千世界中，千月、千日、千須彌山王、四千小洲、四千大洲、四千小海、四千大海、四千龍種姓、四千大龍種姓、四千金翅鳥種姓、四千大金翅鳥種姓、四千惡道處種姓、四千大惡道處種姓、四千小王、四千大王、七千種種大樹、八千種種大山、十千種種大泥犁、千閻摩羅王、千閻浮洲、千瞿陀尼、千弗婆提、千鬱多囉究留、千四天王天、千三十三天、千夜摩天、千兜率陀天、千化樂天、千他化自在天、千諸摩囉天、千梵世天。

（略）

「諸比丘！諸龍、金翅所居之處，有一大樹名曰拘吒賒摩利和，其本縱廣七由旬，乃至枝葉覆五十由旬。

（略）

「諸比丘！次烏禪伽羅有山，名曰金脇。諸比丘！金脇山中，有八萬窟。彼諸窟中，有八萬龍象在中居住，皆悉白色，猶如拘牟頭華；七枝拄地，並有神通，乘空而行；其頂赤色，猶如因陀羅瞿波迦蟲；皆悉六牙，其牙纖利，雜色金填。

「諸比丘！過金脇山有山，名曰雪山，高五百由旬，廣厚亦爾，其山微妙，四寶所成，金、銀、琉璃及頗梨等。彼山四角，有四金峯挺出，各高二十由旬。於中復有眾寶雜峯，高百由旬。彼山頂中，有阿耨達池，阿耨達多龍王在中居住。其池縱廣五十由旬，其水涼冷，味甘輕美，清淨不濁，七重塼壘、七重板砌、七重欄楯、七重鈴網周匝圍遶，可憙端正，乃至馬瑙七寶所成。復有諸花，優鉢羅、鉢頭摩、拘牟陀、奔茶利迦華，其華雜色青、黃、赤、白，華如車輪。復有藕根，大如車軸，汁白如乳，其味如蜜。

「諸比丘！其阿耨達多池中，有阿耨達多龍王宮，其殿五柱，微妙可憙。阿耨達多龍王，與其眷屬，在中遊戲，受天五欲，具足快樂。諸比丘！阿耨達池東有恒河，從象口出，共五百河，流入東海；阿耨達池南有辛頭河，從牛口出，共五百河，流入南海；阿耨達池西有博叉河，從馬口出，共五百河，流入西海；阿耨達池北有斯陀河，從師子口出，共五百河，流入北海。

「諸比丘！以何因緣，此龍名為阿耨達多耶？諸比丘！有三因緣，何等為三？諸比丘！閻浮洲中，有諸龍住，唯除阿耨達多龍王，其餘諸龍，受快樂時，即有熱沙，墮其身上，彼等諸龍，皆失天形色，現蛇形色，彼等諸龍，時受斯苦；阿耨達多龍王，無如此事，是名第一因緣。諸比丘！閻浮洲中，唯除阿耨達多龍王，其餘諸龍，遊戲樂時，有熱風來，吹彼等身，即失天色，現蛇形色，有如是苦；阿耨達多龍王，無如此事，是名第二因緣。諸比丘！閻浮洲中，所有諸龍，遊戲樂時，金翅鳥王，飛入其宮，彼等既見金翅鳥王，心生恐怖，以恐怖故，即失天色，現蛇形色，具受彼苦；阿耨達多龍王不爾。若金翅鳥，生如是心：『我今欲入阿耨達多龍王宮殿。』時彼金翅，以報劣故即自受苦，不能得入阿耨達多龍王宮殿。諸比丘！此是第三因緣，是故稱言阿耨達多。」

起世因本經 卷第五 摘錄

隋天竺沙門達摩笈多譯

諸龍金翅鳥品第五

「復次，諸比丘！一切諸龍，有四種生，何等為四？一者、卵生，二者、胎生，三者、濕生，四者、化生，如此名為四種生龍。諸比丘！其金翅鳥，亦四種生，所謂卵生、胎生、濕生及以化生，此等名為彼金翅鳥有四種生。諸比丘！大海水底有娑伽羅龍王宮殿，縱廣正等八萬由旬，七重垣牆、七重欄楯周匝莊嚴，七重寶鈴，間錯珠網；復有七重多羅行樹，扶踈蔭映之所圍繞，妙色可觀，眾寶莊挍，所謂金、銀、琉璃、頗梨、赤真珠、硨磲、馬瑙等七寶所成。於彼四方各有諸門，而彼諸門，有諸重閣樓觀却敵，有諸園苑及以泉池。地與池中，各各皆有眾雜花草，行伍相當。復有諸樹，種種葉華、種種眾果、種種香熏，種種諸鳥，各各自鳴。

「諸比丘！彼須彌留山、佉低羅山，二山中間，有於難陀、優波難陀二大龍王宮殿住處，其處縱廣六千由旬，七重垣牆、七重欄楯，略說如前，乃至眾鳥各各自鳴。諸比丘！其大海北為諸龍王及諸一切金翅鳥王，有一大樹，其樹名曰居吒奢摩離（隋言鹿聚）。彼之大樹，其本周圍有七由旬，其下入地二十由旬，其上出高一百由旬，枝葉遍覆五十由旬，其院縱廣五百由旬，七重牆塹，略說如前，乃至眾鳥，各各自鳴。諸比丘！彼居吒奢摩離大樹東面，有卵生龍及卵生金翅鳥諸宮殿住，宮各縱廣六百由旬，七重垣牆，略說如上，乃至眾鳥各各自鳴。

「其居吒奢摩離大樹南面，有胎生龍及胎生金翅鳥諸宮殿住，亦各縱廣六百由旬，七重垣牆，略說如前，乃至眾鳥各各自鳴。其居吒奢摩離大樹西面，有濕生龍及濕生金翅鳥諸宮殿住，亦各縱廣六百由旬，七重垣牆，略說如前，乃至眾鳥各各自鳴。其居吒奢摩離大樹北面，有化生龍及化生金翅鳥諸宮殿住，亦各縱廣六百由旬，七重垣牆，略說如前，乃至眾鳥各各自鳴。

「諸比丘！其彼卵生金翅鳥王，欲得搏取卵生龍時，於是即飛向居吒奢摩離大樹東面枝上，下觀海已，便以兩翅飛扇大海，水為之開二百由旬。海水開已，即便銜取卵生龍出，隨其所用，隨其所食。諸比丘！其諸卵生金翅鳥王，唯能取得卵生龍食，隨其所用，則不能取胎生之龍，及濕生龍、化生龍等。

「諸比丘！其諸胎生金翅鳥王，若欲得取卵生龍者，即時飛向彼居吒奢摩離大樹東枝之上，下觀大海，即以兩翅飛扇大海，水為之開二百由旬，因而銜取卵生龍出，隨其所食。又復胎生金翅鳥王，若欲搏取胎生龍者，即便飛向彼居吒奢摩離大樹南枝上，下觀大海，即以兩翅飛扇大海，水為之開四百由旬，遂便銜取胎生龍出，隨其食用。諸比丘！其諸胎生金翅鳥王，唯能取得卵生諸龍及胎生龍，隨其所用，則不能得濕生諸龍、化生龍等。

「諸比丘！其諸濕生金翅鳥王，若欲得取卵生龍時，爾時飛上彼居吒奢摩離大樹東枝上，以翅飛扇大海，水為之開二百由旬，開已，銜取卵生龍用，隨其所食。又復濕生金翅之鳥，若欲得取胎生龍時，即便飛向彼居吒奢摩離大樹南枝上，以翅飛扇大海，水為之開四百由旬，開已，銜取胎生龍食，隨其所用。又復濕生金翅之鳥，若欲得取濕生龍者，爾時飛向彼居吒奢摩離大樹西枝上，以翅飛扇大海，水為之開八百由旬，即便銜取濕生龍用，隨其所食。諸比丘！其諸濕生金翅之鳥，唯能得取卵生諸龍、胎生之龍、濕生龍等，隨*其所用，隨其所食，唯不能得化生諸龍。

「諸比丘！其諸化生金翅之鳥，若其欲得取卵生龍，爾時飛向彼居吒奢摩離大樹東枝上，以翅飛扇大海，水為之開二百由旬，即便銜取卵生龍食，隨其所用。又復化生金翅之鳥，若欲摶取胎生龍時，即便飛向彼居吒奢摩離大樹南枝上，以翅飛扇大海，水為之開四百由旬，時彼化生金翅之鳥，即便銜取胎生龍食，隨其所用。又復化生金翅之鳥，若欲得取濕生龍時，即便飛向彼居吒奢摩離大樹西枝上，以翅飛扇大海，水為之開八百由旬，即時銜取濕生龍食，隨其所用。又復化生金翅鳥王，若欲得取化生龍者，爾時即飛向彼居吒奢摩離大樹北面枝上，下觀於海，便以兩翅飛扇大海，水為之開一千六百由旬，即便銜取化生龍食，隨其所用。諸比丘！此等諸龍悉皆為彼金翅*之鳥所取食噉。

「諸比丘！別有諸龍，彼金翅鳥不能取得，所謂娑伽羅龍王，不曾為彼金翅鳥王之所驚動；又有難陀龍王、優波難陀龍王，此二龍王等，亦不為彼金翅鳥取；

又復提頭賴吒龍王、阿那婆達多龍王等，亦不為彼金翅鳥王之所攝取。諸比丘！復有自餘諸龍王等，亦不為彼金翅鳥取，所謂摩多車迦等、德叉迦等、羯勒拏憍多摩迦等、熾婆陀弗知梨迦等、商居波陀迦等、甘婆羅阿濕婆多羅二龍王等。諸比丘！更有自餘諸龍住處，彼等界中，亦復不為諸金翅鳥之所食噉。

「諸比丘！於彼趣中有何因緣？而彼等輩生於龍中？諸比丘！有諸眾生，熏修龍因，受持龍戒，發起龍心，分別龍意，作是業已，為彼因緣所成熟故，當生龍中。復有一種，熏修金翅鳥因，受持金翅鳥戒，發起金翅鳥心，分別金翅鳥意，以是因緣身壞命終，即當生彼金翅鳥中。復有一種，熏修諸獸因，受持諸獸戒，發起諸獸心，習行諸獸業，分別諸獸意，彼以如是種種熏修諸獸戒、因、發起、行業、成就心意，眾因緣故，身壞命終，即便生彼諸雜獸中。復有一種，熏修牛因、牛戒、牛業、牛心、牛意，略說如前，乃至分別，以是緣故，生於牛中。復有一種，熏修鷄因、鷄戒、鷄業、鷄心、鷄意，略說如前，乃至分別鷄心、鷄業，以是因緣，當生鷄中。復有一種，熏修鵄鵂因，受鵄鵂戒，發起鵄鵂心，行鵄鵂業，分別鵄鵂意，以彼熏修鵄鵂業，受鵄鵂戒，起鵄鵂心，分別鵄鵂意故，以是因緣，捨身當生於鵄鵂中。

「諸比丘！復有一種，熏修月戒，或復熏修日戒、星宿戒、丈人戒，或復熏修默然戒，或有熏修大力天戒，或有熏修大丈夫戒，或有熏修入水戒，或有熏修供養日戒，或復熏修事行火戒，或修苦行諸穢濁處。彼熏修已，作如是念：『願我所修此等諸戒，月戒、日戒、星辰等戒，及默然戒、大力天戒、大丈夫戒、水戒、火戒，苦行穢濁，諸如是戒。我當作天，或得天報。』發此邪願。

「諸比丘！復有一種，丈夫福伽羅等起邪願者，我今說彼，當向二處，若生地獄、若生畜生。

「諸比丘！復有一種沙門、婆羅門等，作如是見，作如是言：『我及世間常。此*是實，餘虛妄。』復有一種沙門、婆羅門等，作如是見，作如是言：『我及世間，悉皆無常。此*是實，餘虛妄。』復有一種沙門、婆羅門，作如是見，作如是言：『我及世間常無常。此是實，餘虛妄。』復有一種沙門婆羅門，作如是見，作如是言：『我及世間非常非無常。此*是實，餘虛妄。』

「諸比丘！復有一種沙門、婆羅門等，作如是見，作如是言：『我及世間有邊。此是實，餘虛妄。』復有一種沙門、婆羅門等，作如是見，作如是言：『我及世間無有邊。此是實，餘虛妄。』復有一種沙門婆羅門等，作如是見，作如是言：『我及世間或有邊或無邊。此是實，餘虛妄。』復有一種沙門、婆羅門等，作如是見，作如是言：『我及世間非有邊非無邊。此是實，餘虛妄。』

「諸比丘！復有一種沙門、婆羅門等，作如是見，作如是言：『命即是身。此是實，餘虛妄。』復有一種沙門、婆羅門等，作如是見，作如是言：『命異身異。此是實，餘虛妄。』復有一種沙門、婆羅門等，作如是見，作如是言：『有命有身。此是實，餘虛妄。』復有一種沙門、婆羅門等，作如是見，作如是言：『無命無身。此是實，餘虛妄。』復有一種沙門、婆羅門等，作如是見，作如是言：『如來死後有有。此是實，餘虛妄。』復有一種沙門、婆羅門等，作如是見，作如是言：『如來死後無有有。此是實，餘虛妄。』復有一種沙門、婆羅門等，作如是見，作如是言：『如來死後，或有有，或無有有。此是實，餘虛妄。』復有一種沙門、婆羅門等，作如是見，作如是言：『如來死後，非有有非無有有。此是實，餘虛妄。』

「諸比丘！於中所有沙門、婆羅門等，作如是見，如是說言：『我及世間是常。此是實，餘虛妄。』者，彼等於諸行中當作我見、當作世見；離諸行中當作我見、當作世見。以是義故，彼等作如是見，作如是說：『我及世間是常。此是實，餘虛妄。』諸比丘！於中所有沙門、婆羅門等，作如是見，如是說言：『我及世間無常。此是實，餘虛妄。』者，彼等於諸行中當作無我見、無世間見；離諸行中當作無我見、無世間見。以是義故，彼等作如是說：『我及世間無常。此是實，餘虛妄。』諸比丘！於中所有沙門、婆羅門等，作如是見，如是說言：『我及世間常非常。此是實，餘虛妄。』者，彼等於諸行中當有我見及世間見；離諸行中當有我見及世間見。以是義故，彼等作如是說：『我及世間常非常。此是實，餘虛妄。』諸比丘！於中所有沙門、婆羅門等，作如是見，如是說言：『我及世間非常非非常。此是實，餘虛妄。』者，彼等於諸行中當有我見及世間見；離諸行中當有我見及世間見。是故彼等作是說言：『我及世間非常非非常。此是實，餘虛妄。』

「諸比丘！於中所有沙門、婆羅門等，作如是見，如是說言：『我及世間有邊。此是實，餘虛妄。』者，彼等作如是說：『命有邊，人有邊。從初託胎腹中是命，死後殯葬埋藏是人。上人從初出生受身四種，七反墮落，七過流轉，七走七行，當成就命及入命聚。』是故彼等作如是說：『我及世間有邊。此是實，餘虛妄。』諸比丘！於中所有沙門、婆羅門等，作如是見，作如是說『我及世間無有邊。此是實，餘虛妄。』者，彼等作如是說：『命無有邊，人無有邊。從初託胎腹中是命，死後殯葬埋藏是人。上人從初出生受身四種，七反墮落，七過流轉，七走七行，當成就命及入命聚。』是故彼等作如是說：『我及世間無有邊。此是實，餘虛妄。』

「諸比丘！於中所有沙門、婆羅門等，作如是見，作如是說：『我及世間，非有邊非無邊。此是實，餘虛妄。』者，彼等作如是說：『命非有邊非無邊。是人從初託胎腹中，死後殯葬埋藏。上人從初受身四種，七反墮落，七過流轉，七走七行已，當成就命及入命聚。』是故彼等，作如是說：『我及世間，非有邊非無邊。此是實，*餘虛妄。』

「諸比丘！於中所有沙門、婆羅門等，作如是見，作如是說：『我及世間，非非有邊非非無邊。此是實，餘虛妄。』者，彼等如是說：『世間非非有邊非非無邊。從初受身四種，七反墮落，七過流轉，七走七行已，當成就命及入命聚。』是故彼等作如是言：『我及世間，非非有邊非非無邊。此是實，餘虛妄。』

「諸比丘！於中所有沙門、婆羅門等，作如是見，作如是言：『彼命即彼身。此是實，餘虛妄。』者，彼等於身中見有我及見*有命，於餘身中亦見有我，亦見有命，是故彼等作如是言：『即彼命即彼身。此是實，餘虛妄。』

「諸比丘！於中所有沙門、婆羅門等，作如是見，作如是言：『命別身別。此是實，餘虛妄。』者，彼等於身中當見有我，及見有命，亦別身中當見有我，及見有命。是故彼等作如是言：『命別身別。此是實，餘虛妄。』

「諸比丘！於中所有沙門、婆羅門等，作如是見，作如是言：『有命及身。此是實，餘虛妄。』者，彼等於身中當見有我及有命，別身中亦當見有我及當見有命。是故彼等作如是言：『有命及身。此是實，餘虛妄。』

「諸比丘！於中所有沙門、婆羅門等，作如是見，作如是言：『非命非身。此是實，餘虛妄。』者，彼等於身中不見有我、不見有命，別身亦不見有我亦不見有命。是故彼等作如是言：『非命非身。此是實，餘虛妄。』

「諸比丘！於中所有沙門、婆羅門等，作如是見，作如是言：『如來死後有有。此是實，餘虛妄。』者，彼等於世，作如是見，壽命亦當至，壽命亦當走，趣向流轉。是故彼等作如是言：『如來死後當有有。此是實，餘虛妄。』

「諸比丘！於中所有沙門、婆羅門等，作如是見，作如是言：『如來死後無有有。此是實，餘虛妄。』者，彼等於世，作如是言：『此處有壽命至，彼處有壽命斷。』是故彼等作如是言：『如來死後無有有。此是實，餘虛妄。』

「諸比丘！於中所有沙門、婆羅門等，作如是見，作如是言：『如來死後或有有或無有有。此是實，餘虛妄。』者，彼等所見，作如是言：『此處命斷，走至彼處，趣向流轉。』是故彼等作如是言：『如來死後或有有或無有有。此是實，餘虛妄。』

「諸比丘！於中所有沙門、婆羅門等，作如是見，作如是言：『如來死後非有有非無有有。此是實，餘虛妄。』者，彼等見世，作如是言：『人於此處命斷壞已，移至彼處，命亦斷壞。』是故彼等作如是言：『如來死後非有有非無有有。

此是實，餘虛妄。』」

爾時，佛告諸比丘言：「諸比丘！我念往昔有一國王，名為鏡面。時，鏡面王曾於一時，欲共生盲諸丈夫等遊戲喜樂，即便宣告：『多集生盲諸丈夫輩。』集已，語彼群盲等言：『謂汝生盲，汝等頗知象之形類，其狀云何？』時，彼眾盲同共答言：『天王！我等生盲，實不曾知象之形類。』王復告言：『汝等先來既未識象，今者欲知象形類不？』時，彼群盲同聲答言：『天王！我實未識，若蒙王恩，我等欲得知象形類。』

「時，鏡面王即便勅喚一調象師來，告之言：『卿！可速往彼象廐內，取一象來，置於我前，示諸盲人。』時，調象師知王意已，即將象來置王殿前。王語彼等眾盲人輩：『此即是象。』時，諸盲人各各以手摩觸其象。爾時，象師語眾盲人：『汝摩觸象，以實報王。』時，眾盲輩有摸鼻者，或牙齒者、或摸耳者，頭、項、背、脇、髀、脚、尾等，如是摸已。時，王問言：『汝生盲輩！汝等已得知象形類相貌等耶？』彼等生盲同答王言：『天王！我等今已知象形類。』

「爾時，彼王即復問言：『汝等諸盲！既已知象，若其知者，象為何類？』

時，群盲中，或有以手摩觸鼻者，即白王言：『天王！象形如繩。』觸牙齒者，答言：『天王！其象如橛。』觸象耳者，答言：『天王！其象如箕。』觸象頭者，答言：『天王！象猶如瓮。』觸象項者，答言：『天王！象如屋梁。』觸象背者，答言：『天王！象如舍脊。』觸象脇者，答言：『天王！象形如篅。』觸象髀者，答言：『天王！其象如樹。』觸象脚者，答言：『天王！其象如臼。』觸象尾者，答言：『天王！象如掃箒。』其眾盲人各如是答：天王！其象如是，天王！其象如是。復更白言：『天王，我知象如是。』時，王告眾盲言：『汝亦不知是象非象，況能得知象之形類？』時，彼眾盲各各自執，共相諍鬪，各各以手自遮其面，各各相諍，各各相毀各言已是。時，鏡面王見彼眾盲如是諍競，大笑歡樂。王於彼時即說偈言：

「此等群盲生無目，橫於諸事各相爭，
曾無有師一語教，云何知是象身分？」

「諸比丘！如是如是，世間所有諸沙門、婆羅門等，亦復如是，既不能知如實苦聖諦、苦集聖諦、苦滅聖諦、苦滅道聖諦。既不如實知，當知彼等，方應長夜共生諍鬪，流轉而行，各相形毀，各相罵辱，既生諍鬪，執競不休，各各以手自遮其面，如彼群盲，共相惱亂。於中說此偈言：

若不知彼苦聖諦，亦不能知苦集因，
所有世間諸苦處，苦滅盡處無有餘。
此處是道既不知，況知滅苦所行處，
如是彼心未解脫，未得智慧解脫處。
彼既不能諦了觀，所趣但向生老死，
未得免脫於魔縛，豈能到彼無有處。

「諸比丘！若有沙門、婆羅門等，能知如實苦聖諦，苦集、苦滅、苦滅道聖諦如實知者，彼等應當隨順修學，彼等長夜當和合行，各各歡喜無有諍競，同趣一學猶如水乳，共相和合一處同住，示現教師所說聖法安樂處住。此中偈言：

若能知是悉有苦，及有所生諸苦處，
既知一切悉皆苦，應令悉滅無有餘。
既知得滅由於道，便到苦滅所得處，

即能具足心解脫，及得智慧解脫處。
則能到於諸有邊，如是不至生老死，
長得免脫於魔網，永離世間諸有處。

起世因本經　卷第六　摘錄

東晉天竺三藏曇無蘭譯

起世經三十三天品第八上

「諸比丘！近彼天宮善見城側，為伊羅鉢那大龍象王有宮殿住，其宮殿縱廣六百踰闍那，亦有七重牆壁欄楯，略說乃至種種眾鳥，各各自鳴。

起世因本經　卷第七

摘錄

隋天竺沙門達摩笈多譯

三十三天品中

「諸比丘！其善法堂三十三天聚會處所，有二岐道；帝釋天王宮殿處所，有二岐道；諸小天王，并諸官屬，三十三天宮殿處所，亦二岐道；伊羅婆那大龍象王宮殿處所，亦二岐道；波婁沙迦園，亦二岐道；雜色車園及雜亂園、歡喜園池等，一一亦各有二岐道；波利夜多囉拘毘陀羅大樹，亦二岐道。

「諸比丘！其帝釋天王，若欲向於波婁沙迦園及雜色車、歡喜園等，澡浴歡樂遊戲行時，爾時心念伊羅婆那大龍象王。其伊羅婆那大龍象王亦生是念：『帝釋天王心念於我。』如是知已，從其宮出，即自變化，作三十三頭；其一一頭，化作六牙；一一牙上，化作七池，一一池中，各有七華；一一華上，各七玉女；

一一玉女，各復自有七女為侍。爾時，伊羅婆那大龍象王，化作如是諸神變已，即便詣向帝釋王所，到已在彼帝釋前住。

「爾時，帝釋天王心念諸小三十二天王，并三十二諸天眾等。時，彼小王及諸天眾亦生是心：『帝釋天王今念我等。』如是知已，各以種種眾妙瓔珞莊嚴其身，俱乘種種車乘，詣向天帝釋邊，到已各各在前而住。時，天帝釋見已，即自種種嚴身，服眾瓔珞，前後左右，以諸天眾，周匝圍遶，即便昇上伊羅婆那龍象王上，帝釋天王正當中央真頭上坐，左右兩邊各有十六諸小天王，悉同乘彼伊羅婆那龍象王化頭之上，各各而坐。

（略）

「諸比丘！其諸龍等及金翅鳥，亦各皆有水生之花，最極好者，所謂優鉢羅花、鉢陀摩花、究牟陀花、奔荼梨迦華，香氣氛氳，柔軟美妙；其陸生花，最極好者，所謂阿提目多迦花、瞻波迦花、波吒羅花、蘇摩那花、婆利師迦華、摩利迦花、摩頭揵提迦花、搔揵提迦花、遊提迦花、殊低沙迦利迦花、羯迦羅利迦花、摩訶羯迦羅利迦花等。

（略）

「諸比丘！閻浮提人，壽命百年，其間有夭；瞿陀尼人，壽二百年，中亦有夭；弗婆提人壽三百年，中亦有夭；欝多囉究留人，定壽千年，無有夭殤：閻摩羅世諸眾生，壽七萬二千歲，中亦有夭；諸龍及金翅鳥，壽命一劫，中亦有夭；阿修羅壽，同天千年，中間亦夭；四天王壽五百歲，中亦有夭；三十三天，壽命千歲；夜摩諸天，壽二千歲；兜率陀天，壽四千歲；化樂諸天，壽八千歲；他化自在天，壽十六千歲；魔身天，壽三萬二千歲。梵身天，壽一劫；光憶念天，壽命二劫；遍淨諸天，壽命四劫；廣果諸天，壽命八劫；無想諸天，壽十六劫；不熱諸天，壽命千劫；無惱諸天，壽二千劫；善見諸天，壽三千劫；善現諸天，壽四千劫；色究竟天，壽五千劫。虛空處天，壽十千劫；識處天，壽二萬一千劫；無所有處天，壽四萬二千劫；非想非非想處天，壽八萬四千劫；於其中間，並皆有夭。

（略）

「諸比丘！閻浮提人，所有市買，或以錢財，或以穀帛，或以眾生；瞿陀尼人，所欲市買，或以牛羊，或摩尼寶；弗婆提人，若作市易，或以財帛，或以五穀，或摩尼寶；欝多囉究留人輩，無諸市買，所欲自然。諸比丘！閻浮提人、瞿陀尼人、弗婆提人，悉有男婚女嫁之法；其欝多囉究留人輩，無我我所，樹枝若垂，男女便合，無有婚嫁。諸比丘！龍、金翅鳥及阿修囉輩，略說嫁娶，悉如人間；四天王天、三十三天、夜摩諸天、兜率陀天、化樂諸天、他化自在諸天、魔身天等，皆有嫁娶，略說如前。從此已上其諸天等，無復婚嫁男女之別。

「諸比丘！閻浮提人，若行欲時，二根相到，流出不淨；瞿陀尼人、弗婆提人，并欝多囉究留人輩，悉如閻浮提；一切諸龍、金翅鳥等，若行欲時，亦二根到，但出風氣，即便暢情，無有不淨；諸阿修羅、四天王天、三十三天，行欲根到，暢情出氣，如諸龍王及金翅鳥，一種無異；夜摩諸天，執手成欲；兜率陀天，憶念成欲；化樂諸天，熟視成欲；他化自在天，共語成欲；魔身諸天，相看成欲；並皆暢心，成其欲事。

（略）

「諸比丘！一切眾生，有四種食，以資諸大，得住持故、成諸有故、相攝受故。何等為四？一者、麤段及微細食，二者、觸食，三者*、意思食，四者、識食。何等眾生應食麤段及微細食？諸比丘！閻浮提人，飯食、麨豆及魚肉等，此等名為麤段之食；覆蓋、按摩，澡浴、揩拭，脂膏塗等，此悉名為微細之食。瞿陀尼人、弗婆提人，麤段微細，略說與前閻浮提等。其欝多囉究留人輩，身不耕種，自然而有成熟粳米，以為麤段；覆蓋、澡浴，及按摩等，為微細食。

「諸比丘！一切諸龍及金翅鳥等，以諸魚鼈、黿鼉、蝦蟇、虬*螭、蛇獺、金毘羅等，是彼麤段；諸覆蓋等，是彼微細。諸阿修羅，以天須陀妙好之味，以為麤段；諸覆蓋等，以為微細。四天王天及諸天輩，皆用彼天須陀之味，以為麤段；諸覆蓋等，以為微細。三十三天，以須陀味，為天麤段；諸覆蓋等，以為微細。略說猶如三十三天，其夜摩天、兜率陀天、化樂諸天、他化自在天等，並皆用天須陀之味，以為麤段；諸覆蓋等，以為微細。自此已上，諸天眾輩，並以禪悅法喜為食、三摩提為食、三摩跋提為食，無復麤段及微細食。」

起世因本經 卷第八 摘錄

隋天竺沙門達摩笈多譯

三十三天品下

「諸比丘！閻浮提人，有五種事勝瞿陀尼，何等為五？一者、勇健，二者、正念，三者、閻浮佛出世處，四者、閻浮是修業地，五者、閻浮行梵行處；其瞿陀尼，有三事勝閻浮提人，何等為三？一者、饒牛，二者、饒羊，三、瞿陀尼饒摩尼寶。其閻浮提，有五種勝弗婆提人，略說如前；其弗婆提，有三事勝閻浮提人，何等為三？一者、彼洲最極大故，二者、彼洲廣含諸渚，三者、彼洲甚微妙故。其閻浮提，有五種事勝欝多羅究留，五種如上；其欝多羅究留，有三種事勝閻浮提，何等為三？一者、彼人無我我所，二者、壽命最極長故，三者、彼人有勝行故。其閻浮提，有五種事勝閻魔世諸眾生輩，亦如上說；其閻魔世，有三種勝閻浮提人，何等為三？一、壽命長，二、身形大，三、有自然衣食活命。閻浮提人，有五種勝龍、金翅鳥，五種如前；龍及金翅，有三種勝閻浮提人，何等為三？一、壽命長，二、身形大，三、宮殿廣。閻浮提人，有五種事勝阿修羅，如前所說；其阿修羅，有三種事勝閻浮提，何等為三？一者、長壽，二者、色勝，三、受樂多，如是三事，最為殊勝。」

起世經鬪戰品第九

「爾時，羅睺羅阿修羅王，自服種種嚴身器仗，共鞞摩質多羅、踊躍、幻化三阿修羅王，并諸三王小王眷屬，前後圍繞。從阿修羅城，導從而出，欲共忉利諸天戰鬪。

「爾時，難陀、優波難陀二大龍王，從其宮出，各以身遶須彌留山七匝動之，動已復動，大動遍動，震已復震，大震遍震，湧已復湧，大湧遍湧，以尾打海。其一渧水，上至須彌留山頂上。諸比丘！於彼時天主帝釋作是念已，告天眾言：

『汝等仁輩！見此大地如是動不？空中靉靆，猶如雲雨，又似輕霧，決知阿修羅欲共天鬪。』是時，海內所住諸龍，各從自宮，種種嚴備，持仗而出，向阿修羅前，共其戰鬪。勝者逐退，逕至其宮。其不如者，恐怖背走，往到地居夜叉等邊，到已告言：『汝等！當知諸阿修羅欲共天鬪。汝等！今可共我向彼相助打破。』夜叉聞已，嚴持甲仗，共龍往戰。其勝者逐，不如者退，恐怖而走。詣向鉢足夜叉之所，到已告言：『鉢足夜叉！仁輩知不？諸阿修羅欲共天鬪。汝等！可來共我相助往彼打之。』鉢足聞已，嚴身持仗，相隨而去，乃至退走。往告持鬘諸夜叉等如前，不如退走，往告常醉夜叉，常醉聞已，又復嚴仗，共持鬘等，并力合鬪。其有勝者，逐入到宮。其不如者，恐怖退走，詣向四大天王等邊，到已諮白四天王言：『四天大王！仁輩當知諸阿修羅，今者欲來共諸天鬪。汝等！應可共我相助打彼令破。』其四天王聞常醉言，即各嚴持種種器仗，駕馭而往，乃至退走，不能降伏。

是時，四王即便上詣彼善法堂諸天集會議論處所，啟白帝釋，說如是言：『天王！當知諸阿修羅，今者聚集，欲共天鬪，宜應向彼與其共戰。』時，天帝釋從四天王聞是語已，意中印可，即喚一天摩那婆告言：『汝天子來！汝今可往須夜摩天、珊兜率陀，并化自樂，及他化自在諸天王等，至彼處已，為我白言：「仁輩諸天！若其知者，諸阿修羅欲共天鬪。汝等仁輩！應可助我，來共向彼與其戰鬪。」』時，摩那婆聞帝釋語已，即便向彼須夜摩天，具白其事。

（略）

「爾時，帝釋見上諸天並皆雲集，心念空中諸夜叉輩。時，虛空中諸夜叉眾，各作是言：『帝釋天*王，意念我等。』如是知已，即相誡勅，著甲持仗，嚴備身具，皆各服之，乘種種乘，詣天帝釋前，一面而住。時，天帝釋又復念其諸小天王并及三十三天眷屬。如是念時，並各著鎧、嚴持器仗，乘種種乘，詣天主前。是時，帝釋自著種種鎧甲器仗，乘種種乘，共空夜叉及諸小王三十三天前後圍遶，從天宮出，共阿修羅欲戰鬪故。

「諸比丘！諸天爾時共阿修羅戰鬪之時，有如是等諸色器仗，所謂刀、箭、穳、棒、搥、杵金剛、鈹箭、面箭、鑿箭、鏃箭、犢齒箭、迦陵伽葉鏃箭、微細鏃箭、弩箭如是等器，雜色可愛，七寶所成：金、銀、琉璃、頗梨、赤真珠、硨磲、馬瑙等。以彼諸仗，遙擲向彼阿修羅身，不著不害，而懸徹過於彼等身，亦復不見瘡瘢痕處，唯觸緣故，受於害痛。諸比丘！其阿修羅，所有器仗共天鬪時，色類相似，一種七寶之所成就，著時徹過亦無瘢痕，唯觸因緣，受於害痛。諸比丘！欲界諸天共阿修羅戰鬪之時，有如是色種種器仗，況復世間諸人輩也！」

中阿含經　卷第二十九　摘錄

東晉罽賓三藏瞿曇僧伽提婆譯

（一一八）中阿含大品龍象經第二 第三念誦

我聞如是：一時，佛遊舍衛國，在東園鹿子母堂。

爾時，世尊則於晡時從宴坐起，堂上來下，告曰：「烏陀夷！共汝往至東河澡浴。」

尊者烏陀夷白曰：「唯然。」

於是，世尊將尊者烏陀夷往至東河，脫衣岸上，便入水浴，浴已還出，拭體著衣。

爾時，波斯匿王有龍象，名曰念，作一切妓樂，歷度東河。眾人見已，便作是說：「是龍中龍，為大龍王？為是誰耶？」

尊者烏陀夷叉手向佛，白曰：「世尊！象受大身，眾人見已，便作是說：『是龍中龍，為大龍王？為是誰耶？』」

世尊告曰：「如是！烏陀夷！如是！烏陀夷！象受大身，眾人見已，便作是說：『是龍中龍，為大龍王？為是誰耶？』烏陀夷！馬、駱駝、牛、驢、胸行、人、樹，生大形，烏陀夷！眾人見已，便作是說：『是龍中龍，為大龍王？為是誰耶？』烏陀夷！若有世間，天及魔、梵、沙門、梵志，從人至天，不以身、口、意害者，我說彼是龍。烏陀夷！如來於世間，天及魔、梵、沙門、梵志，從人至天，不以身、口、意害，是故我名龍。」

於是，尊者烏陀夷叉手向佛，白曰：「世尊！唯願世尊加我威力，善逝加我威力，令我在佛前，以龍相應頌，頌讚世尊。」

世尊告曰：「隨汝所欲。」

於是，尊者烏陀夷在於佛前，以龍相應頌讚世尊曰：

正覺生人間，自御得正定，修習行梵跡，息意能自樂。

人之所敬重，越超一切法，亦為天所敬，無著至真人。

越度一切結，於林離林去，捨欲樂無欲，如石出真金。
普聞正盡覺，如日昇虛空，一切龍中高，如眾山有嶽。
稱說名大龍，而無所傷害，一切龍中龍，真諦無上龍。
溫潤無有害，此二是龍足，苦行及梵行，是謂龍所行。
大龍信為手，二功德為牙，念項智慧頭，思惟分別法。
受持諸法腹，樂遠離雙臂，住善息出入，內心至善定。
龍行止俱定，坐定臥亦定，龍一切時定，是謂龍常法。
無穢家受食，有穢則不受，得惡不淨食，捨之如師子。
所得供養者，為他慈愍受，龍食他信施，存命無所著。
斷除大小結，解脫一切縛，隨彼所遊行，心無有繫著。
猶如白蓮花，水生水長養，泥水不能著，妙香愛樂色。
如是最上覺，世生行世間，不為欲所染，如華水不著。
猶如然火熾，不益薪則止，無薪火不傳，此火*謂之滅。
慧者說此喻，欲令解其義，是龍之所知，龍中龍所說。

遠離淫欲恚，斷癡得無漏，龍捨離其身，此龍謂之滅。

佛說如是，尊者烏陀夷聞佛所說，歡喜奉行。

龍象經第二竟(七百三十字)

法海經

西晉沙門法炬譯

聞如是：一時，佛遊瞻波國，漢呿利池上，與大比丘眾俱。月十五日，時應說戒，佛坐，集已久，而如來默然，不說戒。侍者阿難，更整衣服，跪而白佛：「初夜向竟，中夜將至，大眾集久，世尊將無疲倦，願以時說戒。」佛猶默然。

眾坐既久，時，有比丘名曰阿若都盧，更整衣服，長跪白佛：「初夜、中夜已過，雞將向鳴，世尊得無疲倦，眾僧集久，願佛說戒。」世尊復默然。

又復白言：「明星已出，時將過矣。」

佛言：「比丘！且聽！眾僧之中有不淨者，故吾不得說戒耳。」

賢者大目揵連心念：「吾當定意觀之，誰不淨者？」目連白佛：「我欲定意觀誰不淨者，不淨者命令出眾。」

世尊告曰：「卿欲定意觀不淨者，令其出眾，此言大善，便可觀之。」目連即定意觀之，見其弟子犯于重戒。目連從定意起，至犯戒比丘前，而數之曰：「汝為沙門，奉戒為本。戒猶人之頭首，沙門戒行，宜令清白，如水如玉。此如來之座，賢聖之會，度世者之聚，清淨道德者之所集處，此座猶如栴檀之林，卿以伊蘭臭穢，亂于真正。」目連手自引其弟子出。「卿是棄捐之人，不得預如來大眾之清淨集也。無以穢濁廁預大僧大集，大海不受穢屍，卿自思之，無穢賢眾。」

穢人既出，目連白曰：「穢濁之人，即以棄遠，眾已清淨，唯願世尊，以時說戒。」世尊猶復默然。目連怪之，四向觀察，見座上，向比丘已復在座，目連重勅之曰：「卿為棄人，何為不自引罪穢，重坐此座為？」目連重遣之，乃出座去。目連復白：「世尊！穢人已出，大眾已淨，無復穢惡，唯願世尊，以時說戒，令眾僧得修淨業。」

佛告目連：「吾自今後，不復說戒，汝等可自共說戒。若我說戒，人於眾中犯戒，默然不自引罪，而預如來座者，此為默然妄語。默然妄語，頭破七分。如來於大眾說戒，甚為不易，自今以後，汝自說戒。」

目連白佛：「弟子聞道，如來先化之，為非弟子自悟而成道也。如來聖德，厚重天地，言真而要，弟子誦習，得成道果。如來猶天雨，百穀草木，無不仰榮；弟子德淺道小，人不服信。世尊！哀愍聾俗，使一切獲安，得信得正，以濟其志。」目連慇懃苦請至三四五。

世尊告目連曰：「汝為一切，請求如來，慇懃乃至四五，吾今當為汝等說之。吾僧法，猶如大海，有八德，汝等聽之：大海之水，無滿不滿；吾法如之，無滿不滿，此第一之德。

「大海潮水，尋以時而來，不失常處；吾四部眾，受吾戒者，不犯禁戒，違失常法，此第二之德。

「大海之水，唯有一味，無若干味，無不以鹹為味。吾法如是，禪定之味，志求寂定，致神通故；四諦之味，志求四道，解結縛故；大乘之味，志求大願，度人民故，此第三之德。

「大海既深而廣，無能限者；僧法如是，無不深妙，八方之大，莫大於僧法，僧法最為弘大，此第四之德。

「大海之中，金、銀、琉璃、水精、珊瑚、硨磲、馬瑙、摩尼之妙，無不備有；吾僧法之中，三十七品道寶之妙，神足住壽，飛騰十方，靡所不適，瞬息之間，周旋無量佛界，到殊勝之剎，能以其道，化導群生，淨己佛土，此第五之德。

「大海之中，神龍所居，沙竭龍王、阿耨達、難頭、和羅摩那、私伊羅末，如此諸龍，妙德難量，能造天宮，品物之類，無不仰之；吾僧法亦復如是，四雙八輩之士，十二賢者，菩薩大士，教化之功，彌茂彌美，此第六之德。

「大海吞受百川萬流，江恒之水，無不受之，終日終夜，無盈溢*滅盡之名；吾僧法之中亦如是，梵釋之種，來入僧法，四姓族望，或釋或梵；王者之種，捨世豪尊，來入正化；或工師小姓，亦入正化，種族雖殊，至於服習大道，同為一味，無非釋子，此第七之德。

「大海清淨，不受死屍，無諸穢濁，唯海之類而受之耳；吾僧法清淨，亦如大海，不受穢惡，犯戒違禁，非清淨梵行者，一不得受，棄之遠之，猶海不受死屍，此第八之德。」

佛告目連：「如來大眾唯清淨，為禁戒業不純非釋種子，故吾不說戒耳。卿等善相勅戒，無令正法有毀。」

佛說如是，諸比丘歡喜奉行。

法海經

佛說海八德經

後秦龜茲國三藏鳩摩羅*什譯

聞如是：一時，佛遊無勝國。

時，在河邊，常以十五日，為諸沙門說戒經。

佛坐寂寞，久而無言。阿難整服，長跪白曰：「沙門坐定，樂聞清法。」世尊默然。阿難三起白：「夜已半，可說戒經。」

世尊乃曰：「諸沙門中，有穢濁者，心邪行違言與法，乖沙門之戒。威神致重，非彼下賤所能執行，清濁相違，故吾不說。」

尊德目連，一心入定，道眼淨觀，具見彼心有可棄之行矣。目連即與謂之曰：「起！非爾俗夫所應坐處也。」彼不肯起，牽臂使出曰：「爾無至德，心懷六邪，何敢以臭溷之體，坐天香之座？爾是棄人，非沙門矣。」目連即還就清淨座。

佛告目連：「子何一愚，好喻不出，牽臂乃去。」

佛告沙門：「靖聽吾言！」

諸沙門曰：「唯然受教！」

「觀彼巨海，有八美德：其廣即汪洋無涯，其深則有不測之底，稍入稍深，無前所礙，斯一德也。海潮不過期先際，斯二德也。海含眾寶，靡所不包，死屍臭朽，海不容焉，神風吹漂上岸之邊，斯三德也。海懷眾珍：黃金、白銀、瑠璃、水精、珊瑚、龍玫、明月神珠，千奇萬異，無求不得，斯四德也。普天之下，有五大河，流行注海，西流者，名恒；南流者，名邪云；東流者兩河：一名、沙陸，一名、阿夷越；北流，名墨。五河流邁，俱入于海，皆去舊名，合為海，斯五德也。五河萬流，淋雨終時，立天地來，雨落河注，海水如故，盖無增減，斯六德也。海有眾魚，巨軀巍巍，第一魚身，長四千里；第二魚身，長八千里；第三魚身，長萬二千里；第四魚身，長萬六千里；第五魚身，長二萬里；第六魚身，長二萬四千里；第七魚身，長二萬八千里，斯七德也。海水通鹹，邊中如一，斯八德也。以斯之故，質亮神龍欣心樂之。

「吾經妙典，亦有景德，讀之無盡，其義日深，梵、魔、帝釋無能測度，猶海廣遠，甚深難測，以斯之故，諸沙門樂之，斯一德矣。

「吾諸弟子，更相檢率，誦經、坐禪、禮儀景式，不失其時也，猶海之潮不過期先際，斯二德也。

「吾法清潔，志在憺怕，衣食供已，不畜微餘；若有沙門，志趣穢濁，以法彈遣，不得處廟，猶海弘裕不容臭屍，斯三德也。

「吾道眾經，其義備悉，沙門潛思，練去心垢，貪婬、恚嫉、愚癡眾穢，猶若磨鏡，瑩垢盡之。又蕩微曀，照無不覩：一坐自思，存惟往古生死之源，得無不知；二惟天地萬物若幻，夫有合會，必當別離；三常慈心，愍世愚惑，作行顛倒，不自知誤；四自精思，既知往古，又照未然，眾生魂神，所當趣向。吾向道以心淨為珍寶，沙門去穢，得淨行者，其心喜之，猶彼質亮樂海眾寶，斯四德矣。

「吾道弘大，合眾為一，帝王種、梵志種、君子種、下賤種，來作沙門者，皆棄本姓，以道相親，明愚相進，意如兄弟，猶彼眾流合名曰海，以斯之故，沙門樂之，斯六德矣。

「吾道微妙，經典淵奧，上士得之，一號溝港、二號頻來、三號不還、四號應真。應真之道，其心清淨，猶天明珠，垢藏之德，分身散體，存亡自由，住壽無極，亦不老病，猶彼巨海，有神龍魚，以斯之故，沙門樂之。

「吾之經籍，義美甘露，仙聖所不聞，梵釋所希覩，往古來今，無物不記，邊中皆正，猶海通鹹，亦以斯故，沙門樂之。夫見吾經者，意皆趣無為矣。海有八德，吾經亦然。」

阿難又起，稽首白曰：「東旦欲明，願說重戒。」

世尊曰：「自今之後，吾不復說重戒之經。戒之不從，恐彼神雷威怒加之也，吾以斯故，不說戒經。自今以往，更相檢率，以十五日，會說戒經。」

諸比丘起，為佛作禮。

佛說海八德經

佛說新歲經 摘錄

東晉天竺三藏曇無蘭譯

聞如是：一時，佛在舍衛國祇樹給孤獨園，與大比丘眾八萬四千人俱。舍利弗、目連等，前後圍遶，聽佛說經。佛處大會，猶如須彌眾山之王，獨峻高顯，如月盛滿照于群星，威光唯景；如紫金耀，於是場地皆作金色，卓然特異，巍巍無侶。

於時，世尊與比丘眾俱，清淨無量，如日如雲，終竟三月，以至新歲。諸比丘眾，寂然憺怕，一心自思念於道定，無有異想。於是，賢者阿難，即從座起，偏袒右臂，右膝著地，長跪叉手，前自歸佛足，以偈歎曰：

佛尊所以來，遊此以濟護，三月處於斯，祇樹孤獨園。
所願以具足，今正是其時，導師無等倫，應宣布新歲。

於時，世尊聞阿難說偈歎誦，至真寂坐一面，告賢者大目揵連：「汝往詣三千大千世界，幽閑山谷，峻頂石室，悉遍聲告諸比丘眾，始進舊學，逮諸未悟，悉使來會於斯祇樹。所以者何？如來以到欲立新歲。」

時，大目揵連踊在虛空，承佛聖旨而發洪音，告于三千大千世界，其大響中自然演偈，而說頌曰：

仁等所以處，林藪山石間，新歲時已到，心所願當成。

時，諸比丘所在遊居三千大千世界，聞斯偈告，各各以神足若干方便，變現其身，到祇樹園，行詣佛所，受立新歲，并在佛邊，合集弟子，各從異方他土來者，一時都會，凡八十萬四千億姟，欲受新歲。

彼時世尊告賢者阿難：「汝往擊于揵搥，時今已到。」

阿難受教，即從座起，而撾揵搥，聲遍佛土，一佛大國，地獄、餓鬼、畜生聞揵搥音，承佛威神，一切諸病苦毒悉除，皆得安隱。

於時，世尊以淨梵音，告諸比丘：「汝等！宜起行舍羅籌，各各相對，悔過自責，相謝眾失所犯非法，各忍和同，淨身、口、心，令無餘穢。」

時，諸比丘，即受佛教，各從坐起，在世尊前，各各相謝，懺悔所失訖，還復坐在其本位。

（略）

爾時，世尊見歲時到，愍念諸會，在比丘前，三自令竟。所立畢訖，五比丘從座起，建立新歲。適立新歲，一萬比丘，得成道跡，八千比丘，得阿羅漢，虛空諸天八萬四千，咸見開化，皆發無上正真道意，講說經法。不可計數眾生之類，建立三乘。今佛慈哀，抂屈至尊，處在眾座，度脫危厄，十方蒙濟。

於時，難頭和難龍王，各捨本居，皆持澤香，栴檀雜香，往詣佛所，至新歲場，歸命於佛及與聖眾，稽首足下，以栴檀雜香，供養佛及比丘僧，便以斯偈，而歡頌曰：

其在於山巖，坐於陰樹下，若遊於大海，而懷飢瞋恨。

來坐立新歲，億載眾生集，供養悉奉佛，得成甘露門。

於時，海龍王齎赤真珠，化作上妙交露閣帳，廣長四百里，紫紺瑠璃而共合成，手執擎持，行虛空中，出龍宮上，從交露閣，八味水池，流清灑地，供養如來及比丘眾；以交露閣，貢上大聖及比丘僧；以珠瓔珞，散佛聖眾。即說偈言：

清淨如虛空，等一自然無，禁戒最清淨，踰珍妙明珠。
無央數眾輩，坐在於大會，悉供養安住，及諸聲聞眾。

佛說蟻喻經

西天譯經三藏朝奉大夫試光祿卿傳法大師賜紫臣施護奉　詔譯

爾時，世尊放大光明普照耀已，告苾芻眾言：「汝等！當知！於一時中有諸蟻聚，夜中出煙，晝日火然。有一婆羅門，見是事已，乃作是言：『若有執持快利刀者，必能破散其聚。』如是言已，次復見一大龜，其婆羅門亦作是言：『若有執持快利刀者，必能破壞。』次見諸水母蟲，次見一水蛭蟲，次見諸阿西蘇那蟲，次見一大蛇，次見一挼陀鉢他蟲，次見一朁哥嚩吒蟲，其婆羅門見彼諸蟲已，皆如前言。最後見一大龍，婆羅門言：『如我所見，其事云何？唯佛世尊悉能了知。』即時往詣一苾芻所，具陳上事，復言：『苾芻！汝以此事為我問佛，使我疑心而得開曉，如佛所說我當憶持。何以故？苾芻！我不見彼天人世間沙門、婆羅門眾中，有以此義能問佛者，是故不能使諸疑心而得開曉。』

「時，彼苾芻即如其言，來詣我所，到已禮足，退住一面。具陳上事已，復發問言：『如婆羅門所見蟻聚，其事云何？夜中出煙、晝日火然，此復云何？又見大龜、水母蟲、水蛭蟲、阿西蘇那蟲、大蛇、援陀鉢他蟲、砮哥嚩吒蟲、大龍，此等所見皆是何相？即彼婆羅門復是何人？何故名為利刀破散？願佛為說。』

「諸苾芻！我時謂彼苾芻言：『其蟻聚者，即是一切眾生五蘊聚身。夜中出煙者，即是眾生起諸尋伺。晝日火然者，即是眾生隨所尋伺起身、語業。大龜者，即是五蔀染法。水母蟲者，即是忿恚。水蛭蟲者，即是慳嫉。阿西蘇那蟲者，即是五欲之法。蛇者，即是無明。援陀鉢他蟲者，是疑惑。砮哥嚩吒蟲者，是我慢。龍者，即是諸阿羅漢。婆羅門者，即是如來、應供、正等正覺。快利者，即是有智之人。刀者，即是智慧。破散者，即是發起精進勝行。』

「諸苾芻！於汝意云何？彼所見相，以要言之，即是一切眾生五蘊聚身羯邏藍等，父母不淨之所出生，四大合成，虛假色相，麁惡劣弱，積集苦惱，畢竟破壞。而諸眾生不能覺知，於晝夜中起諸尋伺，而身、語業不善施作，五蔀煩惱之所覆蔽，耽著五欲，增長無明，生我慢心，於諸聖法疑惑不決，忿恚、慳嫉念念發起，不求解脫。是故如來、應供、正等正覺，欲令諸有智者，發精進行，修習智慧，斷諸煩惱，趣證聖果。汝諸苾芻！已盡諸漏證阿羅漢果，故說如龍。

「復次，諸苾芻！過去、未來諸佛世尊，悲愍利樂一切眾生，欲令斷諸煩惱，趣證聖果，為諸聲聞廣說是義。我於今日亦如諸佛，乃以此緣為汝宣說。汝諸苾芻！憶念是事，當於曠野空舍、山間樹下、巖穴菴室，諸寂靜處，諦心思惟，觀察是義，無令放逸，生退轉心，亦復轉為他人開示教導，普令修習得大利樂。」

爾時，世尊為諸苾芻如是說已，而諸苾芻，皆悉信受。

佛說蟻喻經

雜阿含經 卷第九 摘錄

宋天竺三藏求那跋陀羅譯

（二五二）

如是我聞：一時，佛住王舍城迦蘭陀竹園。時，有比丘名優波先那，住王舍城寒林中，塚間蛇頭巖下，迦陵伽行處。時，尊者優波先那獨一於內坐禪。時，有惡毒蛇長尺許，於上石間墮優波先那身上，優波先那喚舍利弗，語諸比丘：「毒蛇墮我身上，我身中毒，汝等駛來，扶持我身，出置於外，莫令於內身壞碎，如糠糟聚。」

時，尊者舍利弗於近處，住一樹下，聞優波先那語，即詣優波先那所，語優波先那言：「我今觀汝色貌，諸根不異於常，而言中毒，持我身出，莫令散壞，如糠糟聚，竟為云何？」

優波先那語舍利弗言：「若當有言：『我眼是我、我所；耳、鼻、舌、身、意，耳、鼻、舌、身、意是我、我所。色、聲、香、味、觸、法，色、聲、香、味、觸、法是我、我所。地界，地界是我、我所；水、火、風、空、識界，水、火、風、空、識界是我、我所。色陰，色陰是我、我所；受、想、行、識陰，受、想、行、識陰是我、我所』者，面色諸根應有變異。我今不爾，眼非我、我所；乃至識陰非我、我所，是故面色諸根無有變異。」

舍利弗言：「如是，優波先那！汝若長夜離我、我所、我慢繫著使，斷其根本，如截多羅樹頭，於未來世永不復起，云何面色諸根當有變異。」

時，舍利弗即周匝扶持優波先那身出於窟外，優波先那身中毒碎壞，如聚糠糟。

時，舍利弗即說偈言：

久殖諸梵行，善修八聖道，歡喜而捨壽，猶如棄毒鉢。
久殖諸梵行，善修八聖道，歡喜而捨壽，如人重病愈。
久殖諸梵行，善修八聖道，如出火燒宅，臨死無憂悔，

久殖諸梵行，善修八聖道，以慧觀世間，猶如穢草木，
不復更求餘，餘亦不相續。

時，尊者舍利弗供養優波先那尸已，往詣佛所，稽首禮足，退坐一面，白佛言：「世尊！尊者優波先那有小惡毒蛇，如治眼籌，墮其身上，其身即壞，如聚糠糟。」

佛告舍利弗：「若優波先那誦此偈者，則不中毒，身亦不壞如聚糠糟。」

舍利弗白佛言：「世尊！誦何等偈？何等辭句？」

佛即為舍利弗而說偈言：

常慈念於彼，堅固賴吒羅，慈伊羅槃那，尸婆弗多羅，
欽婆羅上馬，亦慈迦拘吒，及彼黑瞿曇，難徒跋難陀。
慈悲於無足，及以二足者，四足與多足，亦悉起慈悲。
慈悲於諸龍，依於水陸者，慈一切眾生，有量及無量。
安樂於一切，亦離煩惱生，欲令一切賢，一切莫生惡。
常住蛇頭巖，眾惡不來集，凶害惡毒蛇，能害眾生命。

如此真諦言，無上大師說，我今誦習此，大師真實語。
一切諸惡毒，無能害我身。貪欲瞋恚癡，世間之三毒。
如此三毒惡，永除名佛寶，法寶滅眾毒，僧寶亦無餘。
破壞凶惡毒，攝受護善人，佛破一切毒，汝蛇毒今破。

故說是呪術章句，所謂：

塢躭婆隸　躭婆隸

utāmvāri tāmvāri

*躭陸波婆躭陸

tāmrupavā tāmru

㮈渧　肅㮈渧

nati sunati

抧跛滞　文那移

kepati mānaye

三摩移　檀諦

samaye dānte

尼羅枳施　婆羅拘閅塢隸

nirakeśi varakupeuri

塢娛隸　悉波呵

ugori svāhā

「舍利弗！優波先那善男子爾時說此偈，說此章句者，蛇毒不能中其身，身亦不壞如糠糟聚。」

舍利弗白佛言：「世尊！優婆先那未曾聞此偈，未曾聞此呪術章句，世尊今日說此，正為當來世耳。」

尊者舍利弗聞佛所說，歡喜作禮而去。

雜阿含經 卷第二十三 摘錄

宋天竺三藏求那跋陀羅譯

（六〇四）

「時，彼比丘而作是念：『我今伏是王，多有所導，攝持佛法，當廣分布如來舍利，安樂無量眾生，於此閻浮提，盡令信三寶。』以是因緣故，自顯其德，而向王說偈言：

我是佛弟子，逮得諸漏盡，又復是佛子，不著一切有。
我今已調伏，無上兩足尊，息心得寂靜，生死大恐怖。
我今悉得脫，有離三有縛，如來聖法中，獲得如是利。

「時，阿育王聞彼比丘所說，於佛所生大敬信，又白比丘言：『佛未滅度時，何所記說？』比丘答言：『佛記大王：「於我滅後，過百歲之時，於巴連弗邑，有三億家，彼國有王，名曰阿育，當王此閻浮提，為轉輪王，正法治化；又復廣布我舍利，於閻浮提立八萬四千塔。」佛如是記大王。然大王今造此大地獄，殺害無量民人，王今宜應慈念一切眾生，施其無畏，令得安隱，佛之所記大王者，王當如法修行。』而說偈言：

當行哀愍心，莫惱諸群生，當修習佛法，廣布佛舍利。

「時，彼阿育王於佛所極生敬信，合掌向比丘作禮：『我得大罪，今向比丘懺悔，我之所作甚為不可，願為佛子，受我懺悔。捨心勿復責，我愚人今復歸命。』而說偈言：

我今歸依佛，無上勝妙法，比丘諸眾尊，我今盡命歸。
我今當勇猛，奉受世尊勅，於此閻浮提，普立諸佛塔。
種種諸供養，懸繒及幡幢，莊嚴世尊塔，妙麗世希有。

「時，彼比丘度阿育王已，乘空而化。

「時，王從地獄出，兇主白王言：『王不復得去。』王曰：『汝今欲殺我耶？』彼曰：『如是。』王曰：『誰先入此中？』答曰：『我是。』王曰：『若然者，汝先應取死。』王即勅人，將此兇主著作膠舍裏，以火燒之；又勅壞此地獄，施眾生無畏。

「時，王欲建舍利塔，將四兵眾，至王舍城，取阿闍世王佛塔中舍利，還復修治此塔，與本無異。如是取七佛塔中舍利，至羅摩村中。時，諸龍王將是王入龍宮中，王從龍索舍利供養，龍即與之。王從彼而出，如偈所說：

羅摩羅村中，所有諸佛塔，龍王所奉事，守護而供養。
王從龍索分，諸龍開懷與，即持此舍利，漸進於餘方。

「時，王作八萬四千金、銀、琉璃、頗梨篋，盛佛舍利；又作八萬四千四寶瓶，以盛此篋，又作無量百千幡幢繖蓋，使諸鬼神各持舍利供養之具，勅諸鬼神言：『於閻浮提，至於海際，城邑聚落滿一億家者，為世尊立舍利塔。』

「時，有國名著叉尸羅，三十六億家，彼國人語鬼神言：『三十六篋舍利與我等，起立佛塔。』王作方便，國中人少者，令分與彼，令滿家數，而立為塔。

「時，巴連弗邑有上座，名曰耶舍，王詣彼所，白上座曰：『我欲一日之中，立八萬四千佛塔，遍此閻浮提，意願如是。』如偈讚曰：

大王名阿育，於先八塔中，各取其舍利，於此閻浮提，
　建立諸佛塔，八萬及四千，縱廣殊妙勝，一日都使畢。

「時，彼上座白王言：『善哉！大王！剋後十五日月食時，令此閻浮提起諸佛塔。』如是乃至一日之中，立八萬四千塔，世間民人，興慶無量，共號名曰法阿育王。如偈讚曰：

　王聖種孔雀，安樂世間人，於此閻浮提，建立勝妙塔。
　本名為惡王，今造勝妙業，共號名法王，相傳至於後。

「王已建八萬四千塔，歡喜踊躍，將諸群臣往詣鷄雀精舍，白耶舍上座曰：『更有比丘，佛所授記，當作佛事不？我當往詣彼所供養恭敬。』

「上座答曰：『佛臨般涅槃時，降伏阿波羅龍王、陶師旃陀羅、瞿波梨龍。詣摩偷羅國，告阿難曰：『於我般涅槃後，百世之中，當有長者，名瞿多，其子名曰優波崛多，當出家學道，無相佛教授於人，最為第一，當作佛事。』佛告阿難曰：『遙見彼山不？』阿難白佛：『見也。世尊！』佛告阿難：『此山名優留曼荼，是阿蘭若處名那荼婆低，隨順寂靜。』而偈讚曰：

優波崛比丘，教授最第一，名聞振四方，最勝之所記。
於我滅度後，當得作佛事，度諸眾生類，其數無有限。

（略）

「此處迦梨龍讚歎菩薩，如偈所說：

此處迦梨龍，讚歎諸菩薩，當隨古時道，證無上妙果。」

「時，王向尊者而說偈曰：

我今欲見龍，彼龍見佛者，從此趣菩提，證得勝妙果。

「時，尊者以手指龍宮，語曰：『迦梨龍王！汝以見佛，今當現身。』時，龍王尋聲即出，住在尊前，合掌白言：『何所教勅？』時，尊者語王曰：『此龍王見佛，讚歎如來。』

「時，王合掌向龍，而說偈曰：

汝見金剛身，我師無疇匹，面如淨滿月，
為我說彼德，十力之功德，往詣道場時。

「時，龍王以偈答曰：

我今當演說，足踐於地時，大地六種動，
光耀倍於日，遍照三千界，而趣菩提樹。

「時，王如是等處處種種供養，及立塔廟。

（略）

「次，復示大目揵連塔：『王應供養此塔。』

「王復問曰：『彼有何功德？』尊者答曰：『是神足第一，以足指踐地，地即震動，至於天宮，降伏難陀、跋難陀龍王。』而說偈曰：

以足指動地，至於帝釋宮，神足無與等，誰能盡宣說？
二龍王兇暴，見者莫不怖，彼於神足力，降伏息瞋恚。

「時，王捨十萬兩珍寶，供養此塔，以偈讚曰：

神足中第一，離於老病死，有如是功德，今禮目揵連。」

雜阿含經 卷第三十八 摘錄

宋天竺三藏求那跋陀羅譯

（一〇七九）

如是我聞：一時，佛在王舍城迦蘭陀竹園。時，有異比丘於後夜時至搨補河邊，脫衣置岸邊，入水洗浴。浴已，還上岸，著一衣，待身乾。時，有一天子放身光明，普照搨補河側，問比丘言：「比丘！比丘！此是丘塚，夜則起烟，晝則火然，彼婆羅門見已，而作是言：『壞此丘塚，發掘者智，持以刀劍。』又見大龜，婆羅門見已，作是言：『除此大龜，發掘者智，持以刀劍。』見有氍氀，婆羅門見已，作此言：『却此氍氀，發掘者智，持以刀劍。』見有肉段，彼婆羅門見已，作是言：『除此肉段，發掘者智，持以刀劍。』見有屠殺，婆羅門見已，作是言：『壞是屠殺處，發掘者智，持以刀劍。』見有楞耆，彼婆羅門見已，作是言：『却此楞耆，發掘者智，持以刀劍。』見有二道，彼婆羅門見已，作是言：『除此二道，發掘者智，持以刀劍。』見有門扇，婆羅門見已，作是言：『却此門扇，發掘者智，持以刀劍。』見有大龍，婆羅門見已，作是言：『止！勿却大龍，應當恭敬。』比丘！汝來受此論，往問世尊，如佛所說，汝隨受持。所以者何？除如來，我不見世間諸天、魔、梵、沙門、婆羅門於此論心悅樂者，若諸弟子從我所聞，然後能說。」

爾時，比丘從彼天所聞此論已，往詣世尊，稽首禮足，退坐一面。以彼天子所問諸論廣問世尊：「云何為丘塚？云何為夜則起烟？云何為晝則火然？云何是婆羅門？云何發掘？云何智者？云何刀劍？云何為大龜？云何氍氀？云何為肉段？云何為屠殺處？云何為楞耆？云何為二道？云何為門扇？云何為大龍？」

佛告比丘：「丘塚者，謂眾生身，麤四大色父母遺體，摶食、衣服、覆蓋、澡浴、摩飾、長養，皆是變壞磨滅之法。夜起烟者，謂有人於夜時起，隨覺隨觀。晝行其教，身業、口業。婆羅門者，謂如來、應、等正覺。發掘者，謂精勤方便。智士者，謂多聞聖弟子。刀劍者，謂智慧刀劍。大龜者，謂五蓋。氍氀者，謂忿恨。肉段者，謂慳愱。屠殺者，謂五欲功德。楞者者，謂無明。二道，謂疑惑。門扇者，謂我慢。大龍者，謂漏盡羅漢。如是，比丘！若大師為聲聞所作，哀愍悲念，以義安慰，於汝已作，汝等當作、所作，當於曝露、林中、空舍、山澤、巖窟，敷草樹葉，思惟禪思，不起放逸，莫令後悔，是則為我隨順之教。」

即說偈言：

說身為丘塚，覺觀夜起烟，晝業為火然，婆羅門正覺。
精進勤發掘，黠慧明智士，以智慧利劍，厭離勝進者。
五蓋為巨龜，忿恨為氍氀，慳愱為肉段，五欲屠殺處。
無明為楞者，疑惑於二道，門扇現我慢，漏盡羅漢龍。
究竟斷諸論，故我如是說。

佛說此經已，彼比丘聞佛所說，歡喜奉行。

雜阿含經　卷第三十九　摘錄

宋天竺三藏求那跋陀羅譯

（一〇八九）

如是我聞：一時，佛住王舍城耆闍崛山中。爾時，世尊夜起經行，至後夜時，洗足入房，正身端坐，繫念在前。時，魔波旬作是念：「今沙門瞿曇住王舍城耆闍崛山中，夜起經行，後夜入房，正身端坐，繫念在前。我今當往，為作留難。」即化作大龍，遶佛身七匝，舉頭臨佛頂上，身如大船，頭如大帆，眼如銅鑪，舌如曳電，出息入息若雷雹聲。

爾時，世尊作是念：「惡魔波旬欲作嬈亂。」即說偈言：

猶如空舍宅，牟尼心虛寂，於中而旋轉，佛身亦如是。
無量凶惡龍，蚊虻蠅蚤等，普集食其身，不能動毛髮。

破裂於虛空，傾覆於大地，一切眾生類，悉來作恐怖。
刀矛槍利箭，悉來害佛身，如是諸暴害，不能傷一毛。
時，魔波旬作是念：「沙門瞿曇已知我心。」內懷憂慼，即沒不現。

雜阿含經　卷第四十六　摘錄

宋天竺三藏求那跋陀羅譯

(一二二六)

佛告大王：「有四種雖小而不可輕。何等為四？剎利王子年少幼小而不可輕，龍子年少幼小而不可輕、小火雖微而不可輕、比丘幼小而不可輕。」爾時，世尊即說偈言：

剎利形相具，貴族發名稱，雖復年幼稚，智者所不輕。
此必居王位，顧念生怨害，是故難可輕，應生大恭敬。
善求自護者，自護如護命，以平等自護，而等護於命。
聚落及空處，見彼幼龍者，莫以小蛇故，而生輕慢想。
雜色小龍形，亦應令安樂，輕蛇無士女，悉為毒所害。

是故自護者，當如護己命，以斯善護己，而等護於彼。
猛火之所食，雖小食無限，小燭亦能燒，足薪則彌廣。
從微漸進燒，盡聚落城邑，是故自護者，當如護己命。
以斯善護己，而等護於彼，盛火之所焚，百卉蕩燒盡。
滅已不盈縮，戒火還復生，若輕毀比丘，受持淨戒火。
燒身及子孫，眾災流百世，如燒多羅樹，無有生長期。
是故當自護，如自護己命，以斯善自護，而等護於彼。
刹利形相具，幼龍及小火，比丘具淨戒，不應起輕想。
是故當自護，如自護己命，以斯善自護，而等護於彼。

佛說此經已，波斯匿王聞佛所說，歡喜隨喜，作禮而去。

別譯雜阿含經 卷第一 摘錄

失譯人名今附秦錄

初誦第一

（一八）

如是我聞：一時，佛在王舍城迦蘭陀竹林。爾時，有一比丘，於清晨朝往趣河邊，脫衣洗浴，還出岸上，晞乾其身。有天放光，照于河岸，問比丘言：「比丘！此是巢窟，夜則烟出，晝則火燃。有婆羅門見是事已，破彼巢窟，并掘其地。時有智人語婆羅門言：『以刀掘地。』見有一龜，婆羅門言：『取是龜來。』復語掘地，見一蝮蛇，語令捉取。復語掘地，見一肉段，語令挽取。復語掘地，見一刀舍，婆羅門言：『此是刀舍。』語令掘取。復語掘地，見楞祇芒毒蟲，語令掘取。復語掘地，見有二道，復語掘出。語更掘地，見有石聚，語令出石。復語掘地，見有一龍，婆羅門言：『莫惱於龍。』即跪彼龍。」

天語比丘言：「莫忘我語，可以問佛，佛有所說，至心憶持。所以者何？我不見若天、若魔、若梵，有能分別者，除佛及以聲聞弟子比丘，無能得解如是問者。」

爾時，比丘往至佛所，頂禮佛足，在一面立。所聞天語，具向佛說：「世尊！云何巢窟夜則烟出，晝則火然？誰是婆羅門？誰是智人？云何是刀？云何是掘？云何為龜？云何蝮蛇？云何肉段？云何刀舍？云何楞祇芒毒虫？云何二道？云何石聚？云何名龍？」

佛告比丘：「諦聽！諦聽！當為汝說。巢窟者，所謂是身。受於父母精氣，四大和合，衣食長養，乃得成身。而此身者，會至散敗，膖脹虫爛乃至碎壞。夜烟出者，種種覺觀。晝火然者，從身口業，廣有所作。婆羅門者，即是如來。有智人者，即諸聲聞。刀喻智慧。掘地者，喻於精進。龜者，喻於五蓋。蝮蛇者，喻瞋惱害。肉段者，喻慳貪嫉妬。刀舍者，喻五欲。楞祇芒毒虫，喻如愚癡。二道者，喻於疑。諸石聚者，喻於我慢。龍者，喻於羅漢，盡諸有結。」

爾時，世尊即說偈言：

巢窟名為身，覺觀如彼烟，造作如火然，婆羅門如佛，
智人是聲聞，刀即是智慧，掘地喻精進，五蓋猶如龜，
瞋恚如蝮蛇，貪嫉如肉段，五欲如刀舍，愚癡如楞祇，
疑者如二道，我見如石聚，汝今莫惱龍，龍是真羅漢。
善答問難者，唯有佛世尊。

佛說是已，諸比丘聞佛所說，歡喜奉行。

別譯雜阿含經　卷第三　摘錄

失譯人名今附秦錄

初誦第三

（五三）

如是我聞：一時，佛在俱薩羅國，漸次遊行，至舍衛城祇樹給孤獨園。時，波斯匿王聞佛來至舍衛國祇樹給孤獨園，往詣佛所，稽首問訊，在一面坐，而白佛言：「世尊！我昔聞爾出家求道，要成無上至真、等正覺。汝為實有如是語耶？將非他人謬傳者乎？為是譏嫌，致於毀呰，作此語也？」佛告波斯匿言：「如此語者，是真實語，非為毀呰，亦非增減，實是我語，實如法說，非非法說，一切外人亦無有能譏嫌我者。」

波斯匿王復作是言：「我雖聞爾有如此語，猶未能信。何故不信？自昔諸人，有久出家，耆老宿舊，諸婆羅門：富蘭那迦葉、末伽梨俱賒梨子、刪闍耶毘羅胝子、阿闍多翅舍欽婆羅、迦據多迦栴延、尼乾陀闍提弗多羅，彼諸宿舊，尚自不信得阿耨多羅三藐三菩提，況汝年少而出家未久，而當得乎？」佛言：「大王！世有四事，小不可輕。何者為四？一者、王子雖小，最不可輕；二、龍子雖小，亦不可輕；三、火雖小，亦不可輕；四、比丘雖小，亦不可輕。」

爾時，世尊即說偈言：

王者雖為小，具習諸技藝，生處既真正，亦不雜鄙穢。
有大美名稱，一切悉聞知，如此雖言小，其實不可輕。
欲護己命者，不應輕於小，剎利雖云小，法應紹王位。
既紹王位已，法當行謫罰，是以應敬順，不宜生輕慢。
於諸聚落中，及以閑靜處，若見小龍子，形狀雖微細，
能大亦能小，亦復能興雲，降注於大雨。若以小故輕，
必能縱毒螫，欲護身命者，不宜輕於彼，為於己利故，
宜應自擁護。亦如有小*火，若具於眾緣，猛炎甚熾盛，

遇於大暴風，能焚燒山野。既焚林野已，遇時還復生，
欲護己命者，不應輕小火。若於淨戒所，惡口加罵辱，
其身及子孫，一切皆毀謗，於未來世中，當同受惡報，
是故應自護，莫以惡加彼。刹利具技藝，龍子及與火，
比丘持淨戒，此四不可輕，為護己命故，謹慎應遠離。

爾時，波斯匿王聞此語已，其心戰慄，身毛為竪，即從坐起，偏袒右肩，合掌向佛，白佛言：「世尊！我於今者，實有過罪，自知毀犯，譬如嬰愚，狂癡無知，所作不善。唯願世尊憐愍我故，聽我懺悔。」

佛告波斯匿王言：「我今愍汝，聽汝懺悔。」時，波斯匿王既蒙懺悔，心大歡喜，作禮而去。

央掘魔羅經　卷第三　摘錄

宋天竺三藏求那跋陀羅譯

爾時，央掘魔羅復白佛言：「世尊！云何如來身住實際而復生耶？」

佛告央掘魔羅：「汝與文殊師利俱至北方，過二恒河沙剎，有國名不實電光鬘，佛名毘樓遮那如來、應供、等正覺，在世教化。汝與文殊師利俱往問言：『釋迦牟尼佛云何住於實際而住娑婆世界？』」爾時，二人受教即行，猶如鴈王陵虛而去，往詣不實電光鬘剎毘樓遮那佛所，稽首禮足，具以上事諮問彼佛。廣說如上，文殊師利、央掘魔羅復白佛言：「世尊！唯願為說，云何如來住於實際？」

佛告文殊師利等言：「我於無量百千億劫，具足修行十波羅蜜攝取眾生，建立令住未曾有樂，我從彼無量百千億劫阿僧祇波羅蜜，生實際身。」

爾時，央掘魔羅復白佛言：「世尊！云何如來住無為際？」

佛告央掘魔羅：「汝與文殊師利俱至北方，過三恒河沙刹，有國名意取，佛名無量意如來、應供、等正覺，在世教化。汝往問言：『云何釋迦牟尼佛住無為際？』如上廣說。（略）東方去此過九恒河沙刹，有國名海主，佛名海德，餘如上說。東方去此過十恒河沙刹，有國名龍主，佛名龍藏，餘如上說。（略）西南方去此過八恒河沙刹，有國名香篋，佛名香篋王，餘如上說。西南方去此過九恒河沙刹，有國名樂讚，佛名龍樂，餘如上說。（略）下方去此十恒河沙刹，有國名常歡喜王，佛名斷一切疑，在世教化，汝等當往問彼佛言：『云何釋迦牟尼佛住廣說莊嚴際，而住娑婆世界不般涅槃？』汝央掘魔羅與文殊師利俱往，詣彼問如是義，彼決一切疑如來當為汝說。以能決斷一切疑故，名斷一切疑佛。」

爾時，文殊師利與央掘魔羅俱白佛言：「世尊！善哉！善哉！唯然受教！」頂禮佛足，猶如鴈王淩虛而去，至常歡喜王刹，禮斷一切疑如來足，却坐一面白彼佛言：「我等從娑婆世界釋迦牟尼佛所，普詣十方各十世界諸如來所，問如是義：『云何釋迦牟尼佛，住娑婆世界不般涅槃解脫之際？』彼諸如來悉答我言：『釋迦牟尼佛即我等身，彼佛自當決汝所疑。』釋迦牟尼佛，復遣我來至世尊所，言：『斷一切疑如來當為汝說。』是故我今諮問所疑：『云何釋迦牟尼佛住娑婆世界而不般涅槃？』」

彼佛答言：「汝等還去，彼佛自當決斷汝等一切所疑，如是無量釋迦牟尼如來所使。」爾時，二人俱發聲言：「善哉！善哉！唯然受教！」禮彼佛足，奉辭而還，至釋迦牟尼佛所，稽首作禮，如是歎言：「奇哉！世尊！釋迦牟尼如來持無量阿僧祇身，悉告我言：『汝等還去，釋迦牟尼佛當決汝疑，彼佛世尊即是我身。』」

爾時，世尊告文殊等言：「彼諸如來告汝等言：『我即是彼如來身耶？』」文殊等言：「如是！世尊！一切如來皆作是說。」

爾時，世尊告文殊等言：「彼諸如來世界云何？」

文殊等言：「彼諸世界，無諸沙礫，平如澄水，柔軟樂觸，猶如綿纊，如安樂國，無諸五濁，亦無女人、聲聞、緣覺，唯有一乘，無有餘乘。」

佛告文殊等言：「若善男子、善女人，稱彼一切諸佛名號，若讀、若書、若聞乃至戲笑言說，或順他人，或欲自顯，若有一切恐怖事至，悉皆消滅，一切諸天、龍、夜叉、乾闥婆、阿修羅、迦樓羅、緊那羅、摩睺羅伽等不能惱亂，聞則擁護，閉四趣門。我說未發心者得菩提因，況清淨心若讀、若誦、若書、若聞！

「央掘魔羅！如來復有奇特大威德力，方廣惣持大修多羅，說八十億佛皆是一佛，即是我身；如是廣說，如是無量佛剎，如是無量如來，如是如來色身無量無邊，如來成就如是無量功德，云何當有若無常、若疾病？如來常住無邊之身。我今當復廣說有根本，有因有緣，一切佛一切因，悉皆不樂生此世界，以此眾生不可治故。以是義故，我於此世界治不可治眾生，數數捨身故生不生身（次應實際身、無作身）。」

增壹阿含經　卷第十四 摘錄

東晉罽賓三藏瞿曇僧伽提婆譯

高幢品第二十四之一

（五）

爾時，世尊告五比丘：「汝等盡共人間乞食，慎莫獨行。然復眾生之類，諸根純熟，應得度者，我今當往優留毘村聚，在彼說法。」

爾時，世尊便往至優留毘村聚所。爾時，連若河側有迦葉在彼止住，知天文、地理，靡不貫博，算數樹葉皆悉了知，將五百弟子，日日教化。去迦葉不遠有石室，於石室中，有毒龍在彼止住。

爾時，世尊至迦葉所。到已，語迦葉言：「吾欲寄在石室中一宿，若見聽者，當往止住。」

迦葉報曰：「我不愛惜，但彼有毒龍，恐相傷害耳。」

世尊告曰：「迦葉！無苦！龍不害吾，但見聽許，止住一宿。」

迦葉報曰：「若欲住者，隨意往住。」

爾時，世尊即往石室，敷座而宿，結跏趺坐，正身正意，繫念在前。是時，毒龍見世尊坐，便吐火毒。爾時，世尊入慈三昧，從慈三昧起，入焰光三昧。爾時，龍火、佛光一時俱作。

爾時，迦葉夜起，瞻視星宿，見石室中，有大火光。見已，便告弟子曰：「此瞿曇沙門容貌端政，今為龍所害，甚可憐愍！我先亦有此言：『彼有惡龍，不可止宿。』」是時，迦葉告五百弟子：「汝持水瓶，及輿高梯，往救彼火，使彼沙門得濟此難。」

爾時，迦葉將五百弟子，往詣石室，而救此火，或持水灑者，或施梯者，而不能使火時滅，皆是如來威神所致。爾時，世尊入慈三昧，漸使彼龍無復瞋恚。時，彼惡龍心懷恐怖，東西馳走，欲得出石室，然不能得出石室。是時，彼惡龍來向如來，入世尊鉢中住。

是時，世尊以右手摩惡龍身，便說此偈：

龍出甚為難，龍與龍共集，龍勿起害心，龍出甚為難。
過去恒沙數，諸佛般涅槃，汝竟不遭遇，皆由瞋恚火。
善心向如來，速捨此恚毒，已除瞋恚毒，便得生天上。

增壹阿含經　卷第十五　摘錄

東晉罽賓三藏瞿曇僧伽提婆譯

高幢品第二十四之二

爾時，彼惡龍吐舌，舐如來手，熟視如來面。

是時，世尊明日清旦，手擎此惡龍，往詣迦葉，語迦葉曰：「此是惡龍，極為兇暴，今以降之。」

爾時，迦葉見惡龍已，便懷恐怖，白世尊曰：「止！止！沙門！勿復來前，龍備相害。」

世尊告曰：「迦葉！勿懼！我今已降之，終不相害。所以然者，此龍已受教化。」

是時，迦葉及五百弟子歎未曾有：「甚奇！甚特！此瞿曇沙門極大威神，能降此惡龍，使不作惡；雖爾，故不如我得道真。」

爾時，迦葉白世尊曰：「大沙門！當受我九十日請，所須衣被、飯食、床臥具、病瘦醫藥，盡當供給。」爾時，世尊默然受迦葉請。

時，世尊以此神龍著大海中，而彼惡龍隨壽長短，命終之後，生四天王天上。

增壹阿含經 卷第十九 摘錄

東晉罽賓三藏瞿曇僧伽提婆譯

增壹阿含經等趣四諦品第二十七

（八）

聞如是：一時，佛在舍衛國祇樹給孤獨園。爾時，世尊告諸比丘：「有四種金翅鳥。云何為四？有卵生金翅鳥，有胎生金翅鳥，有濕生金翅鳥，有化生金翅鳥，是四種金翅鳥。如是，比丘！有四種龍。云何為四？有卵生龍，有胎生龍，有濕生龍，有化生龍。是謂，比丘！有四種龍。

「比丘！當知若彼卵生金翅鳥欲食龍時，上鐵叉樹上，自投于海；而彼海水縱廣二十八萬里，下有四種龍宮，有卵種龍，有胎種龍，有濕種龍，有化種龍。是時，卵種金翅鳥，以大翅搏水兩向，取卵種龍食之；設當向胎種龍者，金翅鳥身即當喪亡。爾時，金翅鳥摶水取龍，水猶未合，還上鐵叉樹上。

「比丘！當知若胎生金翅鳥欲食龍時，上鐵叉樹上，自投于海；然彼海水縱廣二十八萬里，摶水下至值胎種龍。若值卵生龍者，亦能捉之銜出海水；若值濕生龍者，鳥身即死。

「比丘！當知若濕生金翅鳥欲食龍時，上鐵叉樹上，自投于海。彼若得卵生龍、胎生龍、濕生龍，皆能捉之；設值化生龍者，鳥身即死。

「若，比丘！化生金翅鳥欲食龍時，上鐵叉樹上，自投于海；然彼海水縱廣二十八萬里，摶水下至值卵種龍、胎種龍、濕種龍、化種龍，皆能捉之，海水未合之頃，還上鐵叉樹上。

「比丘！當知若使龍王身事佛者，是時金翅鳥不能食噉。所以然者，如來恒行四等之心，以是故鳥不能食龍。云何為四等？如來恒行慈心，恒行悲心，恒行喜心，恒行護心。是謂，比丘！如來恒有此四等心，有大筋力，有大勇猛，不可沮壞。以是之故，金翅之鳥不能食龍。是故，諸比丘！當行四等之心。如是，諸比丘！當作是學。」

爾時，諸比丘聞佛所說，歡喜奉行。

增壹阿含經 卷第二十一 摘錄

東晉罽賓三藏瞿曇僧伽提婆譯

苦樂品第二十九

（六）

聞如是：一時，佛在舍衛國祇樹給孤獨園。爾時，世尊告諸比丘：「有四事終不可思惟。云何為四？眾生不可思議、世界不可思議、龍國不可思議、佛國境界不可思議。所以然者，不由此處得至滅盡涅槃。

「云何眾生不可思議？此眾生為從何來？為從何去？復從何起？從此終當從何生？如是，眾生不可思議。

「云何世界不可思議？諸有邪見之人：世界斷滅、世界不斷滅，世界有邊、世界無邊，是命、是身，非命、非身，梵天之所造，諸大鬼神作此世界耶？爾時，世尊便說此偈：

梵天造人民，世間鬼所造，或能諸鬼作，此語誰當定？
欲恚之所纏，三者俱共等，心不得自在，世俗有災變。

「如是，比丘！世間不可思議。

「云何龍界不可思議？云何此雨為從龍口出耶？所以然者，雨渧不從龍口出也。為從眼、耳、鼻出耶？此亦不可思議。所以然者，雨渧不從眼、耳、鼻出。但龍意之所念，若念惡亦雨，若念善亦雨，亦由行本而作此雨。所以然者，今須彌山腹有天，名曰大力，知眾生心之所念，亦能作雨，然雨不從彼天口出、眼耳鼻出也，皆由彼天有神力故，而能作雨。如是，比丘！龍境界不可思議。

「云何佛國境界不可思議？如來身者，為是父母所造耶？此亦不可思議。所以然者，如來身者，清淨無穢受諸天氣。為是人所造耶？此亦不可思議。所以然者，以過人行。如來身者，為是大身，此亦不可思議。所以然者，如來身者，不可造作，非諸天所及。如來壽為短耶？此亦不可思議。所以然者，如來有四神足。如來為長壽耶？此亦不可思議。所以然者，然復如來故興世間周旋，與善權方便相應。如來身者，不可摸則，不可言長、言短。音聲亦不可法則，如來梵音，如來智慧、辯才不可思議，非世間人民之所能及。如是佛境界不可思議。

「如是，比丘！有此四處不可思議，非是常人之所思議。然此四事無善根本，亦不由此得修梵行，不至休息之處，乃至不到涅槃之處，但令人狂惑，心意錯亂，起諸疑結。

「所以然者，比丘當知，過去久遠，此舍衛城中有一凡人，便作是念：『我今當思議世界。』是時，彼人出舍衛城，在一華池水側，結跏趺坐，思惟世界：『此世界云何成？云何敗？誰造此世界？此眾生類為從何來？為從何出？為何時生？』是時，彼人思議，此時便見池水中有四種兵出入。是時，彼人復作是念：『我今狂惑，心意錯亂，世間無者，我今見之。』時，彼人還入舍衛城，在里巷之中作是說：『諸賢當知，世界無者，我今見之。』

「是時，眾多人報彼人曰：『云何世間無者，汝今見之？』時，此人報眾多人曰：『我向者作是思惟：「世界為從何生？」便出舍衛城，在華池側，作是思議：「世界為從何來？誰造此世界？此眾生類從何而來？為誰所生？若命終者當生何處？」我當思議，此時，便見池水中有四種兵出入，世界無者，我今見之。』是時，眾多人報彼人曰：『如汝實狂愚，池水之中那得四種兵？諸世界狂愚之中，汝最為上！』

「是故，比丘！我觀此義已，故告汝等耳。所以然者，此非善本功德，不得修梵行，亦復不得至涅槃處。然思議此者，則令人狂，心意錯亂。然，比丘！當知彼人實見四種之兵。所以然者，昔日諸天與阿須倫共鬪，當共鬪時，諸天得勝，阿須倫不如。是時，阿須倫便懷恐怖，化形極使小，從藕根孔中過。佛眼之所見，非餘者所及。

「是故，諸比丘！當思議四諦。所以然者，此四諦者，有義、有理，得修梵行，行沙門法，得至涅槃。是故，諸比丘！捨離此世界之法，當求方便，思議四諦。知是，諸比丘！當作是學。」

爾時，諸比丘聞佛所說，歡喜奉行。

（九）

聞如是：一時，佛在舍衛國祇樹給孤獨園。

爾時，世尊告諸比丘：「今有四大河水從阿耨達泉出。云何為四？所謂恒伽、新頭、婆叉、私陀。彼恒伽水牛頭口出向東流，新頭南流師子口出，私陀西流象口中出，婆叉北流從馬口中出。是時，四大河水遶阿耨達泉已，恒伽入東海，新頭入南海，婆叉入西海，私陀入北海。

「爾時，四大河入海已，無復本名字，但名為海。此亦如是，有四姓。云何為四？剎利、婆羅門、長者、居士種，於如來所，剃除鬚髮，著三法衣，出家學道，無復本姓，但言沙門釋迦子。所以然者，如來眾者，其猶大海，四諦其如四大河，除去結使，入於無畏涅槃城。

「是故，諸比丘！諸有四姓，剃除鬚髮，以信堅固，出家學道者，彼當滅本名字，自稱釋迦弟子。所以然者，我今正是釋迦子，從釋種中出家學道。比丘！當知欲論生子之義者，當名沙門釋種子是。所以者何？生皆由我生，從法起，從法成。是故，比丘！當求方便，得作釋種子。如是，諸比丘！當作是學。」

爾時，諸比丘聞佛所說，歡喜奉行。

增壹阿含經　卷第二十八　摘錄

東晉罽賓三藏瞿曇僧伽提婆譯

聽法品第三十六

（五）

聞如是：一時，佛在舍衛國祇樹給孤獨園。爾時，世尊與大比丘眾五百人俱。爾時，釋提桓因如屈申臂頃，來至世尊所，頭面禮足，在一面坐。

爾時，釋提桓因白世尊言：「如來亦說：『夫如來出世必當為五事。云何為五？當轉法輪；當度父母；無信之人，立於信地；未發菩薩心，令發菩薩意；於其中間當受佛決。此五因緣，如來出現必當為之。』今如來母在三十三天，欲得聞法，今如來在閻浮里內，四部圍遶，國王人民皆來運集。善哉！世尊！可至三十三天與母說法。」是時，世尊默然受之。

爾時，難陀、優槃難陀龍王便作是念：「此諸禿沙門在我上飛，當作方便，使不陵易。」是時，龍王便興瞋恚，放大火風，使閻浮里內洞然火燃。

是時，阿難白佛言：「此閻浮里內，何故有此烟火？」

世尊告曰：「此二龍王便生此念：『禿頭沙門恒在我上飛，我等當共制之，令不陵虛。』便興瞋恚，放此烟火，由此因緣，故致此變。」

是時，大迦葉即從坐起，白世尊言：「我今欲往，與彼共戰。」

世尊告曰：「此二龍王極為兇惡，難可受化，卿還就坐。」

是時，尊者阿那律即從坐起，白世尊言：「我今欲往降彼惡龍。」

世尊告曰：「此二惡龍極為兇暴，難可受化，卿還就坐。」

是時，離越、尊者迦旃延、尊者須菩提、尊者優陀夷、尊者婆竭，各從坐起，白世尊言：「我今欲往降伏惡龍。」

世尊告曰：「此二龍王極為兇惡，難可受化，卿還就坐。」

爾時，尊者大目揵連即從坐起，偏露右肩，長跪叉手，白佛言：「欲往詣彼，降伏惡龍。」

世尊告曰：「此二龍王極為兇惡，難可降化，卿今云何化彼龍王？」

目連白佛言：「我先至彼，化形極大，恐怯彼龍，後復化形極為微小，然後以常法則而降伏之。」

世尊告曰：「善哉！目連！汝能堪任降伏惡龍。然今，目連！堅持心意，勿興亂想。所以然者，彼龍兇惡備觸嬈汝。」

是時，目連即禮佛足，屈申臂頃，於彼沒不現，往至須彌山上。爾時，難陀、優槃難陀龍王遶須彌山七匝，極興瞋恚，放大烟火。

是時，目連自隱本形，化作大龍王，有十四頭，遶須彌山十四匝，放大火烟，當在二龍王上住。

是時，難陀、優槃難陀龍王見大龍王有十四頭，便懷恐怖，自相謂言：「我等今日當試此龍王威力，為審勝吾不乎？」

爾時，難陀、優槃難陀龍王以尾擲大海中，以水灑三十三天，亦不著目連身。是時，尊者大目連復以尾著大海水中，水乃至到梵迦夷天，并復灑二龍王身上。

是時，二龍王自相謂言：「我等盡其力勢，以水灑三十三天；然此大龍王復過我上去，我等正有七頭，今此龍王十四頭；我等遶須彌山七匝，今此龍王遶須彌山十四匝；我今二龍王當共并力，與共戰鬪。」

是時，二龍王極懷瞋恚，雷電霹靂、放大火炎。是時，尊者大目連便作是念：「凡龍戰鬪以火霹靂，設我以火霹靂共戰鬪者，閻浮里內人民之類，及三十三天皆當被害。我今化形極小，當與戰鬪。」是時，目連即化形使小，便入龍口中，從鼻中出；或從鼻入，從耳中出；或入耳中，從眼中出；以出眼中，在眉上行。

爾時，二龍王極懷恐懼，即作是念：「此大龍王極有威力，乃能從口中入，鼻中出；從鼻入，眼中出，我等今日實為不如。我等龍種今有四生：卵生、胎生、濕生、化生，然無有出我等者，今此龍王威力乃爾，不堪共鬪，我等性命死在斯須。」皆懷恐懼，衣毛皆竪。

是時，目連以見龍王心懷恐懼，還隱其形，作常形容，在眼睫上行。是時，二龍王見大目連，自相謂言：「此是目連沙門！亦非龍王。甚奇！甚特！有大威力，乃能與我等共鬪。」是時，二龍王白目連言：「尊者！何為觸嬈我乃爾？欲何所誡勅？」

目連報曰：「汝等昨日而作是念：『云何禿頭沙門恒在我上飛，今當制御之。』」

龍王報曰：「如是，目連！」

目連告曰：「龍王！當知此須彌山者是諸天道路，非汝所居之處。」

龍王報曰：「唯願恕之，不見重責，自今以後更不敢觸嬈，興惡亂想，唯願聽為弟子。」

目連報曰：「汝等莫自歸我身，我所自歸者，汝等便自歸之。」

龍王白目連：「我等今日自歸如來。」

目連告曰：「汝等不可依此須彌山，自歸世尊；今可共我至舍衛城，乃得自歸。」

是時，目連將二龍王，如屈申臂頃，從須彌山上至舍衛城。爾時，世尊與無央數之眾而為說法。是時，目連告二龍王曰：「汝等！當知今日世尊與無央數之眾而為說法，不可作汝形至世尊所。」

龍王報曰：「如是，目連！」

是時，龍王還隱龍形，化作人形，不長不短，容貌端正，如桃華色。是時，目連至世尊所，頭面禮足，在一面坐。是時，目連語龍王曰：「今正是時，宜可前進。」

是時，龍王聞目連語，即從坐起，長跪叉手，白世尊言：「我等二族姓子，一名、難陀，二名、優槃難陀，自歸如來，受持五戒，唯願世尊聽為優婆塞，盡形壽不復殺生。」爾時，世尊彈指可之。時，二龍王還復故坐，欲得聞法。

爾時，波斯匿王便作是念：「有何因緣，使此閻浮利內烟火乃爾？」是時，王波斯匿乘寶羽之車出舍衛城，至世尊所。爾時，人民之類遙見王來，咸共起迎：「善來！大王！可就此坐。」

時，二龍王默然不起。是時，波斯匿王禮世尊足，在一面坐。是時，大王白世尊言：「我今欲有所問，唯願世尊事事敷演。」

世尊告曰：「欲有所問，今正是時。」

波斯匿王白佛言：「有何因緣，令此閻浮里內烟火乃爾？」

世尊告曰：「難陀、優槃難陀龍王之所造。然今，大王！勿懷恐懼，今日更無烟火之變。」

是時，波斯匿王便作是念：「我今是國之大王！人民宗敬，名聞四遠。今此二人為從何來？見吾至此，亦不起迎。設住吾境界者，當取閉之；設他界來者，當取殺之。」

是時，龍王知波斯匿心中所念，便興瞋恚。爾時，龍王便作是念：「我等無過於此王所，更欲反害吾身；要當取此國王及迦夷國人，盡取殺之。」是時，龍王即從坐起，禮世尊足即便而去。離祇洹不遠，便不復現。

是時，波斯匿王見此人去，未久，白世尊言：「國事猥多，欲還宮中。」世尊告曰：「宜知是時。」

是時，波斯匿王即從坐起，便退而去。告群臣曰：「向者二人為從何道去？速捕取之。」是時，諸臣聞王教令，即馳走求之而不知處，便還宮中。

是時，難陀、優槃難陀龍王各生此念：「我等無過於彼王所，方欲取我等害之。我等當共害彼人民，使無遺餘。」是時，龍王復作是念：「國中人民有何過失？當取舍衛城人民害之。」復重作是念：「舍衛國人有何過失於我等？當取王宮官屬盡取殺之。」

爾時，世尊以知龍王心中所念，告目連曰：「汝今當救波斯匿王，無令為難陀、優槃難陀龍王所害。」

目連對曰：「如是，世尊！」是時，目連受佛教誡，禮世尊足，便退而去；在王宮上，結加趺坐，令身不現。是時，二龍王雷吼霹靂，暴風疾雨，在王宮上，或雨瓦石，或雨刀劍，未墮地之頃，便為優鉢蓮華在虛空中。是時，龍王倍復瞋恚，雨大高山於宮殿上。是時，目連復化使作種種飲食。是時，龍王倍復瞋恚熾盛，雨諸刀劍。是時，目連復化使作極好衣裳。是時，龍王倍復瞋恚，復雨大沙礫石，在波斯匿宮上，未墮地之頃，便化作七寶。

是時，波斯匿王見宮殿中雨種種七寶，歡喜踊躍，不能自勝，便作是念：「閻浮里內有德之人，無復過我，唯除如來。所以然者，我家中種粳米一根上生，收拾得一斛米，飯以甘蔗之漿，極為香美，今復於宮殿上雨七寶，我便能作轉輪聖王乎！」是時，波斯匿王領諸婇女收攝七寶。

是時，二龍王自相謂言：「今將有何意？我等來時欲害波斯匿王，今日變化乃至於斯。所有力勢今日盡現，猶不能動波斯匿王毫氂之分。」

是時，龍王見大目揵連在宮殿上結加趺坐，正身正意，形不傾斜。見已，便作是念：「此必是大目連之所為也。」是時，二龍王以見目連便退而去。是時，目連見龍去，還捨神足至世尊所，頭面禮足，在一面坐。

時，波斯匿王便作是念：「今此種種飲食不應先食，當先奉上如來，然後自食。」是時，波斯匿王即車載珍寶，及種種飲食，往至世尊所：「昨日天雨七寶及此飲食，唯願納受。」

爾時，大目揵連去如來不遠，佛告王曰：「汝今可持七寶飲食之具，與大目連。所以然者，蒙目連恩，得更生聖賢之地。」

波斯匿王白佛言：「有何因緣，言我更生？」

世尊告曰：「汝朝不至我所，欲得聽法乎？爾時，有二人亦來聽法。王生此念：『我於此國界，最為豪尊，眾人所敬，然此二人為從何來？見我不起承迎。』」

時王白佛：「實然，世尊！」

世尊告曰：「此亦非人，乃是難陀、優槃難陀龍王。彼知王意，自相謂言：『我等無過於此人王，何故反來害我？要當方宜滅此國界。』我等尋知龍王心中所念，即勅目連：『今可救波斯匿王，無令為龍所害也。』即受我教，在宮殿上，隱形不現，作此變化。是時，龍王極懷瞋恚，雨沙礫石於宮殿上，未墮地之頃，化作七寶、衣裳、飲食之具。由此因緣，大王！今日便為更生。」

是時，波斯匿王便懷恐怖，衣毛皆豎，前跪膝行至如來前，而白佛言：「唯願世尊恩垂過厚，得濟生命。」復禮目連足，頭面禮敬：「蒙尊之恩，得濟生命。」

爾時，國王便說此偈：

唯尊壽無窮，長夜護其命，度脫苦窮厄，蒙尊得脫難。

是時，波斯匿王以天香華散如來身，便作是說：「我今持此七寶奉上三尊，唯願納受。」頭面禮足，遶佛三匝，便退而去。

增壹阿含經　卷第二十九　摘錄

東晉罽賓三藏瞿曇僧伽提婆譯

六重品第三十七之一

（二）

聞如是：一時，佛在阿耨達泉，與大比丘眾五百人俱。斯是羅漢，三達、六通神足自在，心無所畏，唯除一比丘，阿難是也。爾時，世尊坐金蓮華，七寶為莖，及五百比丘各各坐寶蓮華。爾時，阿耨達龍王至世尊所，頭面禮足，在一面住。

爾時，龍王遍觀聖眾已，白世尊曰：「我今觀此眾中，空缺不具，無尊者舍利弗，惟願世尊遣一比丘喚舍利弗使來。」

爾時，舍利弗在祇洹精舍，補納故衣。爾時，世尊告目連曰：「汝至舍利弗所，語舍利弗云：『阿耨達龍王欲得相見。』」

目連報曰：「如是，世尊！」

是時，尊者大目連如人屈伸臂頃，往至祇洹精舍舍利弗所，語舍利弗言：「如來有教云：『阿耨達龍王欲得相見。』」

舍利弗報曰：「汝竝在前，吾後當往。」

目連報曰：「一切聖眾及阿耨達龍王遲想尊顏，欲得相見，唯願時赴，勿輕時節。」

舍利弗報曰：「汝先至彼，吾後當往。」

是時，目連復重語曰：「云何，舍利弗！神足之中能勝吾乎？然今先遣使在前耶？若舍利弗不時起者，吾當捉臂將詣彼泉。」

是時，舍利弗便作是念曰：「目連方便試弄吾耳。」

爾時，尊者舍利弗躬解竭支帶，語目連曰：「設汝神足第一者，今舉此帶使離於地，然後捉吾臂將詣阿耨達泉。」

是時，目連作是念：「今舍利弗復輕弄我，將欲相試乎？今解帶在地云：『能舉者然後捉吾臂將詣泉所。』」是時，目連復作是想：「此必有因，事不苦爾。」即時，申手而取帶舉，然不能使帶移動如毫釐許。是時，目連盡其力勢移此帶，不能使動。是時，舍利弗取此帶繫著閻浮樹枝。是時，尊者目連盡其神力，欲舉此帶，終不能移，當舉此帶時，此閻浮地大振動。

爾時，舍利弗便作是念：「目連比丘尚能使此閻浮地動，何況此帶？我今當持此帶繫著二天下。爾時，目連亦復舉之；繫著三天下、四天下，亦能舉之，如舉輕衣。」是時，舍利弗復作是念：「目連比丘堪任舉四天下，而不足言，我今持此帶，繫著須彌山腹。」是時，目連復能動此須彌山及四天王宮，三十三天宮皆悉動搖。是時，舍利弗復以此帶繫千世界。是時，目連亦能使動。時，舍利弗復以此帶繫二千世界、三千世界，亦復能動。是時，天地大動，唯有如來坐阿耨達泉而不移動，猶如力士弄於樹葉而無疑難。

是時，阿耨達龍王白世尊言：「今此天地何故振動？」

爾時，世尊具與龍王說此本緣，龍王白佛：「此二人神力何者最勝？」

世尊告曰：「舍利弗比丘神力最大。」

龍王白佛言：「世尊前記言：『目連比丘神足第一，無過是者。』」

世尊告曰：「龍王！當知有四神足。云何為四？自在三昧神力、精進三昧神力、心三昧神力、試三昧神力。是謂，龍王！有此四神足之力。若有比丘、比丘尼有此四神力者，親近修行而不放捨者，此則神力第一。」

阿耨達龍王白佛：「目連比丘不得此四神足乎？」

世尊告曰：「目連比丘亦得此四神足之力，親近修行，初不放捨。然目連比丘欲住壽至劫，亦復能辦。然舍利弗所入三昧，目連比丘不知名字。」

是時，尊者舍利弗復作是念：「三千大千刹土，目連皆能移轉，蠕虫死者不可稱計，然我躬自聞：『如來座者不可移動。』我今可以此帶繫著如來座所。」是時，目連復以神足而舉此帶，然不能動。時，目連生此念：「非我於神足退乎？今舉此帶而不能動。我今往詣世尊所，而問此義。」

爾時，目連捨此帶已，即以神足至世尊所，遙見舍利弗在如來前坐，見已，目連復作是念：「世尊弟子神足第一，無出我者，然我不如舍利弗乎？」爾時，目連白佛言：「我將不於神足退乎？所以然者，我先發祇洹精舍，然後舍利弗發，今舍利弗比丘先在如來前坐。」

佛言：「汝不於神足有退，但舍利弗所入神足三昧之法，汝所不解。所以然者，舍利弗比丘智慧無有量，心得自在，不如舍利弗從心也；舍利弗心神足得自在。若舍利弗比丘心所念法，即得自在。」大目連即時默然。

是時，阿耨達龍王歡喜踊躍，不能自勝：「今舍利弗比丘極有神力，不可思議，所入三昧，目連比丘而不知名字。」爾時，世尊與阿耨達龍王說微妙之法，勸令歡喜，即於彼說戒。清旦，將諸比丘僧，還詣舍衛國祇樹給孤獨園。

爾時，諸比丘自相謂言：「世尊口自記：『我聲聞中神足第一者，目連比丘是也。』然今日不如舍利弗。」

爾時，諸比丘起輕慢想於目連所。是時，世尊便作是念：「此諸比丘生輕慢之想向目連，受罪難計。」告目連曰：「現汝神力使此眾見，無令大眾起懈怠想。」

目連對曰：「如是，世尊！」

是時，目連禮世尊足，即於如來前沒不現，往詣東方七恒河沙佛土，有佛名奇光如來、至真、等正覺，出現彼土。是時，目連以凡常之服往詣彼土，在鉢盂緣上行。又彼土人民，形體極大。是時，諸比丘見目連已，自相謂言：「汝等視此虫，正似沙門。」是時，諸比丘復持示彼佛：「唯然，世尊！今有一虫，正似沙門。」

爾時，奇光如來告諸比丘曰：「西方去此七恒河沙，彼土世界，佛名釋迦文如來、至真、等正覺，出現於世，是彼弟子，神足第一。」爾時，彼佛告目連曰：「此諸比丘起輕慢意，現汝神足，使大眾見之。」

目連對曰：「如是，世尊！」是時，目連聞佛教已，以鉢盂絡盛彼五百比丘至梵天上。是時，目連以左脚登須彌山，以右脚著梵天上。

爾時，便說此偈：

常當念勤加，修行於佛法，降伏魔眾怨，如鉤調於象。

若能於此法，能行不放逸，當盡苦原際，無復有眾惱。

是時，目連以此音響，遍滿祇洹精舍，諸比丘聞已，往白世尊：「目連為住何處而說此偈？」

世尊告曰：「此目連比丘去此佛土七恒河沙，正在東方，以繩絡盛彼五百比丘，左脚登須彌山，右脚著梵天上，而說此偈。」

爾時，諸比丘歎未曾有：「甚奇！甚特！目連比丘有大神足，我等起於懈慢於目連所，唯願世尊使目連比丘將此五百比丘來至此間。」

是時，世尊遙現道力，使目連知意。

是時，目連將五百比丘來至舍衛城祇樹給孤獨園。爾時，世尊與數千萬眾而為說法。時，大目連將五百比丘至世尊所，然釋迦文佛弟子仰觀彼比丘。是時，東方世界比丘禮世尊足，在一面坐。爾時，世尊告彼比丘：「汝等比丘為從何來？是誰弟子？道路為經幾時？」

彼五百比丘白釋迦文佛：「我等世界今在東方，佛名奇光如來，是彼弟子。然我等今日亦復不知為從何來？為經幾日？」

世尊告曰：「汝等知佛世界乎？」

諸比丘對曰：「不也，世尊！」

「汝等今日欲詣彼土乎？」

諸比丘對曰：「唯然，世尊！欲還詣彼土。」

爾時，世尊告彼比丘：「今當與汝說六界法，善思念之。」

諸比丘對曰：「如是，世尊！」爾時，諸比丘從佛受教。

世尊告曰：「彼云何名為六界之法？比丘！當知六界之人，稟父母精氣而生。云何為六？所謂地界、水界、火界、風界、空界、識界。是謂，比丘！有此六界，人身稟此精氣而生六入。云何為六？所謂眼入、耳入、鼻入、舌入、身入、意入。是謂，比丘！有此六入，由父母而得有，以依六入便有六識身。云何為六？若依眼識則有眼識身，耳識、鼻識、舌識、身識、意識。是謂，比丘！此名六識身。若有比丘解此六界、六入、六識者，能度六天而更受形，設於彼壽終來生此間，聰明高才，於現身上，盡於結使，得至涅槃。」

爾時，世尊告目連曰：「汝今還將此比丘詣彼佛土。」

目連報曰：「如是，世尊！」是時，目連復以絡盛五百比丘，遶佛三匝，便退而去。如屈伸臂頃，以至彼佛土。是時，目連捨此比丘已，禮彼佛足已，還來詣此忍界。是時，彼土比丘聞此六界已，諸塵垢盡，得法眼淨。

爾時，世尊告諸比丘：「我弟子中第一聲聞神足難及，所謂大目乾連比丘是也。」

爾時，諸比丘聞佛所說，歡喜奉行。

增壹阿含經 卷第四十四 摘錄

東晉罽賓三藏瞿曇僧伽提婆譯

十不善品第四十八

（三）

聞如是：一時，佛在舍衛國祇樹給孤獨園，與大比丘眾五百人俱。爾時，阿難偏露右肩，右膝著地，白世尊言：「如來玄鑒，無事不察，當來、過去、現在三世皆悉明了，諸過去諸佛姓字、名號，弟子菩薩翼從多少，皆悉知之，一劫、百劫、若無數劫，悉觀察知。亦復知國王、大臣、人民姓字，斯能分別，如今現在國界若干，亦復明了。將來久遠，彌勒出現，至真、等正覺，欲聞其變；弟子翼從、佛境豐樂，為經幾時？」

佛告阿難：「汝還就座，聽我所說，彌勒出現，國土豐樂，弟子多少，善思念之，執在心懷。」是時，阿難從佛受教，即還就座。

爾時，世尊告阿難曰：「將來久遠於此國界，當有城郭名曰雞頭，東西十二由旬，南北七由旬，土地豐熟，人民熾盛，街巷成行。爾時，城中有龍王名曰水光，夜雨澤香，晝則清和。是時，雞頭城中有羅剎鬼名曰葉華，所行順法，不違正教，伺人民寢寐之後，除去穢惡諸不淨者，又以香汁而灑其地，極為香淨。

「阿難！當知爾時閻浮地東、西、南、北十萬由旬，諸山河石壁皆自消滅，四大海水各據一方。時，閻浮地極為平整，如鏡清明，舉閻浮地內，穀食豐賤，人民熾盛，多諸珍寶，諸村落相近，雞鳴相接。是時，弊花果樹枯竭，穢惡亦自消滅，其餘甘美果樹，香氣殊好者，皆生乎地。爾時，時氣和適，四時順節，人身之中無有百八之患。貪欲、瞋恚、愚癡不大殷勤，人心平均皆同一意，相見歡悅，善言相向，言辭一類，無有差別，如彼鬱單曰人，而無有異。是時，閻浮地內人民大小皆同一嚮，無若干之差別也。

「彼時男女之類意欲大小便，地自然開，事訖之後，地復還合。爾時，閻浮地內自然生粳米，亦無皮裹，極為香美，食無患苦。所謂金銀、珍寶、車𤦲、瑪瑙、真珠、虎珀，各散在地，無人省錄。是時，人民手執此寶，自相謂言：『昔者之人由此寶故，各相傷害，繫閉牢獄，更無數苦惱，如今此寶與瓦石同流，無人守護。』

「爾時，法王出現，名曰蠰佉，正法治化，七寶成就。所謂七寶者，輪寶、象寶、馬寶、珠寶、玉女寶、典兵寶、守藏之寶，是謂七寶，領此閻浮地內，不以刀杖，自然靡伏。如今，阿難！四珍之藏，乾陀越國伊羅鉢寶藏，多諸珍琦異物，不可稱計；第二彌梯羅國般綢大藏，亦多珍寶；第三須賴吒大國有寶藏，亦多珍寶；第四婆羅㮈蠰佉有大藏，多諸珍寶，不可稱計，此四大藏自然應現，諸守藏人各來白王：『唯願，大王！以此寶藏之物，惠施貧窮！』

「爾時，蠰佉大王得此寶已，亦復不省錄之，意無財物之想。時，閻浮地內自然樹上生衣，極細柔軟，人取著之，如今欝單曰人自然樹上生衣，而無有異。

「爾時，彼王有大臣，名曰修梵摩，是王少小同好，王甚愛敬，又且顏貌端正，不長、不短，不肥、不瘦，不白、不黑，不老、不少。是時，修梵摩有妻，名曰梵摩越，玉女中最極為殊妙，如天帝妃，口作優鉢蓮花香，身作栴檀香，諸婦人八十四態，永無復有，亦無疾病亂想之念。

「爾時，彌勒菩薩於兜率天，觀察父母不老、不少，便降神下應，從右脅生，如我今日右脅生無異，彌勒菩薩亦復如是。兜率諸天各各唱令：『彌勒菩薩已降神下。』是時，修梵摩即與子立字，名曰彌勒，有三十二相、八十種好，莊嚴其身，身黃金色。爾時，人壽極長，無有諸患，皆壽八萬四千歲，女人年五百歲然後出適。爾時，彌勒在家未經幾時，便當出家學道。

「爾時，去雞頭城不遠，有道樹名曰龍華，高一由旬，廣五百步。時，彌勒菩薩坐彼樹下，成無上道果；當其夜半，彌勒出家，即其夜成無上道。時，三千大千剎土，六變震動，地神各各相告曰：『今彌勒已成佛！』轉至聞四天王宮，『彌勒已成佛道！』轉轉聞徹三十三天、焰天、兜率天、化自在天、他化自在天，聲展轉乃至梵天：『彌勒已成佛道！』爾時，魔名大將以法治化，聞如來名教音響之聲，歡喜踊躍，不能自勝，七日七夜不眠不寐。是時，魔王將欲界無數天人，至彌勒佛所，恭敬禮拜。」

增壹阿含經 卷第四十九 摘錄

東晉罽賓三藏瞿曇僧伽提婆譯

非常品第五十一

（七）

聞如是：一時，佛在舍衛國祇樹給孤獨園。

爾時，阿那邠祁長者有四兒，不事佛、法、聖眾，亦復不自歸命佛、法、聖眾。是時，阿那邠祁長者告四兒曰：「汝等各各自歸佛、法、聖眾，長夜之中獲福無量。」

諸兒白父：「我等諸子不堪自歸佛、法、聖眾。」

阿那邠祁長者告曰：「我今各賜卿等純金千兩，隨我教勅，自歸命佛、法、聖眾。」

諸子白言：「我不堪任自歸佛、法、聖眾。」

父復告曰：「加賜汝二千、三千、四千、五千兩純金，宜當自歸佛、法、聖眾，長夜之中獲福無量。」

爾時，諸子聞斯語已，默然受之。是時，諸子白阿那邠祁長者曰：「我等當云何自歸佛、法、聖眾？」

阿那邠祁長者報曰：「汝等盡來，隨吾至世尊所。若世尊有所說者，汝等當念奉行。」

諸子白父：「如來今為所在？去此遠近？」

其父報曰：「今如來、至真、等正覺近在舍衛國，止吾園中。」

時，阿那邠祁將四兒往至世尊所。到已，頭面禮足，在一面立。爾時，長者白世尊言：「我今四子不自歸佛、法、聖眾，近昨各賜五千兩金，勸令事佛、法、聖眾，唯願世尊各與說法，使長夜之中受福無量。」

爾時，世尊與長者四子漸漸說法，勸令歡喜。長者諸子聞說法，踊躍歡喜，不能自勝，前自長跪，白世尊言：「我等各各自歸世尊、正法、聖眾，自今已後，不復殺生，乃至不飲酒。」如是再三。

時，阿那邠祁長者白世尊言：「若使有人出物雇人使事佛者，其福云何？」世尊告曰：「善哉！善哉！長者！乃致斯問，天、人得安，乃能問如來斯義，善思念之，吾當為汝說。」時長者從佛受教。

世尊告曰：「有四大藏。云何為四？有伊羅鉢龍在乾陀衛，此名一藏，無數珍寶積滿其宮。復有斑稠大藏在蜜絺羅國，珍寶積聚不可稱計。復有賓伽羅大藏在須賴吒國，珍寶積聚不可稱計。復有蠰佉大藏在婆羅㮈國，珍寶積聚不可稱計。設閻浮地男女大小，各各探抱，四年四月四日取伊羅鉢藏者，終不減少；斑稠藏，四年四月四日各來取者，不知減少；賓伽羅藏，四年四月四日各各取者，不知減少；蠰佉大藏在婆羅㮈國，四年四月四日取者，不知減少。是謂，長者！四大寶藏。若閻浮地男女大小，各各探抱，經四年四月四日不知減少。

「將來之世有佛名彌勒，出現於世。爾時，國界名雞頭，王所治處，東西十二由延，南北七由延，人民熾盛，穀米豐登。雞頭王治處，繞城七匝有池水，各縱廣一由延，金沙在下；優鉢蓮華、拘勿頭花、分陀利華各生其中，外像金色、銀色、水精色、琉璃色，設銀水凝凍化成為銀，若金水凍化成為金，若琉璃水凍化為琉璃，若水精凍化為水精。

「長者！當知爾時有四大城門，銀池水中金作門閫，金池水中銀作門閫，琉璃池中水精作門閫，水精池中琉璃作門閫。

「長者！當知爾時雞頭城中周匝懸鈴。是時，鈴聲聞皆出五樂之音。爾時，城中恒有七種之聲。云何為七？貝聲、鼓聲、琴聲、小鼓聲、員鼓聲、鞞鼓聲，歌舞聲為七。爾時，雞頭城中生自然粳米，皆長三寸，極為香美，出眾味上，尋取尋生，皆不見所取之處。爾時，有王名蠰佉，以法化，七寶具足。

「長者！當知爾時典藏人，名為善寶，高德智慧，天眼第一，皆能知寶藏處所。有主之藏，自然擁護；無主之藏，便奉上王。爾時，伊羅鉢龍王、般稠龍王、賓伽羅龍王、蠰佉龍王，是時四龍王主典寶藏，皆往至善寶典藏所，而語之曰：『欲所須者，我等相給。』時四龍王：『唯願奉上四藏之寶，以自營己。』時，善寶典主即取四藏之寶，奉上蠰佉王金寶羽車。

「爾時，世尊便說斯偈：

伊羅在乾陀，蜜絺在般稠，賓伽須賴國，蠰佉婆羅國。
此是四寶藏，種種藏充滿，爾時常出現，功德之所至。
奉上彼聖王，金銀寶羽車，諸神皆擁護，長者受其福。

「爾時，有佛出世名為彌勒，至真、等正覺、明行成為、善逝、世間解、無上士、道法御、天人師，號佛、眾祐，教化人民。長者當知，爾時，善寶典藏者，豈異人乎？莫作是觀。所以然者，爾時藏主者，今長者是也。

「時，蠰佉王以金車廣作福德，將八萬四千大臣，前後圍繞，往至彌勒所，出家學道。爾時，典藏亦復廣作福德，亦當出家學道，盡於苦際，皆由長者將道四子，使自歸於佛、法、比丘僧。緣是功德，不墮三惡趣，復緣此德得四大藏，亦緣此報與蠰佉作典藏主，即於彼世盡於苦際。所以然者，歸佛、法、僧，其德不可量。其有自歸佛、法、眾者，其福如是。是故，長者！當慈愍有形之類，求其方便，向佛、法、眾。如是，長者！當作是學。」

爾時，阿那邠祁長者歡喜踊躍，不能自勝。即從坐起，繞佛三匝，作禮而去，及其四子亦復如是。

爾時，阿那邠祁長者及四子聞佛所說，歡喜奉行。

六度集經 卷第一 摘錄

吳康居國沙門康僧會譯

布施度無極章第一 此有一十章

(九)

昔者菩薩從四姓生，墮地即曰：「眾生萬禍，吾當濟焉。不覩佛儀，不聞明法，吾當開其耳目，除其盲聾，令之覩聞無上正真，眾聖之王、明範之原也。」布施誘進，靡不服從矣。

九親驚曰：「古世之來，未聞幼孩，而為斯云。將是天龍鬼神之靈乎？當卜之焉。」即答親曰：「吾為上聖之所化，懷普明之自然，非彼眾妖，慎無疑矣。」言畢即默。親曰：「兒有乾坤弘潤之志，將非凡夫乎！」名兒曰：普施。

年有十歲，佛諸典籍、流俗眾術，靡不貫綜，辭親濟眾，布施貧乏。親曰：「吾有最福之上名也，爾可恣意布施眾貧矣。」對曰：「不足。乞作沙門，賜吾法服、應器、策杖，以斯濟眾，即吾生願也。」親憶兒始生之誓，無辭禦焉，即從其願，聽為沙門。

周旋教化經一大國，國有豪姓，亦明眾書，覩普施儀容，堂堂光華煒曄，厥性惔怕，淨若天金，有上聖之表，將為世雄也。謂普施曰：「有欲相告，願足聖人，吾有陋女，願給箕箒之使。」

答曰：「大善！須吾還也。」

即進路之海邊，附載度海，上岸入山，到無人處，遙覩銀城，宮殿明好。時，有毒蛇遶城七匝，體大百圍，見普施來，仰然舉首。普施念曰：「斯含毒類，必有害心，吾當興無蓋之慈，以消彼毒也。夫兇即火也，慈即水矣，以水滅火，何嘗不滅！」即坐興慈定：「願令眾生早離八難，心去惡念，逢佛見法，與沙門會，得聞無上正真明道，心開垢滅，如吾所見也。」興斯慈定，蛇毒即滅，垂首而眠。

普施登其首入城，城中有天神，覩普施來，欣豫而曰：「久服聖德，今來翔茲，成吾本心也。願留一時九十日。」普施然許。天王即以正事，委付近臣，身自供饌，朝夕肅懷，稟受諸佛非常、苦、空、非身之高行，濟眾之明法。時，日食畢，普施進路，天王以明月真珠一枚送之曰：「以珠自隨，明四十里。志願發云，眾寶滿足。若後得佛，願為弟子親侍聖側。」普施曰：「可。」

即復前行，覩黃金城，嚴飾踰銀，又有毒蛇圍城十四匝，巨軀倍前，舉首數丈。普施復思弘慈之定，蛇毒即消，垂首而眠。登之入城中，有天人，覩普施歡喜曰：「久服靈耀，翔茲甚善，願留二時百八十日，吾願盡養，惟留威神。」即然許之，留為說法無上明行，訖即辭退。

天人復以神珠一枚送之，明耀八十里，志之所願，眾寶滿其里數。「若子得道，願為弟子，神足無上。」

受其神珠，即復進路，覩琉璃城，光耀踰前，又有毒蛇，巨軀甚大，遶城二十一匝，仰首瞋目，當彼城門，復坐深思，普慈之定，誓濟眾生，毒歇垂首。登之而入城中。

有天人喜辭猶前：「請留三時，願供所志。」期竟辭退，又送神珠一枚，明耀百六十里，珠之所在，眾寶尋從，滿其明內，在志所欲，無求不獲。「子若得無上正真覺道者，吾願為弟子，有最明之智。」曰：「必獲爾願。」普施得珠曰：「斯足以濟眾生之困乏。」返其舊居。

海諸龍神僉會議曰：「吾等巨海，唯斯三珠為吾榮華。道士悉得，吾等何榮？寧都亡諸寶，不失斯珠。」

海神化為凡人，當普施前立曰：「吾聞仁者獲世上寶，可得觀乎？」即以示之。神搏其首，即取其珠。普施惟曰：「吾歷險阻，經跨巨海，乃獲斯寶，欲以拯濟眾生困乏，反為斯神所見奪乎？」曰：「爾還吾珠，不者吾竭爾海。」海神答曰：「爾言何虛？斯之巨海，深廣難測，孰能盡之？天日可殞，巨風可却，海之難竭，猶空難毀也。」

普施曰：「昔吾錠光佛前，願得道力，反覆眾海，指擢須彌，震動天地，又移諸剎。佛從吾志與吾願，吾今得之。今爾，鬼魅糸髮之邪力，焉能遏吾正真之勢乎？」即說經曰：「吾自無數劫來，飲母乳湩、啼哭之淚、身死血流，海所不受。恩愛難絕、生死難止，吾尚欲絕恩愛之本、止生死之神。今世抒之不盡，世世抒之。」即住，併兩足，瓢抒海水，投鐵圍外。

有天名遍淨，遙聞之，深自惟曰：「昔吾於錠光佛前，聞斯人獲其志願，必為世尊度吾眾生。」天即下，助其抒水，十分去八。

海神悔怖曰：「斯何人哉？而有無極之靈乎！斯水盡矣，吾居壞也。」即出眾寶空其諸藏，以與普施。

普施不受，曰：「唯欲得吾珠耳。」諸神還其珠，普施返其水。旋其本土，尋路布施，所過之國，國無貧民，處處諸國，無不改操五戒十善，以為國政，開獄大赦，潤逮眾生，遂至得佛。

佛告諸沙門：「普施者，我身是。父者，白淨王是。母者，即吾母舍妙是。道士女者，今俱夷是。時，銀城中天者，今現阿難是。金城中天者，目連是。琉璃城中天者，舍利弗是。菩薩累劫勤行四恩，誓願求佛，拯濟眾生。菩薩慈惠度無極，行布施如是。」

六度集經　卷第五　摘錄

吳康居國沙門康僧會譯

忍辱度無極章第三 此有十三章

（四六）

昔者菩薩為大國王，常以四等，育護眾生，聲動遐邇，靡不歎懿。舅亦為王，處在異國，性貪無耻，以兇為健。開上林歎：「菩薩懷二儀之仁惠。」虛誣謗訕，為造訞端，興兵欲奪菩薩國。

菩薩群僚僉曰：「寧為天仁賤，不為豺狼貴也。」

民曰：「寧為有道之畜，不為無道民矣。」

料選武士，陳軍振旅，國王登臺，觀軍情猥，流淚涕泣，交頸曰：「以吾一躬毀兆民之命，國亡難復，人身難獲，吾之遁邁，國境咸康，將誰有患乎？」王與元后俱委國亡。舅入處國，以貪殘為政，戮忠貞、進佞蠱，政苛民困，怨泣相屬，思詠舊君猶孝子之存慈親也。

王與元妃處于山林，海有邪龍，好妃光顏，化為梵志，訛叉手箕坐，垂首靖思，有似道士，惟禪定時。王覩欣然，日採果供養。龍伺王行，盜挾妃去，將還海居。路由兩山夾道之徑，山有巨鳥，張翼塞徑，與龍一戰焉。龍為震雹擊鳥，墮其右翼，遂獲還海。

王採果還，不見其妃，悵然而曰：「吾宿行違，殃咎隣臻乎？」乃執弓持矢，經歷諸山，尋求元妃。覩有滎流，尋極其原，見巨獼猴，而致哀慟，王愴然曰：「爾復何哀乎？」

獼猴曰：「吾與舅氏併肩為王，舅以勢強奪吾眾矣，嗟乎無訴。子今何緣翔茲山岨乎？」

菩薩答曰：「吾與爾其憂齊矣！吾又亡妃，未知所之。」猴曰：「子助吾戰，復吾士眾；為子尋之，終必獲矣。」王然之曰：「可。」明日猴與舅戰，王乃彎弓擩矢，股肱勢張，舅遙悚懼，播徊迸馳。

猴王眾反，遂命眾曰：「人王元妃，迷在斯山，爾等布索。」猴眾各行，見鳥病翼，鳥曰：「爾等奚求乎？」曰：「人王亡其正妃，吾等尋之。」鳥曰：「龍盜之矣！吾勢無如，今在海中大洲之上。」言畢鳥絕。猴王率眾，由徑臨海，憂無以渡。天帝釋即化為獼猴，身病疥*癬，來進曰：「今士眾之多，其踰海沙，何憂不達於彼洲乎？今各復負石杜海，可以為高山，何但通洲而已？」猴王即封之為監，眾從其謀，負石功成，眾得濟度，圍洲累沓。

龍作毒霧，猴眾都病，無不仆地。二王悵愁，小猴重曰：「今眾病瘳，無勞聖念。」即以天藥傳眾鼻中，眾則奮鼻而興，力勢踰前。龍即興風雲，以擁天日，電耀光海，勃怒霹靂，震乾動地。

小猴曰：「人王妙射，夫電耀者，即龍矣。發矢除凶，為民招福，眾聖無怨矣。」霆耀電光，王乃放箭，正破龍胸，龍被射死，猴眾稱善。小猴拔龍門鑰，開門出妃，天鬼咸喜。二王俱還本山，更相辭謝，謙光崇讓。

會舅王死，無有嗣子，臣民奔馳，尋求舊君，於彼山阻君臣相見，哀泣俱還，并獲舅國，兆民歡喜，稱壽萬歲，大赦寬政，民心欣欣含笑且行。王曰：「婦離所天隻行一宿，眾有疑望，豈況旬朔乎？還于爾宗事合古儀。」妃曰：「吾雖在穢蟲之窟，猶蓮華居于污泥。吾言有信，地其坼矣。」言畢地裂，曰：「吾信現矣。」

王曰：「善哉！夫貞潔者沙門之行。」自斯國內，商人讓利，士者辭位，豪能忍賤，強不陵弱，王之化也。婬婦改操，危命守貞，欺者尚信，巧偽守真，元妃之化也。

佛告諸比丘：「時國王者，我身是也。妃者，俱夷是。舅者，調達是。天帝釋者，彌勒是也。菩薩法忍度無極行忍辱如是。」

(四八)

昔者菩薩與阿難俱畢罪為龍，其一龍曰：「惟吾與卿共在海中靡所不覩，寧可俱上陸地遊戲乎？」

答曰：「陸地人惡，起逢非常，不可出也。」

一龍重曰：「化為小蛇耳。若路無人，尋大道戲；逢人則隱。何所憂乎？」於是相可，俱升遊觀。出水未久，道逢含毒蚖，蚖覩兩蛇，厥兇念生，志往犯害，則吐毒呴沫兩蛇。一蛇起意，將欲以威神，殺斯毒蚖；一蛇慈心，忍而諫止曰：「夫為高士，當赦眾愚，忍不可忍者，是乃為佛正真之大戒也。」即說偈曰：

貪欲為狂夫，靡有仁義心，嫉妒欲害聖，唯默忍為安。
非法不軌者，內無惻隱心，慳惡害布施，唯默忍為安。
放逸無戒人，酷害懷賊心，不承順道德，唯默忍為安。
背恩無反復，虛飾行諂偽，是為愚癡極，唯默忍為安。

一蛇遂稱頌忍德，說偈陳義，一蛇敬受，遂不害蚖。一蛇曰：「吾等還海中，可乎？」相然俱去，奮其威神，震天動地，興雲降雨，變化龍耀，人鬼咸驚，蚖乃惶怖，屍視無知，七日絕食。

佛告諸比丘：「爾時，欲害蚖龍者，阿難是也。說忍法龍者，吾身是也。含毒蚖者，調達是也。菩薩所在，世世行忍，雖處禽獸，不忘其行也。菩薩法忍度無極行忍辱如是。」

（五〇）

昔者拘深國名抑迦達，其國廣大，人民熾盛，治國以正，不枉兆民。王有子二人，一男一女，男名須達，女名安闍難，執行清淨，王甚重之，為作金池。二兒入池浴，池中有龜，龜名金，瞽一眼，亦於水戲，觸二兒身，兒驚大呼！王則問其所以？云：「池中有物，觸怖我等。」王怒曰：「池為兒設，何物處之而恐吾兒？」令施罛取之，鬼龍奇怪，趣使得之。罟師得龜，王曰：「當作何殺之？」群臣或言：「斬首。」或言：「生燒。」或言：「剉之作羹。」一臣曰：「斯殺不酷，唯以投大海中，斯所謂酷者也。」龜笑曰：「唯斯酷矣。」王使投之江中。

龜得免，喜馳詣龍王所，自陳曰：「人王抑迦達有女，端正光華，天女為雙。人王乃心區區，大王欲以女結為媛親。」龍曰：「汝誠乎？」龜曰：「唯然。」為龜具設盛饌，皆以寶器，龜曰：「早遣賢臣相尋，吾王欲得其決。」龍遣賢臣十六，從龜至人王城下壍中，龜曰：「汝等止此！吾往上聞。」龜遂遁邁不復來還。

十六臣悁悒，俱入城見王，王曰：「龍等來為？」對曰：「天王仁惠接臣等，王欲以貴女為吾王妃，故遣臣等來迎。」王怒曰：「豈有人王之女與蛇龍為偶乎？」龍對曰：「大王故遣神龜宣命，臣等不虛來。」王不許之。諸龍變化，令宮中眾物皆為龍，耀遶王前後。王懼叫呼！群臣驚愕，皆詣殿下質問所以。王具說其狀，眾臣僉曰：「豈可以一女之故，而亡國乎？」

王及群臣臨水送女，遂為龍妃，生男、女二人，男名槃達。龍王死，男襲位為王。欲捨世榮之穢，學高行之志，其妻有萬數，皆尋從之，逃避幽隱，猶不免焉。登陸地於私梨樹下，隱形變為蛇身，槃屈而臥。夜則有燈火之明，在彼樹下數十枚矣，日日雨若干種華，色曜香美非世所覩。

國人有能厭龍者，名陂圖，入山求龍，欲以行乞，覩牧牛兒，問其有無。兒曰：「吾見一蛇，槃屈而臥於斯樹下，夜樹上有數十燈火，光明耀曄，華下若雪，色耀香美，其為難喻，吾以身附之，亦無賊害之心。」術士曰：「善哉！獲吾願矣。」則以毒藥塗龍牙齒，牙齒皆落，以杖捶之，皮傷骨折。術士自首至尾以手*捋之，其痛無量，亦無怨心，自咎宿行不朽乃致斯禍，誓願曰：「令吾得佛，拯濟群生，都使安隱，莫如我今也。」

術士取龍著小篋中，荷負以行乞匃。每所至國，輙令龍舞，諸國群臣兆民靡不懼之。術士曰：「乞金銀各千斤，奴婢各千人，象馬牛車眾畜事各千數。」每至諸國，所獲皆然。

轉入龍王祖父之國，其母及龍兄弟，皆於陸地求之，化為飛鳥依偟王宮。術士至，龍王化為五頭，適欲出舞，而見其母兄妹，羞鄙逆縮，不復出舞。術士呼之五六，龍遂頓伏。母復為人形，與王相見，陳其本末。王及臣民莫不興哀，王欲殺術士，龍請之曰：「吾宿行所種，今當受報，無宜殺之，以益後怨，從其所求以施與之。弘慈如斯，佛道可得也。」王即以異國為例，具其所好，悉以賜之。

術士得斯重寶，喜以出國，於他國界逢賊，身見葅醢，財物索盡。龍母子與王訣別：「若大王念我呼名，吾則來，無憔悴矣。」王逮臣民臨渚送之，一國哀慟靡不躃踊者也。

佛告諸比丘：「槃達龍王者，吾身是也。抑迦達國王者，阿難是也。母者，今吾母是也。男弟者，鶖鷺子是也。女妹者，青蓮華除饉女是也。時，酷龍人者，調達是也。菩薩弘慈度無極行忍辱如是。」

六度集經 卷第六 摘錄

吳康居國沙門康僧會譯

精進度無極章第四 此有十九章

（七〇）殺龍濟一國經

昔者菩薩，伯、叔齊志，俱行學道，仰慕諸佛難逮之行，誦經釋義，開導六冥，練棄內垢，止觀寂定。每聞諸國，闇於三尊，輒往導化，令奉六度正真妙行。

時有大國，其王樂道，眾妖誘之，授其邪偽，率土承風，皆事蠱道，風雨不時，妖怪首尾。菩薩伯、叔自相謂曰：「吾之本土，三尊化行，人懷十善，君仁臣忠，父義子孝，夫信婦貞，比門有賢，吾等將復誰化乎彼？彼國信妖，蛟龍處之，吞其黎庶，哀嘷無救。夫建志求佛，唯為斯類矣。可以道化，喻之以仁，龍含凶毒，吾等摧焉。」

叔曰：「佛戒以殺為凶虐之大，活生仁道之首也。將如彼何？」

伯曰：「夫殘一人者，其罪百劫；龍吞一國，吾懼恒沙劫畢，厥殃未除矣。苟貪尠味斯須之利，不覩太山燒煑之咎，吾心愍然。人道難獲，佛法難聞，除龍濟國，導以三尊六度高行，禍若絲髮，福喻二儀。爾化為象，吾為師子，二命不殞，斯國不濟也。」稽首十方誓曰：「眾生不寧，余之咎矣。吾後得佛，當度一切。」

象造龍所，師子登之。龍即奮勢，霆耀雷震，師子踊吼，龍之威靈，師子赫勢，普地為震，三命絕矣。諸天稱善，靡不歎仁。兩菩薩終，生第四天上。一國全命，抱屍哀號曰：「斯必神矣！孰仁若茲。」門徒尋之，覩師普慈殺身濟眾，哀慟稱德。各又進行宣師道化，王逮臣民始知有佛，率土僉曰：「佛之仁化乃至於茲乎！」殯葬二屍，舉國哀慟。王即命曰：「有不奉佛六度十善而事妖鬼者，罪舉眷屬同。」自斯之後，剎有千數沙門比肩而行，國內士女皆為清信高行，四境寧靖，遂致太平。

佛告諸比丘：「時兄者，吾身是也。弟者，彌勒是也。毒龍者，調達是。菩薩銳志度無極精進如是。」舉眷屬同，丹本與縢同

六度集經　卷第七　摘錄

吳康居國沙門康僧會譯

禪度無極章第五 此有九章

（七九）

太子未得道時，取地槀草，於樹下叉手正坐，棄眾垢念，清其心，一其志。自念曰：「今日為始，肌筋枯腐，於此不得佛者，吾終不起。」菩薩即得一禪，二、三至四禪，即於一夜得一術闍，知無數劫父母兄弟妻子九族。二夜之中得二術闍，自知無數劫貧富貴賤長短白黑，眾生心中有念無念，得無不知。三夜之中得三術闍，三毒都滅。夜向明時，佛道成矣。深自思曰：「吾今得佛，甚深甚深難知難了，微中之微、妙中之妙也。今佛道成得無不知。」

起至龍水所，龍名文隣，文隣所處，水邊有樹，佛坐樹下曰：「昔者錠光佛授吾尊決，當為釋迦文佛，真如所聞，吾今得佛矣。自無數劫來，布施、持戒、忍辱、精進、禪定、明度，積功之願，始今得極尊，作善福歸，不亡我功。」佛適念之，便入禪度無極。

佛在水邊，光明徹照龍所居處。龍覩光影，鱗甲皆起。龍甞見三佛：拘婁秦佛、拘那鋡牟尼佛、迦葉佛，三佛得道，皆在此坐。明悉照龍所居，龍覩光明念曰：「斯光與前三佛光影齊同，世間得無復有佛乎？」龍大歡喜，出水左右顧視，覩佛坐樹下，身有三十二相，紫磨金色，光明奕奕過月踰日，相好端正如樹有華。

龍前趣佛，頭面著地，遶佛七匝，身去佛四十里，以七頭覆佛上。龍喜作風雨七日七夕，佛端坐不動不搖不喘不息，七日不食得佛，心喜都無有想。龍大歡喜，亦七日不食無飢渴念，七日畢，風雨止，佛禪覺悟。

龍化為梵志，年少鮮服，長跪叉手，稽首問曰：「得無寒、無熱、無飢、無渴，功福會聚，眾毒不加，處世為佛，三界特尊，豈不快哉？」

佛告龍曰：「過去諸佛經說，眾生離三惡道得為人快，處世閑居守道志快，昔者所聞，今皆獲快，處世懷慈不害眾生快，天魔重毒皆歇快，惔怕無欲不慕榮快，於世得道，為天人師，志空、不願、無相之定。眾欲之有身，還神於本無，長存之寂，永與苦絕，斯無上之快矣。」

龍稽首言：「自今以後，自歸佛、歸法。」

佛告龍：「方有眾聖，其誓應儀，欲除饉苦，亦當豫自歸之。」

龍曰：「諾。」自歸除饉眾。

畜生之中歸佛先化，斯龍為首。菩薩禪度無極，一心如是。

菩薩本緣經 卷下 摘錄

僧伽斯那撰

吳月支優婆塞支謙字恭明譯

菩薩本緣經龍品第八

菩薩摩訶薩，處瞋猶持戒，況生於人中，而當不堅持。

如我曾聞：菩薩往昔，以恚因緣墮於龍中，受三毒身，所謂氣毒、見毒、觸毒。其身雜色，如七寶聚，光明自照，不假日月，才貌長大，氣如韛風；其目照朗，如雙日出，常為無量諸龍所遶，自化其身而為人像，與諸龍女共相娛樂。住毘陀山幽邃之處，多諸林木華果茂盛，甚可愛樂，有諸池水八味具足，常在其中遊止受樂，經歷無量百千萬歲。

時，金翅鳥為飲食故，乘空東身飛來欲取。當其來時，諸山碎壞，泉池枯涸。爾時，諸龍及諸龍女，見聞是事，心大恐怖，所服瓔珞、華香、服飾，尋悉解落裂在其地。諸龍夫人恐怖墮淚，而作是言：「今此大怨，已來逼身，其紫金剛多所破壞，當如之何？」龍便答曰：「卿依我後。」時，諸婦女尋即相與，來依附龍，龍復念言：「今此婦女各生恐怖，我若不能作擁護者，何用如是殊大之身？我今此身為諸龍主，若不能護，何用王為？行正法者，悉捨身命以擁護他。是金翅鳥之王有大威德，其力難堪，除我一身，餘無能禦，我今要當捨其身命，以救諸龍。」

爾時，龍王語金翅鳥：「汝金翅鳥，小復留神聽我所說。汝於我所常生怨害，然我於汝都無惡心，我以宿業受是大身，稟得三毒，雖有是力，未曾於他而生惡心。我今自忖審其氣力，足能與汝共相抗禦，亦能遠炎大火投乾草木，五穀臨熟遇天惡雹；或變大身遮蔽日月，或變小身入藕絲孔；亦壞大地作於江海，亦震山嶽能令動搖，亦能避走遠去令汝不見我。今所以不委去者，多有諸龍來依附我，所以不與汝戰諍者，由我於汝不生惡故。」

金翅鳥言：「我與汝怨，何故於我不生惡心？」

龍王答言：「我雖獸身善解業報，審知少惡報逐不置，猶如形影不相捨離。我今與汝所以俱生如是惡家，悉由先世集惡業故，我今常於汝所生慈愍心，汝應深思如來所說：

非以怨心，能息怨憎，唯以忍辱，然後乃滅。

「譬如大火投之乾薪，其炎轉更倍常增多，以瞋報瞋，亦復如是。」

時，金翅鳥聞是語已，怨心即息，復向龍王說如是言：「我今於汝常生怨心，然汝於我乃生慈心。」

龍王答言：「我先與汝俱受佛語，我常憶持抱在心懷，而汝忘失了不憶念。」

金翅鳥言：「唯願仁者為我和上，善為我說無上之法，我從今始惠施一切諸龍無畏。」說是語已，即捨龍宮，還本住處。

爾時，龍王遣金翅鳥還本處已，慰喻諸龍及諸婦女：「汝見金翅生怖畏不？其餘眾生覩見汝時，亦復如是生大怖畏。如汝諸龍愛惜身命，一切眾生，亦復如是。當觀自身以喻彼身，是故應生大慈之心，以我修集慈心因緣故，令怨憎還其本處，流轉生死所可恃怙無過慈心。夫慈心者，除重煩惱之妙藥也，慈是無量生死飢餓之妙食也。我等往昔以失慈心故，今來墮此畜生之中，若以修慈為門戶者，一切煩惱不能得入，生天人中及正解脫，慈為良乘更無過者。」諸龍婦女聞是語已，遠離恚毒修集慈心。

爾時，龍王自見同輩，悉修慈心歡喜自慶：「善哉！我今所作已辦，我雖業因生畜生中，而得修行大士之業。」

爾時，龍王復向諸龍，而作是言：「已為汝等作善事竟，為已示汝正真之道，復為汝等然正法炬、閉諸惡道、開人天路。汝已除棄無量惡毒，以上甘露補置其處，欲請一事。汝等！當知於十二月前十五日，閻浮提人以八戒水，洗浴其身，心作清淨，為人天道而作資糧，遠離憍慢、貢高、貪欲、瞋恚、愚癡。我亦如是，欲效彼人受八戒齋法。汝當知之，若能受持如是八戒，雖無妙服，而能得洗浴；雖無墻壁，能遮怨賊；雖無父母，而有貴姓；離諸瓔珞，身自莊嚴；雖無珍寶，巨富無量；雖無車馬，亦名大乘；不依橋津，而度惡道；受八戒者，功德如是。汝今當知，吾於處處常受持之。」

諸龍各言：「云何名為八戒齋法？」

龍王答言：「八戒齋者：一者、不殺；二者、不盜；三者、不婬；四者、不妄語；五者、不飲酒；六者、不坐臥高廣床上；七者、不著香華、瓔珞以香塗身；八者、不作倡伎樂、不往觀聽。如是八事莊嚴，不過中食，是則名為八戒齋法。」

諸龍問言：「我等若當離王少時，命不得存，今欲增長無上正法，熾然法燈，請奉所勅。佛法之益無處不可，何故不於此中受持？亦曾聞有在家之人，得修善法，若在家中行善法者，亦得增長，何必要當求於靜處？」

龍王答言：「欲處諸欲，心無暫停，見諸妙色，則發過去愛欲之心。譬如濕地，雨易成泥；見諸妙色，發過去欲心，亦復如是。若住深山則不見色，若不見色則欲心不發。」

諸龍問言：「若處深山則得增長，是正法者當隨意行。」

爾時，龍王即將諸龍至寂靜處，遠離婬欲、瞋恚之心。於諸眾生增修大慈，具足忍辱以自莊嚴；開菩提道，自受八戒，清淨持齋，經歷多日，斷食身羸，甚大飢渴，疲極眠睡。龍王修行如是八戒，具足忍辱，於諸眾生心無害想。

時，有惡人至龍住處，龍眠睡中聞有行聲，即便驚寤。時，諸惡人見已，心驚喜相謂曰：「是何寶聚從地湧出？」

龍見諸人，心即生念：「我為修德來至此間，而此山間復有惡逆破修德者，若令彼人見我真形，則當怖死；怖死之後，我則毀壞修行正法。我於往昔，以瞋因緣，受是龍身，三毒具足氣見觸毒如是。諸人今來至此，必貪我身斷絕壽命。」

時，諸惡人復相謂曰：「我等入山經歷多年求覓財利，未曾得見如是龍身，文彩莊嚴，悅可人目，剝取其皮以獻我王者，可得重賞。」時，諸惡人尋以利刀，剝取其皮。

龍王爾時，心常利樂一切世間，即於是人生慈愍想，以行慈故，三毒即滅。復自勸喻，慰*沃其心：「汝今不應念惜此身，汝雖復欲多年擁護，而對至時不可得免。如是諸人今為我身貪其賞貨，當墮地獄，我寧自死，終不令彼現身受苦。」

諸人尋前執刀剋剝，龍復思惟：「若人無罪，有人支解，默受不報，不生怨結，當知是人為大正士。若於父母，兄弟，妻子生默忍者，此不足貴；若於怨中生默受心，此乃為貴，是故，我今為眾生故，應當默然而忍受之。若我於彼生忍受者，乃為真伴我之知識，是故，我今應於是人生父母想。我於往昔，雖無量世故捨身命，初未曾得為一眾生。彼人若念剝此皮已，當得無量珍寶重貨，願我來世常與是人無量法財。」

爾時，龍王既被剝已，遍體血出，苦痛難忍，舉身戰動，不能自持。爾時，多有無量小蟲，聞其血香，悉來集聚唼食其肉，龍王復念：「今此小蟲，食我身者，願於來世當與法食。」

菩薩摩訶薩，行尸波羅蜜時，乃至剝皮、食肉都不生怨，況復餘處也。

生經 卷第一 摘錄

西晉三藏竺法護譯

佛說墮珠著海中經第八

聞如是：一時佛在王舍城靈鷲山，與大比丘眾五百人俱。一切大聖，神通已達。時，諸比丘於講堂上坐共議言：「我等！世尊從無數劫精進不懈，不拘生死五道之患，欲得佛道，救濟一切；用精進故，超越九劫，自致無上正真之道，為最正覺。吾為蒙度，以為橋梁。」

時，佛遙聞比丘所議，起到講堂，問之：「何論？」比丘白曰：「我等共議，世尊功德，巍巍無量，從累劫來，精進無厭，不避諸難，勤苦求道，欲濟一切，不中墮落，自致得佛，我等蒙度。」

佛告比丘：「實如所言，誠無有異。吾從無數劫以來，精進求道，初無懈怠，愍傷眾生，欲度脫之，用精進故，自致得佛，超越九劫，出彌勒前。

「我念過去無數劫時，見國中人，多有貧窮，愍傷憐之。以何方便，而令豐饒？念當入海獲如意珠，乃有所救。撾鼓搖鈴：『誰欲入海採求珍寶？』眾人大會，臨當上船，更作教令：『欲捨父母，不惜妻子，投身沒命，當共入海。』所以者何？海有三難：一者、大魚長二萬八千里，二者、鬼神羅剎欲翻其船，三者、振山；故作此令得無怨。適更令已，眾人皆悔。

「時五百人，心獨堅固，便望風舉帆，乘船入海，詣海龍王，從求頭上如意之珠。龍王見之，用一切故，勤勞入海，欲濟窮士，即以珠與。時諸賈客，各各採寶，悉皆具足，乘船來還。海中諸龍及諸鬼神，悉共議言：『此如意珠，海中上寶，非世俗人所當獲者，云何損海益閻浮利提？誠可惜之！當作方計！還奪其珠，不可失之，至於人間。』時，龍、鬼神晝夜圍遶，若干之匝，欲奪其珠。導師德尊，威神巍巍，諸鬼神、龍雖欲飜船，奪如意珠，力所不任。

「於時導師及五百人，安隱渡海。菩薩踊躍，住於海邊，低頭下手，呪願海神，珠繫在頸。時海龍神，因緣得便，使珠墮海。導師慼激：『吾行入海，乘船涉難，勤苦無量，乃得此寶，當救眾乏，於今海神，反令墮海。』勅邊侍人：『捉持器來，吾𤄷海水，至於底泥，不得珠者，終不休懈。』即器𤄷水，以精進力，不避苦難，不惜壽命，水自然趣，悉入器中。

「諸海龍神，見之如是，心即懷懼：『此人威勢精進之力，誠非世有。若今𤄷水，不久竭海。』即持珠來，辭謝還之：『吾等聊試，不圖精進。力勢如是，天上天下，無能勝君導師者。獲寶齎還，國中觀寶，求願使雨七寶，以供天下，莫不安隱。』

爾時導師，則我身是；五百賈客，諸弟子者是。我所將導即精進行，入於大海，還得寶珠，救諸貧窮，于今得佛。竭生死海，智慧無量，救濟群生，莫不得度。」

佛說如是，莫不歡喜。

佛說菩薩本行經 卷中

摘錄

失譯人名今附東晉錄

聞如是：一時，佛在羅閱祇比留畔迦蘭陀尼波僧伽藍，優連聚落有一泉水，中有毒龍名曰酸陀梨，甚大兇惡，放於雹霜，傷破五穀，令不成熟，人民飢餓。時，有婆羅門，呪龍伏之，令不雹霜，五穀熟成。經有年載，此婆羅門遂便老耄，呪術不行。爾時，有壯婆羅門，呪術流利，舉聲誦呪，雲便解散，令不雹霜，五穀豐熟。人民歡喜，語婆羅門：「在此住止，當共供給，令不乏少。」婆羅門言：「可。」便住。於彼常共合斂，輸婆羅門不使有乏。

自佛來入國，廣說經法，人民大小咸受道化，得道甚多。諸龍、鬼神皆悉為善，不作惡害，風雨時節，五穀豐賤，更不供給婆羅門所須。婆羅門往從索之，諸人民輩，逆更唾罵而不與之。時，婆羅門心起瞋恚：「蒙我恩力而得飽滿，反更調我。」欲得破滅人民國土，便問人言：「求心所願，云何得之？」人語之言：「飯佛四尊弟子，必得從願，如心所欲。」

時，婆羅門即設飯食，請大迦葉、舍利弗、目連、阿那律，飯是四尊至心作禮，求心所願：「我今持此所作福德，願使我作大力毒龍破滅此國，必當使我得此所願。」

時，舍利弗道眼觀之求何等願？知婆羅門心中所念，願作毒龍、欲滅此國。時，舍利弗語婆羅門：「莫作此願，用作龍蛇害惡身為？若欲求作轉輪聖王，若天帝釋、魔王、梵王，盡皆可得；用此惡身不好願為？」

時，婆羅門答舍利弗言：「久求此願，適欲得此，不用餘願。」時，婆羅門舉手五指水即流出。時，舍利弗見其意堅，證現如此，默然而止。

時，婆羅門及婦、二兒俱願作龍，死受龍身，有大神力，至為毒惡，便殺酸陀梨龍，奪其處住，便放風雨，大墮雹霜，傷殺五穀，唯有草秸，因名其龍阿波羅利。婦名比壽尼，龍有二子，一名璣鄯尼，人民飢餓死者甚多，加復疫病死者無數。

時，阿闍世王往至佛所，頭面作禮，長跪白佛：「國界人民，為惡龍疫鬼所見傷害，死者無數，唯願世尊大慈大悲憐愍一切，唯見救護，禳却災害。」佛即可之。

爾時，世尊明日晨朝，著衣持鉢入城乞食，詣於龍泉，食訖洗鉢，洗鉢之水，澍於泉中。龍大瞋恚，即便出水，吐於毒氣，吐火向佛，佛身出水滅之；復雨大雹，在於虛空化成天花；復雨大石，化成琦飾；復雨刀劍，化成七寶；化現羅刹，佛復化現毘沙門王，羅刹便滅。龍復化作大象，鼻捉利劍，佛即化作大師子王，象便滅去。適作龍像，佛復化作金翅鳥王，龍便突走。盡其神力，不能害佛，突入泉中，密迹力士舉金剛杵打山，山壞半墮泉中。欲走來出，佛化泉水盡成大火。急欲突走，於是世尊蹈龍頂上，龍不得去。

龍乃降伏，長跪白佛言：「世尊！今日特見苦酷。」佛告龍曰：「何以懷惡苦惱眾生？」龍便頭面作禮，稽首佛足，長跪白佛言：「願見放捨，世尊所勅，我當奉受。」佛告龍曰：「當受五戒為優婆塞。」龍及妻子盡受五戒為優婆塞，慈心行善，不更霜雹，風雨時節，五穀豐熟，諸疫鬼輩，盡皆走去向毘舍離。摩竭國中人民飽滿，眾病除愈，遂便安樂。

毘舍離人民疫病死者甚多，聞摩竭國佛在其中降伏惡龍，疫病消滅，毘舍離王即遣使者往至佛所。於是使者前至佛所，稽首佛足，長跪白佛言：「王故遣我來，稽首問訊如來大聖！我國疫死者甚多，唯願世尊大慈憐愍，臨覆我國，勞屈光威，望得全濟。」

毘舍離國與摩竭國素有怨嫌，阿闍世王聞毘舍離國疫鬼流行，大用歡喜。爾時，世尊告毘舍離使：「我以先受阿闍世王九十日請，而今未竟，汝自往語阿闍世王。」使白佛言：「二國素有怨嫌，我今往到，必當見殺。」佛告使言：「汝但為佛作使，終無有能殺汝者也。」佛重告使言：「語阿闍世王：『殺父惡逆之罪，用向如來改悔故，在地獄中當受世間五百日罪，便當得脫。』」

使即受教，往詣王門，王及群臣聞毘舍離使在於門外，咸共瞋恚，皆共議言：「當截其頭、刵其耳鼻，碎其身骨，當使如麬。」使入到殿前大唱聲言：「世尊遣我到大王邊。」聞是佛使，皆各歡喜。王問使言：「佛遣汝來，何所告勑？」使便答言：「佛謝大王，所作惡逆殺父之罪，用向如來懺悔之故，在於地獄當受世間五百日罪，便當得出。唯當自責，改往修來，莫用愁憂。」王聞是語，歡喜踊躍不能自勝：「我造逆罪，在於地獄為有出期。」即遙向佛稽首作禮。

王語使言：「汝能為我致此消息，快不可言。欲求何願，恣當與汝！」使白王言：「毘舍離國疫病流行，欲得請佛光臨國界，望得全濟，唯願大王聽佛使去。」王即可之，便報使言：「語汝大王，我從城門到恒水邊，修治道路以花布地，羅列幢幡到恒水邊，舉國兵眾侍送世尊到恒水邊；汝亦當從毘舍離城，平治道路而散花香，羅列幢幡到恒水邊，舉毘舍離臣民兵眾，盡來迎佛到恒水邊。若能爾者，聽佛使去；不能爾者，不放使去。」

毘舍離使聞王所使，歡喜踊躍，即便辭還到於佛所，頭面作禮，白佛如是，佛即可之。

使便辭佛，作禮而去，還毘舍離，白王如是。王聞所言大用歡喜：「我曹國中亦須種福。」即便宣令平治道路，從於城門到恒水邊，悉令清淨，布散諸花，燒眾名香，竪諸幢幡，毘舍離王舉國臣民，椎鍾鳴鼓，作眾伎樂，到恒水邊迎佛世尊，持五百寶蓋貢上世尊。

摩竭國王亦復宣令：「修治道路，悉令清淨，布散花香，竪諸幢幡到恒水邊。」與諸臣民舉國兵眾，椎鍾鳴鼓，作眾伎樂，震動天地，持送世尊到恒水邊，以五百寶蓋奉上世尊。

四天王、忉利天王上至化應聲天王，各各皆與無數諸天，各齎天上異妙珍琦、雜種花香、若干伎樂，持五百寶蓋來貢上世尊。第七梵天王上至首陀會天，是諸天王各與無數諸天子等，各齎天上雜妙香花、若干伎樂，持五百寶蓋貢上世尊。毘摩毘羅阿須倫王，與無央數阿須倫民，持於眾寶雜種花香、若干伎樂，五百寶蓋來奉上佛。娑竭龍王與無數諸龍眷屬，各齎若干種香、作眾伎樂，五百寶蓋來奉上世尊。合三千蓋，唯留一蓋，餘蓋受之。所留一蓋者，持用覆護後諸弟子，令得供養。

當于爾時，諸天、人民、龍、阿須倫，不可稱計來至佛所，毘舍離王及諸臣民，皆言：「今佛當渡恒水，我曹當共作五百船，使佛渡水。」摩竭國王及諸臣民，亦言：「今日佛當渡水，我曹亦當作五百船，令佛渡水。」諸天亦各作五百寶船，諸阿須倫亦復共作五百寶船。于時，諸龍自共編身作五百橋，欲令世尊蹈上而渡。

爾時，世尊見於諸天、一切人民、龍、阿須倫，各各歡喜有恭敬心，欲使眾生普得其福，即便化身遍諸船上；諸天，人民，龍，阿須倫，皆各自見如來世尊獨在我船，不在餘船。於是如來渡水已竟，無數諸天翾塞虛空，散眾名花，燒異妙香，作諸伎樂，人及諸龍并阿須倫，皆亦如是散眾名華，燒眾雜香，作諸伎樂，娛樂世尊，歡喜無量。

于時，如來觀於三界諸天人民，心懷歡喜，踊躍無量供養如來，世尊將欲說於前世本所修行菩薩道時，即便微笑，五色光明從口中出，光有五分，一一光頭出無數明，一一光頭有寶蓮花，一一花上皆有化佛，一分光明上照欲界、色界、無色界。三界諸天見其光明，又覩化佛皆悉歡喜，各離欲樂、來詣化佛所聽說經法。無量諸天聞說經法歡喜踊躍，皆各得道迹、往來、不還、無著證者，發大道意入不退轉者。

佛說菩薩本行經 卷下

摘錄

失譯人名今附東晉錄

聞如是：一時，佛在波羅奈國精舍中止。諸佛之法，晝三時、夜三時以正覺眼觀於眾生，誰應度者輒往度之。時，波羅奈王有輔相婆羅門，新取婦，甚為愛敬。其婦白夫：「與我一願。」輔相答曰：「欲求何等，恣隨汝意。」婦即報言：「聽我施佛及比丘僧，手自斟酌，聽說經法。」夫即可之：「從汝所欲。」

爾時，世尊知其應度，明旦晨朝，著衣持鉢往詣其家。輔相夫婦聞佛在外，歡喜踊躍即出奉迎，稽首佛足施設床座，請佛入坐供施甘饌。世尊食畢，輔相夫婦手自執水，灌世尊手。於是如來洗手漱口已訖，為說經法：「讚施之德、持戒之福，天上人中封授自然，尊榮豪貴，富樂無極。

「雖復高尊，諸欲自恣，不能得免三塗之苦：地獄之中火燒湯煑，刀山劍樹，火車爐炭，刀鋸解析，甚酷甚痛，不可具陳；餓鬼中苦，身瘦腹大，咽細如針孔，骨節相敲，共相切磨，舉身火然，百千萬歲不聞水穀之名，飢渴甚困，不可具說；畜生中苦，虎狼、師子、蛇蟒、蝮蚖更相殘害，互相噉食。三塗之中，惡心熾盛，無有善意大如毛髮，宛轉苦毒，無有出期。唯捨諸欲，思惟正諦，爾乃得離眾苦毒耳。受三界身悉皆有苦，一切眾苦皆從習生，由習諸欲三毒之垢，諸行之報便有眾苦。斷絕三毒，銷然諸欲則無諸行，眾行已盡則不受身，已無有身眾苦便滅。欲盡諸行一切縛者，唯當思惟八正之道。」

佛為輔相夫婦說此法已，應時，夫婦歡喜踊躍，入四正諦，即於佛前得須陀洹道。於是夫婦觀家如獄、見欲如火，不樂恩愛，長跪白佛：「願為沙門。」佛即可之。鬚髮自墮，法衣在身，其夫便成沙門，婦即成比丘尼，俱隨佛後到於精舍。

爾時，世尊重為說法，三十七品、諸禪三昧。思惟意解，諸欲永盡，俱成羅漢，六通清徹。時，諸比丘讚歎如來神力智慧，并復讚歎二阿羅漢：「甚奇！甚特！在於尊豪，便能放捨尊貴榮祿，其婦少壯棄欲捨樂，甚為難及。」

佛告諸比丘：「此阿羅漢，乃前世時亦有好心，今意亦好。乃往過去無量世時；波羅奈國婆羅摩達王，王有輔相名比豆梨，為人慈仁，聰明博達，靡所不通，唯以十善而用教化，王及臣民莫不諮受，王甚敬愛。時，海龍王名波留尼，王有夫人名摩那斯，王甚愛敬。於時，龍王欲至天上會於釋所，龍王持婦囑宮中五百婇女，無得嬈惱觸誤其意。

「龍王去後，於時，夫人坐自思惟宿命之事，憶念前世為人之時，毀失禁戒今墮龍中，即便不樂悲泣淚出。諸侍女輩見其不樂，咸共問之：『何以不樂？』夫人答言：『憶念先世本為人時，坐犯禁戒，今作龍身，受此毒惡醜穢之形，用為不樂。』問諸侍女：『作何方便，得脫龍身，生於天上？』諸侍女言：『以龍之形含毒熾盛，求脫龍身，生於天上，甚難！甚難！求索人身，尚不可得，況生天上！』中有一女而便答言：『我曾聞，於閻浮提波羅奈國婆羅達王，有一輔相，至為慈仁智慧無比，一切經典靡不通達，生天人中五道所趣，悉皆知之，五戒十善而用教化。能往問之，乃知生天所行之法、脫龍之行。』

「龍王來還，見於夫人顏色不樂，即便問言：『何以不樂？』夫人答言：『閻浮提波羅奈國婆羅達王，有一輔相名比豆梨，至為慈仁憐愍眾生，智慧無比，一切經籍靡不通達，欲得此心而用食之，欲得其血而欲飲之，若得此者我愁乃除。』龍王答言：『莫得憂愁，我當求索。』於是龍王有親友夜叉，名曰不那奇，語夜叉言：『而我夫人聞閻浮提波羅奈國王，有輔相名比豆梨，為人慈愍，智慧第一，一切經籍莫不通暢，欲得此心并及其血而飲食之，為我索來。』持兩明珠而用與之。

「於是夜叉即便受教取明珠去，到閻浮提化作賈客，入波羅奈城捉摩尼珠，行人問之言：『汝持此珠欲賣之不？』答言：『不賣，欲用博戲。』即便白王：『外有賈客持二明珠，欲用博戲。』其王聞之大用歡喜，王自恃巧博必定得勝。王言：『將來。』即喚入宮。時，王問言：『欲願何等？』夜叉答言：『我得勝者，持比豆梨與我；王若得勝，此珠屬王。』王便可之，諸臣左右咸皆難之。王利明珠，自恃巧博我必得勝，不用臣語，即便共博。夜叉得勝，得比豆梨。於時，夜叉捉比豆梨徑飛虛空。王失比豆梨大用愁憂，諸臣皆言：『王行五事亡國失位：一者、博戲，二者、嗜酒，三者、躭荒女色惑於音樂，四者、好出遊獵，五者、不用忠諫。行此五事，王不得久。』

「於是夜叉擔比豆梨，到於山間便欲殺之。時，比豆梨問夜叉言：『何以殺我？』夜叉答言：『龍王夫人聞汝聰明智慧第一，為人慈仁，欲得汝血并及其心，是以殺汝。』比豆梨言：『汝之愚癡不解意趣：聞我智慧，欲得我血者，欲得我法；欲得我心者，而欲得我心中智慧。共往見之，欲須何等？我盡與之。』時，比豆梨即為夜叉說：『人作惡有五事：一者、作事倉卒，而不審諦；二者、後常多悔；三者、多懷瞋恚，無有慈心；四者、惡名遠聞，人所憎嫉，不欲見之；五者、死墮地獄、畜生、餓鬼。修善之人有五事好。何等為五？一者、所作審諦，以法自御而不卒暴，後無所悔；二者、多慈愍心，無所加害；三者、好名流布，聲震四遠；四者、人皆敬愛，猶若師父；五者、死生天上，及與人中，快樂無極。』

「於是夜叉聞其所說，心即開解，頭面作禮，稽首其足，即從比豆梨求受教誨。時，比豆梨為說十善生天之法。夜叉聞法，歡喜踊躍，奉而行之。即將比豆梨至龍王所，夫人見比豆梨歡喜無量，頭面作禮，稽首歸命，設施寶座，供百味饌。於是比豆梨便為龍王及夫人，說於五道所行罪福：『攝身三惡，慈愍眾生，無所傷害；除捨慳貪；義讓不盜；觀欲瑕穢，離於女色，貞潔不婬；言常至誠，無有虛欺；言常柔軟，無麁獷辭；和其鬪諍，不訟彼此；語則應律，不加綺飾；心常慈忍，不起瞋恚；見人快善，代用歡喜，無嫉妬心；一心奉信佛法聖眾及至真式，明了罪福，意無狐疑。行此十善具足無缺，便得生天，七寶宮殿所欲自然。不殺、不盜、不婬、不欺、絕酒不醉，五事具足生於人中，國王大姓長者之家，尊榮豪貴，富樂無極。

「『無有慈心，殘害眾生；強劫人財，盜竊非道；婬犯他妻，愛欲情態無有厭足；妄言、兩舌、惡口罵詈、瞋恚嫉妬；不孝父母，不信三尊，背正向邪；行此諸惡，死入地獄，燒炙榜笞，萬毒皆更痛不可言。負債不償，借貸不歸，觝突無信，憍慢自大，謗毀三寶，死墮畜生，驢馬駱駝、猪羊狗犬、師子虎狼、蚖虵蝮蝎蜥蜴及餘禽獸，更相殘害，毒心熾盛，宛轉受苦，無有出期。慳貪嫉妬，不肯布施，不知衣食，不信三尊，慳火所燒，死墮餓鬼，形體羸瘦，骨節相鼓舉身火然，百千萬歲無有解時，晝夜飢渴，初不曾聞水穀之名。唯行十善攝身口意，長得生天快樂無極。』

「於是龍王及與夫人、一切諸龍，悚然心驚毛竪，皆奉十善攝身、口、意，持八關齋，諸龍歡喜。

「當于是時，金翅鳥王欲來噉龍，盡其神力而不能近。於是諸龍甚自欣慶，怪未曾有。龍王、夫人、大海諸龍、一切夜叉、盡奉十善，莫不歡喜作禮稽首。龍王即問比豆梨言：『大師欲還閻浮提不？』答言：『欲還。』於是龍王即以栴檀摩尼明珠，及諸妙寶貢上菩薩；夫人、婇女、一切諸龍及諸夜叉，各各奉上異妙珍奇，還送比豆梨至波羅奈，稽首作禮歡喜辭去。大海諸龍及諸夜叉，毒心銷滅，死皆生天。

「婆羅達王及諸群臣、一切人民，還得覲見師比豆梨，皆大歡喜，頭面作禮，問訊起居。時，比豆梨為王具說本末如是。王及臣民，莫不歡喜歎未曾有。於是比豆梨以摩尼珠舉著幢頭，至心求願，即雨七寶衣被飲食遍閻浮提，無量臣民皆悉豐樂。

「時，天帝釋及與人王，大海龍王、迦留金翅鳥王，各捨諸欲，來在山澤，持齋坐禪，自守身心，各各自言：『我得福多。』天王自言：『我捨天上諸欲之樂，今來在此攝身、口、意，我得福多。』人王復言：『我捨宮中諸欲之娛，來在此間守身、口、意，我得福多。』龍王復言：『我捨大海七寶宮殿諸欲之樂，今來在此守身、口、意，我得福多。』金翅鳥王亦復說言：『今此龍王是我之食，我今持齋攝身口意，無傷害心而不食之，我得福多。』於是四王各自歎說，意不決了，便相謂言：『今當共往問師比豆梨。』即往比豆梨所，頭面作禮，各白如是：『誰得福多？』

「菩薩答言：『汝等各豎四幢幡，青色、白色、黃色、赤色。』即便受教豎四幢幡。菩薩問言：『其影異耶？一種色乎？』四王答言：『幡色各異，其影一色而無有異。』菩薩答言：『汝等四王各捨所欲，而來在此持戒自守，所得功德皆悉同等而無差特，如四色幡，其影一類而無有異。』於時，四王聞其所言，各各意解，歡喜踊躍。時，天帝釋即以天上劫波育衣，奉上菩薩。於時，人王即以雜妙之寶，上於菩薩。大海龍王即以髻中摩尼寶珠，以上菩薩。金翅鳥王天金帗飾，以貢菩薩。於時，四王皆大歡喜作禮而去。時，閻浮提一切*人民、龍及夜叉，盡行十善。當是之時，世有壽終者，盡皆生天，無有墮於三塗中者。」

佛告諸比丘：「爾時國師比豆梨者，今我身是。爾時龍王波留尼者，今輔相是。龍王夫人摩那斯者，今此輔相婦是。昔為龍時，從我聞法歡喜入心，得脫龍身生於天上。今我得佛，從我聞法歡喜意解，即便出家思惟智慧，諸欲永盡，俱得羅漢。過去世時其心亦好，至于今世其心亦好。」一時，諸比丘聞佛所說，皆大歡喜，為佛作禮。

佛說菩薩本行經卷下

大方便佛報恩經　卷第四　摘錄

失譯人名在後漢錄

惡友品第六

爾時，世尊大眾圍遶，供養恭敬，尊重讚歎。爾時，如來熙怡微笑，從其面門放大光明：青、黃、赤、白，名曰大悲，遠照十方，上至阿迦膩吒天，下至十八地獄；照提婆達多身，身諸苦痛即得安寧。爾時，大眾異口同音讚歎如來：「善哉！善哉！世尊！真是大慈！真是大悲！能於怨親其心平等。提婆達多常懷惡心，毀害如來，而世尊不以為患，愍而哀傷，放大悲光，遠照其身。」

如來爾時普告大眾，而作是言：「提婆達多非適今世而傷害我，過去世時常欲害我。我以慈悲力，因乃得濟。」

爾時，阿難觀察眾心咸皆有疑，即從座起，偏袒右肩，右膝著地，胡跪合掌，而白佛言：「世尊！提婆達多過去世時毀害世尊，其事云何？」

佛告阿難：「善聽！吾當為汝分別解說。」

佛言：「過去世時，無量千歲，有國名波羅奈。其中有佛出世，號毘婆尸如來、應供、正遍知、明行足、善逝、世間解、無上士、調御丈夫、天人師、佛、世尊。在世教化，滿十千歲。滅度之後，正法住世十二千歲。像法滅後，波羅奈王名摩訶羅闍，聰叡仁賢，正法治國，不枉人民。王主六十小國、八百聚落、五百白象。二萬夫人了無有子，王自禱祀諸山、河池、樹木神祇，滿十二年，王第一所重夫人即便有娠，第二夫人亦皆有娠。王甚歡喜，手自供養，床臥飲食皆令細軟，至滿十月，太子便生，形體端正，妙色莊嚴，人相具足。第二夫人亦皆生男。

「王甚歡喜，即召諸臣百官并諸相師婆羅門等，占相吉凶，抱兒示之，便令立字。相師問言：『此兒生時，有何瑞相？』答言：『第一太子，其母性行由來弊惡，恚恨妬忌，憍慢自大；從懷子已來，其性調善，和顏悅色，發言含笑；先意問訊，軟語利益；慈愍眾生，喻如赤子。』相師答言：『此是兒之福德，使母如此。即便立字，名曰善友太子。』

「第二夫人所生太子者，相師問言：『其子生時，有何瑞相？』答言：『其母由來性常調善，先意問訊，發言柔軟，可適眾心；懷妊已來，其性卒暴，發言麤惡，嫉妬恚癡。』相師答言：『此是兒之業行，使母如是。應當立字，名之惡友太子。』哺乳長大，至年十四。善友太子聰明慈仁，好喜布施，父母偏心愛念，視如眼目。惡友太子其性暴惡，父母憎惡而不憘視；妬嫉於兄，常欲毀害觸事；不順其兄，違逆反戾。

「善友太子導從前後，作倡伎樂，大眾圍遶，出城觀看。見有耕者，墾土出虫，烏隨啄呑。善友太子遙見如是，愍而哀傷，生長深宮，未見此事。問左右言：『此作何物，共相殘害？』左右答言：『太子！所以有國，依於人民；所以有人民者，依因飲食；所以有飲食者，依因耕田，種植五穀，得存性命。』太子念言：『苦哉！苦哉！』小復前行，見諸男女自共織作，來往顧動，疲勞辛苦。太子問曰：『此作何物？』左右答言：『太子！此諸人等紡織，作諸衣服，以遮慚愧，蔭覆五形。』太子言：『此亦勞苦，非一也。』

轉復前行，見諸人民屠牛駝馬，剫剝猪羊。太子問曰：『此是何人？』左右答言：『此諸人等，屠殺賣肉，以自存活，以供衣食。』太子皮毛蠕動，而作是言：『怪哉！苦哉！殺者心不忍，強弱相害傷，殺生以養生，積結累劫殃。』轉復前行，見諸人眾，網鳥餌魚，枉濫無辜，強弱相陵。太子問言：『此是何人？名何事耶？』左右答言：『太子！網鳥捕魚。如是諸事，以供衣食。』太子聞是語已，悲淚滿目：『世間眾生，造諸惡本，眾苦不息，憂愁不悅。』即迴車還宮。

「王問太子：『出還何故愁憂如此？』太子具以上事向父王說。王聞是語，語太子言：『上來諸事未常不有，何足愁耶？』太子言：『今欲從王求索一願，王見聽不？』王言：『吾有汝一子，甚愛念之，不逆汝意。』太子言：『願欲得父王一切庫藏，所有財寶飲食，用施一切。』王言：『隨汝所願，不逆子意。』

「善友太子即使傍臣開王庫藏，以五百大象負載珍寶，出四城門外，宣令國土：『其有欲得衣被飲食者，恣意自取而去。』善友太子名聲遠聞八方，一切雲集，未久之間，三分用一。時庫藏臣即入白王：『所有庫藏，太子已三分用一。

王宜思之。』王言：『此是太子，不敢違逆。』復經少時，諸臣論議：『所以有國，依因庫藏，庫藏空竭，國亦虛存。』復往白王：『所有財寶三分用二，王宜思之。』王言：『是吾太子，不敢違逆，汝可小稽遲，莫稱其心。』

「善友太子欲開庫藏，時守藏臣，緣行不在，鄭重追逐，差互不遇。善友太子言：『此小人者，何敢違逆我意？當是父王教耳。夫孝子者，不應傾竭父母庫藏。我今應當自求財寶，給足眾生。我若不能給足一切眾生衣被飲食，稱意與者，云何名為大王太子？』即集諸臣百官共論議言：『夫求財利，何業最勝？』中有第一大臣言：『世間求利，莫先耕田者，種一萬倍。』復有一大臣言：『世間求利，莫先畜養眾生，放牧滋息，其利最大。』復有一大臣言：『世間求利，莫先入海採取妙寶。若得摩尼寶珠者，便能稱意給足一切眾生。』善友太子言：『唯此為快耳。』即入宮中，上白父王：『子今欲入大海，採取妙寶。』王聞此語，譬如人噎，亦不得咽，又不得吐，語太子言：『國是汝有，庫藏珍寶隨意取用，何為方復自入大海？汝為吾子，生長深宮，臥則幃帳，食則恣口。今者遠涉塗路，飢渴寒暑，誰得知者？又復大海之中，眾難非一，或有惡鬼毒龍，湍浪猛風，洄波涌澓；水泡之山，摩竭大魚，往者千萬，達者一二。汝今云何欲入大海？吾不聽汝。』善友太子即便五體投地，四布手足而作是言：『父母若不聽我入大海者，我當捨命於此，終不起也。』

「爾時，大王及諸夫人見是事已，目不暫捨，即前勸諫太子：『汝可起飲食。』太子言：『若不聽我入大海者，終不飲食。』王與夫人愁憂苦惱；左右啼泣，憂苦懊惱，愁悶躃地。如是乃至一日不飲不食，二日、三日至到六日。父母憂愁，畏其不濟。七日即前，嗚抱手足，善言誘喻：『可起飲食，此假食身，依因飲食，而得存立。不飲食者，汝命不濟。』太子言：『父母若不聽許者，必沒於此，終不起也。』

「爾時，第一夫人便白王言：『如子心意難可傾動，不可違戾，何忍當見此子捨命於此？願大王垂慈，聽入大海，故當萬有一冀。今不聽者，必喪於此。』王不忍拒，而便聽許。

「爾時，善友太子即起歡喜，頭面禮父王足。左右夫人及諸婇女百千萬人，互相問言：『善友太子今者，為死活耶？』答言：『太子今者已起，歡喜飲食。』

王問太子：『汝慇懃欲入大海，何所作為？』答言：『大王！欲取摩尼大寶，給足一切眾生所須。』

「爾時，大王即遍宣令：『誰欲入海？若往還者，七世衣食珍寶無所乏少。吾當供給道路船乘所須。善友太子亦欲入海，採取珍妙摩尼寶珠。』眾人聞之，歡喜聚集，具五百人，皆言：『大王！我等今者，隨從太子。』

「爾時，波羅奈國有一海師，前後數返，入於大海，善知道路，通塞之相，而年八十，兩目矇盲。

「爾時，波羅奈大王往導師所，報言：『導師！吾唯一子，未更出門。勞屈大師入於大海，願見隨從。』爾時，導師即舉聲大哭：『大王！大海留難，辛苦非一，往者千萬，達者一二。大王今者，云何乃能令太子遠涉嶮道？』王報導師：『為憐愍故，隨從聽許。』導師言：『不敢違逆。』爾時，善友太子莊嚴五百人行具，載至大海邊。

「爾時，其弟惡友太子作是念言：『善友太子，父母而常偏心愛念，今入大海採取妙寶，若達還者，父母當遺棄於我。』作是念已，往白父母：『今我亦欲隨從善友，入海採取妙寶。』父母聞已，答言：『隨意。道路急難之時，兄弟相隨，必相救護。』

「至大海已，以七鐵鏁鏁其船舫，停住七日。至日初出時，善友太子擊鼓唱令：『汝等諸人，誰欲入海？入者默然。若當戀著父母、兄弟、婦兒、閻浮提樂者，從此還歸，莫為我故。所以者何？大海之中，留難非一，往者千萬，達者一二。』如是唱令，大眾默然。即斷一鏁，舉著船上。日日唱令，至第七日，即斷七鏁，舉著船上，望風舉帆。以太子慈心福德力故，無諸留難，得至海洲，至珍寶山。到寶所已，善友太子即便擊鼓宣令：『諸人當知道路懸遠。汝等諸人速載珍寶，極停七日。』復作是言：『此寶甚重，閻浮提中亦無所直。莫大重載，船舫沈沒，不達所至；莫大輕取，道路懸遠，不補勞苦。』裝束已訖，與諸人別，而作是言：『汝等於是善安隱歸。吾方欲前進，採摩尼寶珠。』

「爾時，善友太子與盲導師即前進路，行一七日，水齊到膝。復更前行一七，水齊到頸。前進一七，浮而得渡。即到海處，其地純以白銀為沙。導師問言：『此地何物？』太子答言：『其地純是白銀沙。』導師言：『四望應當有白銀山。汝見未耶？』太子言：『東南方有一白銀山現。』導師言：『此道在此山下。』至彼山已，導師言：『次應到金沙。』

「爾時，導師疲乏，悶絕躃地，語太子言：『我身命者，勢不得久，必喪於此。太子於是東行一七，當有金山。從山復更前進一七，其地純是青蓮華。復前行一七，其地純是紅赤蓮華。過是華已，應有一七寶城，純以黃金而為却敵，白銀以為樓櫓，以赤珊瑚為其障板，車渠、馬瑙雜廁間錯，真珠羅網而覆其上，七重塹壘純紺琉璃，大海龍王所止住處。其龍王耳中有一摩尼如意寶珠，汝往從乞！若得此珠者，能滿閻浮提，雨眾七寶，衣被、飲食、病瘦醫藥、音樂倡伎。總要而言，一切眾生所須之物，隨意能雨，是故名之如意寶珠。太子若得是珠者，必當滿汝本願。』爾時，導師作是語已，氣絕命終。

「爾時，善友太子即前抱持導師，舉聲悲哭：『一何薄命，生失我所天！』即以導師，金沙覆上，埋著地中，右遶七匝，頂禮而去。前至金山，過金山已，見青蓮華遍布其地，其蓮華下有青毒蛇。此蛇有三種毒，所謂嚙毒、觸毒、氣噓毒。此諸毒蛇以身遶蓮華莖，張目喘息而視太子。爾時，善友太子即入慈心三昧，以三昧力，即起進路，踏蓮華葉而去，時諸毒蛇而不毀傷；以慈心力故，逕至龍王所止住處。其城四邊有七重壍，其城壍中滿中毒龍，以身共相蟠結，舉頭交頸，守護城門。

「爾時，太子到城門外，見諸毒龍，即慈心念閻浮提一切眾生：『今我此身，若為此毒龍所害者，汝等一切眾生皆當失大利益。』爾時，太子即舉右手，告諸毒龍：『汝等！當知我今為一切眾生，欲見龍王。』

「爾時，諸毒龍即開路令太子得過，乃至七重壍守城毒龍。得至城門下，見二玉女紡頗梨縷。太子問曰：『汝是何人？』答言：『我是龍王守外門婢。』問已，前入到中門下，見四玉女紡白銀縷。太子復問：『汝是龍王婦耶？』答言：『非也。是龍王守中門婢耳。』太子問已，前入到內門所，見八玉女紡黃金縷。太子問曰：『汝是何人？』答言：『我是龍王守內門婢耳。』太子語言：『汝為我通大海龍王：「閻浮提波羅奈王善友太子故來相見，今在門下。」』時守門者，即白如是，王聞是語，疑怪所以，作是念言：『自非福德純善之人，無由遠涉如是嶮路。』即請入宮，王出奉迎。

「其龍王宮，紺琉璃為地，床座七寶，有種種光明，耀動人目。即請令坐，共相問訊。善友太子因為說法，示教利喜，種種教化，讚說施論、戒論、人天之論。時大海龍王心大歡喜：『遠屈塗涉，欲須何物？』太子言：『大王！閻浮提一切眾生為衣財飲食故，受無窮之苦，今欲從王乞左耳中如意摩尼寶珠。』龍王言：『受我微供一七日，當以奉給。』

「爾時，善友太子受龍王請，過七日已，得摩尼寶珠，還閻浮提。時，大海龍王使諸龍神飛空送之，得到此岸。見弟惡友，問言：『汝徒黨伴侶今何所在？』答言：『善友！船舫沈沒，一切死盡，唯弟一身，牽持死尸，而得全濟一身；財賄一切已盡。』善友答言：『天下大寶莫先己身。』弟言：『不爾，人願富死，不貧而生。何以故知然？弟曾至塚間，聞諸死鬼作如是論。』善友太子其性真直，以實語弟：『汝雖失寶，亦是閑耳。吾今已得龍王如意摩尼寶珠。』弟言：『今在何處？』善友答言：『今在髻中。』弟聞是語，心生嫉妒，憂恚懊惱，作是念言：『父母而常偏心愛念，今復加得摩尼寶珠。我身今者，父母惡賤甚於瓦礫。』作是念已，白善友言：『快哉！甚善！得此寶珠。今此嶮路，宜加守護。』

「爾時，善友即解寶珠，與弟惡友而誡勅言：『汝若疲乏眠臥，我當守護；我若眠臥，汝應守護。』爾時，惡友次應守寶珠，其兄眠臥，即起求二乾竹刺，刺兄兩目，奪珠而去。

「爾時，善友即喚其弟惡友：『此有賊刺我兩目，持寶珠去。』而惡友不應。兄便懊惱：『我弟惡友似為賊所殺。』如是高唱，聲動神祇，經久不應。爾時樹神即發聲言：『汝弟惡友是汝惡賊，刺汝兩目，持寶珠去。汝今喚惡友何為？』善友太子聞是語已，悵然飲氣，憂恚苦惱。

「爾時，惡友齎持寶珠，歸還本國，與父母相見，白言：『父母！我身福德而得全濟；善友太子與諸徒伴，薄福德故，沒水死盡。』父母聞是語已，舉聲大哭，悶絕躃地，以冷水灑面，良久乃穌。父母語惡友言：『汝云何乃能持是面來？』惡友聞是語已，心生懊惱，即以寶珠埋著土中。

「爾時，善友太子被刺兩目，乾竹刺著，無人為拔；徘徊宛轉，靡知所趣。當時苦惱，大患飢渴，求生不得，求死不得，漸漸前行，到利師跋王國。利師跋王有女，先許與波羅奈王善友太子。利師跋王有一牧人名留承，為利師跋王，放五百牛，隨逐水草。

「爾時，善友太子坐在道中。爾時，牛群垂逼踐踏，中有牛王，即以四足騎太子上，令諸牛群皆悉過盡，然後移足，右旋宛轉，反顧迴頭，吐舌舐太子兩目，拔出竹刺。

「爾時，牧牛人尋後得見，問言：『汝是何人？』善友即自念言：『我今不應自陳本末，炳說上事，脫令我弟得大苦惱。』答言：『我是盲乞兒耳。』時，放牛人遍體觀望，人相有異，語言：『我家在近，當供養汝。』時，牧牛人即將善友還歸其家，與種種飲食，誡勅家中男女大小：『汝等供侍此人如我不異。』如是經一月餘日，其家厭患，而作是言：『家計不豐，云何能常供是盲人。』善友聞是語已，心意悵然。過是夜已至明日旦，白主人言：『我今欲去。』主人報言：『有何不適，而欲捨我去？』善友答言：『客主之義，勢不得久。』善友言：『汝若愛念我者，為我作一鳴箏。送我著多人民處，大城聚落。』

「爾時，主人即隨意供給，送到利師跋城多人眾處，安隱還歸。善友善巧彈箏，其音和雅，悅可眾心。一切大眾皆共供給飲食，乃至充足利師跋道上五百乞兒，皆得飽滿。時國王有一果園，其園茂盛，常患鳥雀。時守園監語善友言：『為我防護鳥雀，我當好相供給。』善友答言：『我無兩目，云何能為汝驅馳鳥雀耶？』守園監言：『我有方便。我以繩結諸樹頭，安施銅鈴。汝坐樹下，聞鳥雀聲，牽挽繩頭。』善友答言：『如是我能。』將至樹下，安隱住已，即捨而去。善友防護鳥雀，兼復彈箏以自娛樂。時利師跋王女將諸侍從入園觀看，見此盲人，即往其所，問言：『汝是何人？』答言：『盲乞人耳。』王女見已，心生愛念，不能捨離。王復遣使，往喚其女。女言：『不去！為我送食。』共此盲人飲食訖竟，白大王言：『王今持我與此盲人，甚適我願。』王言：『汝鬼魅所著，顛狂心亂，云何共是盲人共居？汝不知耶？父母先以汝許與波羅奈王善友太子。善友今者，入海未還。汝今云何為乞人作婦？』女言：『雖爾，乃至捨命，終不捨離。』王聞是語，不能拒逆。即遣使者，將盲人來，閉著靜室。

「爾時，王女往盲人所，語言：『知不？我今欲共汝作夫婦。』善友報言：『汝是誰家女，欲為我婦？』答言：『我是利師跋王女。』善友報言：『汝是王女，我是乞人，云何能相恭敬？』婦言：『我當盡心供奉於汝，不逆汝意。』如是經九十日，其婦小事出行，不白其夫，良久乃還。善友責數：『汝私出外，而不白我，何處行還？』婦言：『我不私行。』婿言：『私與不私，誰當知汝？』其婦懊惱，啼淚滿目，即自呪誓：『我若私行，令汝兩目始終不差；若不爾者，使汝一目平復如故。』作是願已，其夫一眼目睃瞤動，平復如故，睛光晃晃，喻如流星，視瞻清徹，得見其婦。婦言：『何如？汝信我不？』善友含笑。婦言：『汝不識恩養。我是大國王女，汝是小人，而我盡心供事於汝，而不體信。』婿言：『汝識我不？』答言：『我識汝，是乞人。』婿言：『非也，我是波羅奈王善友太子。』婦言：『汝大愚癡人，云何乃發是言？波羅奈王善友太子入海未還，汝今云何言是其人？此妄言耳，吾不信也。』善友言：『我從生來，未曾妄語。』婦言：『虛之與實，誰當信之？』婿言：『我若妄語，欺誑汝者，使我一目永不得愈。若實語者，使我一目平復如故，令汝得見。』作是念已，即如所誓，睛光耀動，如本不異。

「善友太子兩目平復，面首端正，人相具足，妙色超絕，世無有比。其婦見已，心生歡喜，如蒙賢聖，遍體瞻視，目不暫捨。即入宮中，白父王言：『今我夫者，即是善友太子。』王言：『癡人顛狂，鬼魅所著，而作是言。善友太子入海未還，汝今云何名是乞人為太子也？』女言：『不也。若不信者，可一視之。』王即往看，見已便識是善友太子，即懷恐怖而作是言：『波羅奈王若聞此事，嫌我不少。』即前懺謝善友太子：『我實不知。』太子言：『無苦。為我餉致，給與此牧牛人。』利師跋王即以金銀、珍寶、衣被、飲食，并與所放五百頭牛。其人歡喜，稱善無量：『善友太子，而我未有幾許恩分，而能報我如是財賄。』時放牛人於大眾中高聲唱言：『夫陰施陽報，布施之事，果報弘廣。』爾時無量大眾心生歡喜，皆發施心，賑濟一切，求佛為本。虛空神天讚歎其人，遂成其言：『如是！如是！。』

「爾時，善友太子未入大海在宮殿時，養一白鴈，衣被飲食，行住坐臥，而常共俱。爾時，夫人往到其所，報其鴈言：『太子在時，常共汝俱。今入大海未還，生死未分，而我不能得知定實。汝今云何不感念太子？』鴈聞是語，悲鳴宛轉，啼淚滿目，報言：『大王夫人！欲使求覓太子者，不敢違命。』爾時，夫人手自作書，繫其鴈頸。其鴈音響問太子大海所在，身昇虛空，飛翔宛轉而去。夫人見已，心生恃賴：『今者此鴈，其必定得我子死活定實消息。』飛至大海，經過周遍，求覓不見。次第往到利師跋國，遙見善友太子在宮殿前。其鴈斂身，擁翅往趣，到已悲鳴歡喜。太子即取母書，頭頂禮敬，發封披讀，即知父母晝夜悲哭，追念太子，兩目失明。

「爾時，太子即作手書，具以上事向父母說。復以書繫其鴈頸，其鴈歡喜，還波羅奈。父母得太子書，歡喜踊躍，稱善無量，具知太子為弟惡友之所危害，奪取寶珠，苦惱無量。父母尋時杻械惡友手腳，枷鎖頸項，閉著牢獄。遣使往告利師跋王：『汝今云何擁遮太子，令我憂苦？』利師跋王聞是語已，心生恐怖，即嚴服太子，送著界上。太子遣使往白利師跋王：『善友從大海歸。爾時利師跋王作倡伎樂，前後導從，掃灑燒香，懸繒幡蓋，搥鍾鳴鼓，遠迎太子，還至宮中，以女娉之，遣送往詣波羅奈國。』

父母聞太子歸，歡喜無量，乘大名象，作倡伎樂，掃灑燒香，懸繒幡蓋，遠迎太子。國上人民，男夫女婦，聞太子入于大海，安隱還歸，歡喜無量，亦皆出迎。善友太子前為父母頭面禮足。王與夫人目瞑，不見太子形容，以手捫摸：『汝是我子善友非耶？父母念汝，憂苦如是。』太子問訊父母起居訖竟，舉手高聲報謝諸小國王，及諸群臣國土人民一切大眾，而作是言：『苦屈大眾，從是還歸。』善友太子白父王言：『我弟惡友今在何處？』王言：『汝不須問訊，如是惡人，今在牢獄，不可放也。』善友太子言：『願放惡友，得與相見。』如是言至三，王不忍拒，便開獄門。

「爾時惡友手脚杻械頸項枷鏁，往見善友。兄見如是，上白父母：『為弟脫於枷鏁。』脫枷鏁已，即前抱持，善言誘喻，軟語問訊：『汝極勞苦耶？汝持我寶珠，今在何處？』如是至三，而方報言：『在彼土中。』善友太子還得寶珠，往父母前，跪燒妙香，即呪誓言：『此寶珠是如意寶者，令我父母兩目明淨如故。』作是願已，尋時平復。父母得見其子，歡喜踊躍，慶幸無量。

「爾時，善友太子於月十五日朝，淨自澡浴，著鮮淨衣，燒妙寶香，於高樓觀上，手捉香爐，頭面頂禮摩尼寶珠，立誓願言：『我為閻浮提一切眾生故，忍*大辛苦，求是寶珠。』爾時，東方有大風起，吹去雲霧，虛空之中皎然明淨，并閻浮提所有糞穢、大小便利、灰土、草莽，涼風動已，皆令清淨。以珠威德，於閻浮提遍雨成熟自然粳米，香甘軟細，色味具足，溝渠盈滿，積至于膝；次雨名衣、上服、珠環、釵釧；次雨金銀七寶，眾妙伎樂。舉要言之，一切眾生所須樂具，皆悉充足。菩薩修大慈悲，行檀波羅蜜，給足眾生一切樂具，其事如是。」

佛告阿難：「爾時波羅奈大王者，今現我父悅頭檀是；爾時母者，今現我母摩耶夫人是；爾時惡友太子者，今提婆達多是；爾時善友太子者，今我身是。阿難！提婆達多過去世時，常懷惡心，毀害於我。而我以忍辱力，常念施恩，因乃得濟，況今成佛！」

佛說此法時，無量百千人得須陀洹果乃至阿羅漢果；復有無量百千人皆發阿耨多羅三藐三菩提心；乃至無量百千眾生，皆發聲聞辟支佛心。

阿難白佛言：「當何名此經？云何奉持？」

佛言：「此經名『佛報恩方便給足一切眾生』。」

眾會聞經，歡喜作禮而去。

悲華經　卷第一　摘錄

北涼天竺三藏曇無讖譯

轉法輪品第一

如是我聞：一時佛在王舍城耆闍崛山，與大比丘僧六萬二千人俱，皆阿羅漢，諸漏已盡，無復煩惱，一切自在，心得解脫，慧得解脫。譬如善調摩訶那伽，所作已辦，捨於重擔，逮得己利，盡諸有結，正智得解，心得自在，於一切心，得度彼岸，唯除阿難。菩薩摩訶薩四百四十萬人，彌勒菩薩最為上首，皆得陀羅尼忍辱禪定，深解諸法空無定想，如是大士皆不退轉。

是時，復有大梵天王與無量百千諸梵天子，俱他化自在天王與其眷屬四百萬人俱，化樂天王亦與眷屬三百五十萬人俱，兜率天王亦與眷屬三百萬人俱，夜摩天王亦與眷屬三百五十萬人俱，忉利天王釋提桓因亦與眷屬四百萬人俱，毘沙門天王亦與鬼神眷屬十萬人俱，毘樓勒天王亦與拘辦荼眷屬一千俱，毘樓勒叉天王亦與諸龍眷屬一千俱，提頭賴吒天王與乾闥婆眷屬一千俱，難陀龍王、婆難陀龍王亦各與一千眷屬俱，如是等眾，皆已發心趣於大乘，已行六波羅蜜。

悲華經陀羅尼品第二

爾時，佛告諸菩薩等：「善男子！若菩薩修是解了一切陀羅尼門者，即得八萬四千陀羅尼門、七萬二千三昧門、六萬法聚門，即得大慈大悲，解三十七助道之法、得一切智，無有障閡。是陀羅尼門攝一切佛法，諸佛了此陀羅尼已，為諸眾生說無上法，久久在世不入涅槃。

「善男子！汝今所見，當知即是解了一切陀羅尼門威神力故，令此大地六種震動，及有微妙清淨光明，遍照十方過恒河沙等諸佛世界。光所及處，無量世界諸菩薩等，來至此會，聽受解了一切陀羅尼門，并及此界所有無量欲、色界天和合聚集。復有諸龍、夜叉、阿修羅、人非人等，皆來欲聽解了一切陀羅尼門。

「若菩薩聞解了一切陀羅尼門已，即於阿耨多羅三藐三菩提而不退轉。若有書寫，其人乃至無上涅槃，常得不離見佛、聞法、供養眾僧。若能讀誦，諸惡業等永盡無餘，轉身受生即過初地，得第二住。菩薩摩訶薩若能修行解了一切陀羅尼門，所作五逆重惡之罪，悉得除滅，第二轉生即過初地得第二住。若無五逆，即於此身所有重業永盡無餘，轉身即得過於初地得第二住。

「若其不能讀誦修行，於聽法時，以諸繒綵奉上法師者，爾時，如恒河沙等現在諸佛各於世界，稱揚讚歎：『善哉！善哉！』即與授其阿耨多羅三藐三菩提記。是菩薩以供養因緣故，不久當得受佛職位，一生成就阿耨多羅三藐三菩提。若香供養，不久當得無上定香；若華供養，不久當得無上智華；若以珍寶供養法師，不久當得三十七助道法之寶。

（略）

爾時，彌勒菩薩摩訶薩白佛言：「世尊！我於往世過十恒河沙等劫時，有大劫名善普遍。於此劫中，是娑婆世界微妙清淨一切莊嚴。爾時，有佛出現於世，號娑羅王如來、應、正遍知、明行足、善逝、世間解、無上士、調御丈夫、天人師、佛、世尊。有無量百千億那由他比丘僧，復有不可計諸菩薩摩訶薩恭敬圍遶。

「爾時，娑羅王佛為諸大眾，說是解了一切陀羅尼門，我於爾時從彼佛所得聞是法，聞已修學，學已即得，增廣具足。如是無量無邊劫中，有不可計阿僧祇佛，我於爾時隨其壽命，以諸菩薩所得種種師子遊戲自在三昧，供養如是無量諸佛。我於爾時，便得於此一一佛所，種無量無邊不可稱計阿僧祇善根；種善根已，即得無量大功德聚，以是善根故，無量諸佛與我授記。以本願故，久在生死，以待時故，不成阿耨多羅三藐三菩提。世尊！惟願如來，於今與我受佛職位，令得阿耨多羅三藐三菩提。」

爾時，佛告彌勒菩薩摩訶薩：「如是！如是！如汝所說。娑羅王佛現在世時，汝已得是解了一切陀羅尼法門。彌勒！汝於過去十大劫中，若欲願成阿耨多羅三藐三菩提者，汝於爾時尋應具足速疾成就阿耨多羅三藐三菩提，入無餘涅槃。彌勒！汝久住生死，以本願故，所以不成，以待時故。彌勒！我今為汝受佛職位。」

爾時，世尊觀諸大眾及諸菩薩、比丘、比丘尼、優婆塞、優婆夷、天、龍、夜叉、阿修羅、羅剎、乾闥婆、人、非人等，作是觀已，說是章句：

（略）

爾時，世尊復說章句：

波拖　蘇摩都

paśyesomato

阿㲉摩都　阿拘摩都

anumato akumato

鵄陀婆拘　摩哆他陀舍羅

chedabakai mantrastha daśabala

毘簸跛他　伊呵世鐵多蘇禰摩

viprabastha iśasthita sunima

蘇帝廁拏帝(利惠)阿路拘(光明)阿*提鬪拏(大默然)

sutikṣṇamati aloke atituṣṇa

說是解脫章句時，六萬四千諸龍，發阿耨多羅三藐三菩提心，皆得不退轉。

悲華經 卷第四 摘錄

北涼天竺三藏曇無讖譯

諸菩薩本授記品第四之二

「善男子！爾時，會中有十千人心生懈怠，異口同音作如是言：『世尊！我等來世即於如是嚴淨佛土，成阿耨多羅三藐三菩提，所謂普賢菩薩所修清淨諸世界也。世尊！我等要當具足修六波羅蜜，以具足六波羅蜜故，各各於諸佛土成阿耨多羅三藐三菩提。』

「善男子！爾時，寶藏如來即便為是十千人等，授阿耨多羅三藐三菩提記：『善男子！普賢菩薩成阿耨多羅三藐三菩提時，汝等當於普賢菩薩所修清淨萬佛土中，一時成阿耨多羅三藐三菩提，有一千佛同號智熾尊音王如來、應供、正遍知、明行足、善逝、世間解、無上士、調御丈夫、天人師、佛、世尊。

「復有千佛同號增相尊音王，復有千佛同號善無垢尊音王，復有千佛同號離怖畏尊音王，復有千佛同號善無垢光尊音王，復有千五百佛同號日音王，復有五百佛同號日寶藏尊王，復有五佛同號樂音尊王，復有二佛同號日光明，復有四佛同號龍自在，（略）復有一百一佛同號龍雷尊華光明王，復有一佛號善趣種無我甘露功德王劫，復有千佛同號離法智龍王解脫覺世界海眼山王，皆有十號：如來、應、正遍知、明行足、善逝、世間解、無上士、調御丈夫、天人師、佛、世尊。如是等佛，同共一日一時，各各於諸世界成阿耨多羅三藐三菩提，壽命各十中劫，卿等涅槃亦同一日，般涅槃已，所有正法七日即滅。』善男子！爾時，十千人向寶藏佛頭面作禮。

「爾時，世尊為十千人而說偈言：

龍王汝起，堅固自在，無上善願，清淨和合。
卿等用意，疾如猛風，精勤修學，六波羅蜜，
來世必成，天人之尊。

「善男子！爾時，十千人聞是偈已，心生歡喜，即起合掌，前禮佛足，去佛不

遠，復坐聽法。

（略）

「『世尊！若我所願成就逮得己利，成阿耨多羅三藐三菩提者，我今遣此千輻天輪，至於無佛五濁世界，是輪當作如是大聲遍滿佛土。如難陀龍王、優波難陀龍王，作大音聲遍滿世界，其輪音聲亦復如是，所謂菩薩受記音聲、不失專念智慧之聲、修學空法諸佛所有法藏之聲。若有眾生在在處處聞是法聲，即時得斷貪欲、瞋恚、愚癡、憍慢、慳悋、嫉妬，而得寂靜思惟諸佛甚深智慧，發阿耨多羅三藐三菩提心。』」

悲華經 卷第五 摘錄

北涼天竺三藏曇無讖譯

諸菩薩本授記品第四之三

「佛告寶相：『未來之世，過一恒河沙等阿僧祇劫，入第二恒河沙等阿僧祇劫後分之中，妙樂世界金華如來般涅槃後，正法滅已過三中劫，妙樂世界轉名月勝，汝於是中當成阿耨多羅三藐三菩提，號龍自在尊音王如來、應、正遍知、明行足、善逝、世間解、無上士、調御丈夫、天人師、佛、世尊。彼佛世界所有莊嚴，如妙樂世界等無差別。』

（略）

「善男子！爾時，寶海梵志有三億弟子，在園門外一處而坐，教餘眾生受三歸依，令發阿耨多羅三藐三菩提心者。善男子！爾時，梵志勸諸弟子作如是言：

『汝等今者應發阿耨多羅三藐三菩提心，取佛世界，今於佛前如心所求，便可說之。』

「是三億人中，有一人名曰樹提，作如是言：『尊者！云何菩提？云何助菩提法？云何菩薩修行菩提？云何繫念得於菩提？』

「爾時，其師報言：『摩納！如汝所問，菩提者，即是菩薩之所修集四無盡藏。何等為四？所謂無盡福德藏、無盡智藏、無盡慧藏、無盡佛法和合藏。善男子！是名菩提。摩納！如佛所說助菩提法，所謂攝取助清淨度生死法門。善男子！捨財即是助菩提法，以調伏眾生故；持戒即是助菩提法，隨其所願得成就故；忍辱即是助菩提法，三十二相、八十種隨形好具足故；精進即是助菩提法，具足一切諸事故；禪定即是助菩提法，其心當得善調伏故；智慧即是助菩提法，以知一切諸煩惱故；

「『多聞即是助菩提法，得無閡辯故；福德即是助菩提法，一切眾生之所須故；智即是助菩提法，成就無閡智故；寂滅即是助菩提法，柔軟善心得成就故；思惟即是助菩提法，成就斷疑故；慈心即是助菩提法，成就無閡心故；悲心即是助菩提法，教化眾生無厭足故；喜心即是助菩提法，於正法中生愛樂故；捨心即是助菩提法，成就斷於愛憎法故。

「『聽法即是助菩提法，成就滅五蓋故；出世即是助菩提法，成就捨除一切世間故；阿蘭若是助菩提法，所作不善，滅使不生，所有善根，多增長故；念是助菩提法，成就護持故；意是助菩提法，成就分別諸法故；持是助菩提法，成就思議寤醒故；念處即是助菩提法，分別身受心法成就故；正勤即是助菩提法，以離一切不善法，修行一切善法增廣故；如意足是助菩提法，成就身心輕利故；諸根即是助菩提法，攝取諸根成就故；諸力即是助菩提法，摧滅一切煩惱故；覺是助菩提法，覺知實法故；六和即是助菩提法，調伏眾生，令清淨故。摩納！是名攝取助清淨度生死法門。』

「樹提復言：『尊者！如佛所說，布施果報，即是大富得大眷屬，護持禁戒得生天上，廣博多聞得大智慧。又如佛說，思惟之法，得度生死。』

「師復報言：『摩納！若樂生死故行布施，是故大富。摩納！若善男子、善女人，心向菩提，為心調伏，故行布施；為心寂靜，故持禁戒；為心清淨，無有愛濁，故求多聞；為大悲故，思惟修道；其餘諸法，智慧方便成就助求。摩納！是名助菩提法。如是修行，即是繫念得菩提也。摩納！如是菩提今應生欲，是道清淨，應專心作願；是道無濁，心清淨故；是道正直無有諂曲，斷煩惱故；是道安隱，乃至能到涅槃城故。汝等今應作大善願，取莊嚴佛土，隨意所求淨及不淨。』

「善男子！爾時，樹提摩納在寶藏佛前，右膝著地長跪叉手，前白佛言：『世尊！我今發阿耨多羅三藐三菩提心，此不淨世界所有眾生，少於貪婬、瞋恚、愚癡，不犯非法，心無愛濁、無怨賊想，捨離、慳悋、嫉妬之心，離邪見心，安住正見，離不善心，求諸善法，離三惡心，求三善道，於三福處，成就善根，於三乘法，精勤修集，爾時我當成無上道。世尊！若我所願成就得己利者，令我兩手自然而出白色龍象。』作是言已，佛神力故，其兩手中即出龍象，其色純白七處到地。

「見是事已，告言：『龍象！汝等今者可至虛空去此不遠，遍雨此界八德香水，覺悟此界一切眾生，若有眾生得遇一渧、聞其香氣，悉斷五蓋，所謂婬欲、瞋恚、眠睡、掉悔、疑蓋。』作是語已，爾時，龍象在虛空中，周旋速疾，猶如力士，善射放箭，是二龍象所作諸事悉成就已，復還來至摩納前住。爾時，樹提見是事已心大歡喜。

（略）

「時，善男子！爾時，寶海梵志漸漸却行，有侍者五人：一名、手龍，二名、陸龍，三名、水龍，四名、虛空龍，五名、妙音龍，而告之曰：『汝等今者可發阿耨多羅三藐三菩提心。』五人報曰：『尊者！我等空無所有，無以供養佛及眾僧。未種善根，云何得發阿耨多羅三藐三菩提心？』

「善男子！爾時，梵志以左耳中所著寶環持與手龍，右耳寶環持與陸龍，所坐寶床持與水龍，所用寶杖與虛空龍，純金澡罐與妙音龍。如是與已復作是言：『童子！汝今可持此物供養佛及眾僧，發阿耨多羅三藐三菩提心。』

悲華經卷第五

悲華經　卷第六　摘錄

北涼天竺三藏曇無讖譯

諸菩薩本授記品第四之四

「爾時，五人即至佛所，以所得物供養世尊及比丘僧。供養已，復白佛言：『世尊！惟願如來授我阿耨多羅三藐三菩提記，令於賢劫成阿耨多羅三藐三菩提。』

「善男子！爾時，寶藏如來即與五人授阿耨多羅三藐三菩提記：『手龍！汝於來世賢劫之中，當得成佛，號堅音如來，十號具足。堅音如來般涅槃後，陸龍次當作佛，號快樂尊如來，十號具足。快樂尊佛般涅槃後，水龍次當成佛，號導師如來，十號具足。導師佛般涅槃後，虛空龍次當成佛，號愛清淨如來，十號具足。愛清淨佛般涅槃後，妙音龍次當作佛，號那羅延勝葉如來，十號具足。』

「善男子！寶藏如來記是五人賢劫成佛已，寶海梵志復告持力捷疾：『善男子！汝今可取種種莊嚴淨妙世界，如心所憙，便可發願，與一切眾生甘露法味，專心精勤行菩薩道，慎莫思惟劫數長遠。』善男子！爾時，梵志捉持力捷疾臂，將至佛所。至佛所已，坐於佛前，白佛言：『世尊！未來之世，於賢劫中，有幾佛向如來出世？』爾時，佛告持力捷疾言：『善男子！半賢劫中有千四佛出現於世。』

「持力捷疾言：『世尊！彼賢劫中諸佛世尊般涅槃已，最後妙音龍成阿耨多羅三藐三菩提，號那羅延勝葉。世尊！我願於爾時修菩薩道，修諸苦行，持戒、布施、多聞、精進、忍辱、愛語、福德、智慧，種種助道悉令具足。賢劫諸佛垂成佛時，願我在初奉施飲食，般涅槃後收取舍利，起塔供養。護持正法，見毀戒者，勸化安止，令住持戒；遠離正見墮諸見者，勸化安止，令住正見；散亂心者，勸化安止，令住定心；無威儀者，勸化安止，住聖威儀。」

悲華經 卷第九 摘錄

北涼天竺三藏曇無讖譯

檀波羅蜜品第五之二

「復次，善男子！如是復過無量無邊阿僧祇劫，爾時此界轉名月電，亦五濁世。我於爾時作轉輪聖王，王閻浮提，號燈光明，亦教無量無邊阿僧祇人，安止住於諸善法中，亦如上說。作是事已，遊在園林，觀看土地，見有一人身被束縛，我即問言：『此何所犯？』大臣白言：『諸有田作所得穀麥，應為六分，一分入官。是人不順王法，不肯輸送，是故被縛。』我於爾時即勅令放，從今已後，不須強取。大臣答言：『是人民中，乃至無有一人生歡喜心，以義送之。今諸王子、後宮眷屬、貴人婇女，諸所資用飲食之具，一切皆從他邊強取，無有一人清淨心與。』

「我聞是已，心大憂愁，即自思惟：『此閻浮提當持與誰？』爾時，我有五百諸子，先已令發無上道心。『當分此地為五百分等與諸子，我當出家至阿蘭若處，修諸仙法，學梵淨行。』思惟是已，尋分此地為五百分，等與諸子，即便出家，至南海邊鬱頭摩樹大林之中，食諸果子，漸漸修學，得五神通。

「善男子！時閻浮提有五百商人，入於大海欲採珍寶。有一商主名曰滿月，此人先世福德緣故，得如所願至於寶渚，多取種種諸珍寶已，即欲發引還閻浮提。爾時海神高聲涕哭，多有諸龍心懷瞋恚，欲害商人。有一龍王名曰馬堅，是大菩薩，以本願故生於龍中，起發悲心，救護諸商，令得安隱過於大海至彼岸邊，龍王然後還本住處。爾時復有大惡羅剎，隨逐商人，如影隨形，欲為虐害，是惡羅剎即於其日放大惡風。時諸商人迷悶*失道，生大怖畏，失聲號哭，稱喚諸天摩醯首羅、水神、地神、火神、風神，復稱父母、妻子、眷屬：『願救濟我！』

「善男子！我於爾時以淨天耳聞其音聲，尋往其所，以柔軟音而慰撫之：『莫生怖畏，當示汝道，令汝安隱還閻浮提。』善男子！我於爾時白疊纏臂，以油灌之，然以為炬，發真實言：『我先以於鬱頭摩林三十年中，專精修行四無量心，為諸眾生食噉果子，勸化八萬四千諸龍、夜叉、神等，不退轉於阿耨多羅三藐三菩提。以是善根因緣，今然此臂為示道故，令是諸商安隱得還閻浮提中。』然臂乃至七日七夜，此諸商人尋便安隱還閻浮提。

「善男子！我於爾時復作善願：『若閻浮提無諸珍寶，若我必成阿耨多羅三藐三菩提，得己利者，當作商主，於一一天下，七返雨寶。復入大海取如意珠，於一一天下，復雨種種雜廁寶物。如是次第遍此世界，乃至十方無量無邊阿僧祇諸世界中，亦復如是。』

「善男子！我於往昔諸所發願皆悉成就，如恒河沙等大劫中，常作無上薩薄之主，於恒河沙等五濁惡世，雨種種珍寶，一日之中，七返雨之，如是利益無量眾生，悉令珍寶得滿足已，然後勸化安止，令住於三乘中。善男子！汝今當知，即是如來捨諸珍寶，為得諸相善根因緣。

「復次，善男子！如是復過無量無邊阿僧祇劫，此佛世界轉名為網，劫名知具足，其世五濁，人民壽命滿五萬歲。以本願故，生閻浮提婆羅門家，字曰須香，讀誦外典闡陀章句。爾時，眾生多著常見，互共鬪諍，起怨賊想。我於爾時以強力勢，為諸眾生說五受陰猶如怨家，說十二入如空聚落，說十二緣其性生滅，開示分別阿那婆那，令其修學，復作是言：『仁等！今者可發無上菩提之心，所作善根應生迴向。』我於是時自然而得五通神仙。

「爾時，復有無量無邊阿僧祇人，受我教故，悉得五通。復有無量無邊眾生，遠離鬪諍，滅除怨憎，出家入山，食果蓏子，晝夜修集四無量心。是劫欲盡，是諸人等各各分散，遊閻浮提教化眾生，令離鬪諍，除滅怨憎，悉使寂靜，或有水旱、暴風、惡雨，皆令除滅，其地柔軟，五穀成熟，食噉滋味。以劫欲盡，眾生復為種種病苦之所纏惱。

「善男子！我於爾時尋復思惟：『若我不能除眾生病，我則不成阿耨多羅三藐三菩提，為諸眾生斷除煩惱。我今當以何等方便除眾生病？唯有聚集一切大眾、釋天、梵天、四天王等，及諸天仙、龍仙、人仙，問諸醫方，合集諸草，種種呪術，以療眾病。』思惟是已，即以神力至釋天、梵天、四天大王，及諸天、神龍、人仙所，作如是言：『有毘陀山，願諸仁等皆共來集。』爾時，大眾聞是言已，皆悉集聚。既集聚已，皆共誦持毘陀呪術，以是力故，能却一切諸惡鬼神，擁護眾生，復修醫方，能治痰癊風寒冷熱。以是因緣，令無量無邊阿僧祇人離諸苦惱。

「善男子！我於爾時復更作願：『若我已為此一天下無量眾生，作智慧光，安止住於三乘法中，閉三惡門，通天人路，除諸病苦，令得歡喜；復次第為無量無邊阿僧祇人，作智慧光乃至歡樂。以是善根因緣果報故，令我所願皆得成就，逮得己利。如我已為此一天下無量無邊阿僧祇人，閉三惡道，通天人路，為諸病者請諸天龍、神仙之人，集毘羅山修毘陀呪，令無量無邊阿僧祇人，悉得離病受於快樂，如是遍滿此網世界，利益一切在在處處無量眾生，安住三乘，閉三惡道，通天人路。復為如是世界病者，請諸天龍、神仙之人，集毘羅山修毘陀呪，令此世界無量無邊阿僧祇人，悉得離病，受於快樂。如此世界，乃至十方如恒河沙，五濁惡世亦復如是。』

「善男子！我於爾時在網世界，乃至十方如恒河沙五濁惡世，諸所作願皆得成就。善男子！汝今當知，即是如來為菩薩時，增益智慧，修菩薩道，是名如來愛護三業善根種子。」

悲華經卷第九

悲華經　卷第十　摘錄

北涼天竺三藏曇無讖譯

檀波羅蜜品第五之三

佛告寂意菩薩：「善男子！其後復過無量無邊阿僧祇劫，此界轉名選擇諸惡；爾時大劫名善等蓋，世亦五濁。東方去此五十四天下，彼閻浮提名盧婆羅。以願力故，生於彼中作轉輪聖王，主四天下，號虛空淨，教諸眾生安住十善及三乘中。我於爾時布施一切無所分別，是時多有無量乞兒來，從我乞種種珍寶、金銀、琉璃、頗梨、錢貨、青琉璃珠、大青琉璃、火珠摩尼，所有珍寶少不足言，乞者無量，我於是時即問大臣：『如是珍寶從何處生？』大臣答言：『是諸龍王之所示現，雖有此寶惟供聖王，不能廣及如是乞者。』

「我於爾時作大誓願：『若我未來於五濁中，厚重煩惱，人壽百歲，必定成阿耨多羅三藐三菩提，所願成就得己利者，作大龍王，示現種種珍寶之藏，於此選擇諸惡世界，在在處處四天下中，於一一天下七返受身，一一身中，示現無量百千萬億那由他等珍寶之藏，一一寶藏縱廣正等一千由旬，各各充滿種種珍寶，如上所說給施眾生。如我在此一世界中精勤用意，如是次第遍十方如恒河沙等五濁惡世無佛國土，於一一佛土、一一天下七返受身，乃至如上所說。』

「善男子！我作如是善願。爾時天人有百千億，在虛空中，雨種種華而讚我言：『善哉！善哉！一切布施，汝今已得，如心所願。』善男子！爾時，大眾聞虛空淨王，諸天作字，號一切施，聞是事已，各各相謂：『我等今者應往乞求難捨之物，若能捨者，可得名為一切布施。如其不能，何得稱為一切施也？』是時諸人各各從王，乞索後宮夫人、婇女及兒息等。時轉輪王聞是事已，心大歡喜，隨其所索，悉皆與之。是時，諸人復更相謂：『如是妻子皆是易捨，非難事也。今當從王乞身支節，若能捨者，真可得名能捨一切。』

「爾時，諸人往大王所，於是眾中，有乞兒，字青光明，受持狗戒，向轉輪王作如是言：『大王若是一切施者，唯願施我此閻浮提。』我時聞已，心大歡喜，尋以香水洗浴其人，令著柔軟上妙衣服，以水灌頂，紹聖王位，持閻浮提即以施之。復作是願：『如我以此閻浮提施，是因緣故，成阿耨多羅三藐三菩提。所願成就得己利者，是閻浮提所有人民，皆當承順奉敬此人以為王者。復令此人壽命無量，作轉輪王。我成阿耨多羅三藐三菩提已，當與授記一生當得補佛之處。』

「有婆羅門名曰盧志，復來從我乞其兩足。我聞是已，心生歡喜，即持利刀，自斷二足，持以施之，施已發願：『願我來世具足當得無上戒足。』有婆羅門，名曰牙，復來從我乞索二目。我聞是已，心生歡喜，即挑二目持以與之，施已發願：『願我來世當得具足無上五眼。』未久之間，有婆羅門，名淨堅牢，復來從我乞索二耳。我聞是已，心生歡喜，尋自割耳持以施之，施已發願：『願我來世當得具足無上智耳。』未久之間，有尼乾子，名想，復來從我乞索男根。我聞是已，心生歡喜，尋即自割持以施之，施已發願：『願我來世成阿耨多羅三藐三菩提，得馬藏相。』

「未久之間，復有人來，從我乞索其身血肉。我聞是已，心生歡喜，即便施之，施已發願：『願我來世具足無上金色之相。』未久之間，有婆羅門，名曰蜜味，復來從我求索二手。我聞是已，心生歡喜，右手持刀尋斷左手，作如是言：『今此右手不能自割，卿自取之。』作是施已，復發願言：『願我來世具足當得無上信手。』

「善男子！我截如是諸支節已，其身血流，復作願言：『因此施故，必定成阿耨多羅三藐三菩提，所願成就得己利者，其餘身分重得受者。』爾時非聖不知思義，諸小王等及諸大臣皆作是言：『咄哉愚人！如何自割身體支節，令諸自在一旦衰滅，其餘肉摶復何所直？』是時，大臣即持我身，送著城外曠野塚間，各還所止。時，有無量蚊虻蠅等，唼食我血，狐狼、野干、鵰鷲之屬，悉來噉肉。

「我於爾時命未斷間，心生歡喜，復作願言：『如我捨於一切自在及諸支節，乃至一念不生瞋恚及悔恨心，若我所願成就得己利者，當令此身，作大肉山，有諸飲血噉肉眾生，悉來至此，隨意飲噉。』作是願已，尋有眾生悉來食噉，本願力故，其身轉大高千由旬，縱廣正等五百由旬。滿千歲中，以此血肉給施眾生。我於爾時所捨舌根，令諸虎狼、鵄梟、鵰鷲食之飽足，以願力故，復生如本，假當聚集如耆闍崛山，作是施已，復作是願：『願我來世具足得成廣長舌相。』

「善男子！我時命終在閻浮提，以本願故，生於龍中，作大龍王，名示現寶藏，即於生夜，示現百千億那由他種種寶藏，自宣令言：『今是分中，多有寶藏，其中具足諸珍異物，金銀乃至摩尼寶珠。』是諸眾生聞是唱已，各各自恣取諸寶物隨意所用。用已具足行十善道，發阿耨多羅三藐三菩提心，或發聲聞辟支佛心。我於爾時在龍王中，七返受身，壽命七萬七千億那由他百千歲，示現無量無邊阿僧祇寶藏，與諸眾生。

「爾時安住無量無邊阿僧祇人於三乘中，勸令具足行十善道，以種種無量珍寶滿眾生已，復發願言：『願我來世具足，當得三十二相。』如是第二天下，亦復七生作大龍王，乃至遍滿選擇世界在在處處諸四天下，悉作如是無量利益。乃至十方無量無邊無佛世界，一一佛界一一天下，亦復七生作大龍王，壽命七萬七千億那由他百千歲，示現如是無量無邊阿僧祇寶藏，亦復如是。善男子！汝今當知，是謂如來為菩薩時，深重精進求三十二相之因緣也。

悲華經入定三昧門品第六

爾時，佛告寂意菩薩摩訶薩言：「善男子！如我今者，以佛眼見十方世界，如一佛土微塵等諸佛世尊般涅槃者，皆悉是我昔所勸化初發阿耨多羅三藐三菩提心，行檀波羅蜜，乃至般若波羅蜜者，未來之世亦復如是。

「善男子！我今見此東方世界無量無邊阿僧祇等諸佛世尊，今現在世轉正法輪，亦是我昔初勸令發阿耨多羅三藐三菩提心，行六波羅蜜者。南西北方四維上下，亦復如是。

「善男子！東方去此八十九億諸佛世界，彼有世界名曰善華，是中有佛，號無垢功德光明王如來、應、正遍知、明行足、善逝、世間解、無上士、調御丈夫、天人師、佛、世尊，今現在為眾生說法。彼佛亦是我昔所勸初發阿耨多羅三藐三菩提心，令行檀波羅蜜，乃至般若波羅蜜。東方復有妙樂世界，是中有佛號阿閦如來。復有閻浮世界，是中有佛，號日藏如來。復有世界名樂自在，是中有佛，號樂自在音光明如來。復有世界名曰安樂，是中有佛，號智日如來。復有世界名勝功德，是中有佛，號龍自在如來。復有世界名善相，是中有佛，號金剛稱如來。復有世界名江海王，是中有佛，號光明如來。

「復有世界名不愛樂，是中有佛，號日藏如來。復有世界名離垢光明，是中有佛，號自在稱如來。復有世界名山光明，是中有佛，號不可思議王如來。復有世界名聚集，是中有佛，號大功德藏如來。復有世界名華光明，是中有佛，號光明意相如來。復有世界名和熾盛，是中有佛，號安和自在見山王如來。復有世界名善地，是中有佛，號知像如來。復有世界名曰華畫，是中有佛，號眼淨無垢如來。善男子！如是東方無量無邊阿僧祇等現在諸佛，為諸眾生轉法輪者，未發無上菩提心時，我初勸其令發阿耨多羅三藐三菩提心，又復引導將至十方在在處處佛世尊所，隨所至處，修行安止檀波羅蜜，乃至般若波羅蜜，使得授阿耨多羅三藐三菩提記。」

（略）

「善男子！我今見此南方去此世界，過一恒河沙等諸佛國土，彼有世界名離諸憂，是中有佛，號無憂功德如來，今現在說法。復有世界名閻浮光明，是中有佛，號法自在師子遊戲如來。復有世界名安須彌，是中有佛，號道自在娑羅王如來。復有世界名功德樓王，是中有佛，號師子吼王如來。復有世界名珍寶莊嚴，是中有佛，號八臂勝雷如來。復有世界名真珠光明遍照，是中有佛，號珍寶藏功德吼如來。復有世界名天月，是中有佛，號火藏如來。復有世界名栴檀根，是中有佛，號星宿稱如來。復有世界名曰稱香，是中有佛，號功德力娑羅王如來。復有世界名曰善釋，是中有佛，號妙音自在如來。

「復有世界名頭蘭若，是中有佛，號娑羅勝毘婆王如來。復有世界名月自在，是中有佛，號光明自在如來。復有世界名善雷音，是中有佛，號妙音自在如來。復有世界名寶和合，是中有佛，號寶掌龍王如來。復有世界名垂寶樹，是中有佛，號雨音自在法月光明如來。

「如是南方無量無邊阿僧祇等現在諸佛，悉是我昔為菩薩時，初可勸發菩提心者，是諸世尊師子座處亦皆震動，彼諸佛等，亦各讚歎我之功德，亦遣無量無邊阿僧祇等諸大菩薩，持月光明無垢淨華，悉來至此娑婆世界耆闍崛山，見佛、禮拜、供養、恭敬、尊重、讚歎，却坐一面次第聽法。」

大乘悲分陀利經 卷第一 摘錄

失三藏名，今附秦錄

轉法輪品第一

如是我聞：一時，佛住王舍城耆闍崛山中，與大比丘眾六萬二千人俱，皆是阿羅漢，諸漏已盡，盡諸有結，皆得自在，心善解脫、慧善解脫，如調象王，所作已辦，脫於重擔，逮得己利，往來已盡，得正智已，心得自在，到於彼岸，唯除一人長老阿難。菩薩摩訶薩眾八十四百千人俱，彌勒為首，皆得陀羅尼忍辱三昧，樂居空靜皆不退轉。娑訶世界主梵天與無量百千梵天俱，他化天子與八十百千他化天子俱，化自在天子與七十百千化自在天子俱，珊兜率天子與六十百千兜率天子俱，須夜摩天子與七十二百千須夜摩天子俱，釋提桓因與八十百千三十三天俱，毘沙門天王與其眷屬百千夜叉俱，毘留勒伽與其眷屬千鳩槃荼俱，毘留波叉與其眷屬千龍俱，提陀羅吒各與其眷屬千龍王俱。

爾時，世尊與如是等上首，皆求大乘行，六波羅蜜，圍遶捨四顛倒法，明慧光照，因四諦說法，令諸菩薩摩訶薩得種種三昧，以是三昧過聲聞、辟支佛地；以是三昧，令得堅固阿耨多羅三藐三菩提。(略)

大乘悲分陀利經入一切種智行陀羅尼*品第三

爾時，世尊欲說是入一切種智行陀羅尼門句時，於此三千大千世界，大地六種震動，極大動搖，發大音聲，峗峨踊沒，現如是光，令十方過數恒河沙世界，妙光普遍。於時須彌、鐵圍、大鐵圍，不障礙眼，十方無數世界現平如掌，十方無數世界於中止住。

菩薩摩訶薩有得三昧、陀羅尼、忍辱者，乘如來力，各於其土忽然不現，來此娑訶世界，詣耆闍崛山，至世尊所頭面禮足，以種種無量菩薩神通，供養世尊，各坐一面，為聽是入一切種智行陀羅尼門。無數欲界、色界、無色界諸天，來詣佛所，為聽是入一切種智行陀羅尼門。無數龍、夜叉、阿修羅、鳩槃茶，毘舍遮，詣耆闍崛山，至世尊所，為聽是入一切種智行陀羅尼門。菩薩摩訶薩於此集者，普見蓮華世界蓮華上如來、應供、正遍知，與大菩薩眾圍遶俱。

於是世尊，始說是入一切種智行陀羅尼門。七十二恒河沙數菩薩摩訶薩，得是陀羅尼，見十方無數世界諸佛世尊，并見彼諸佛世界莊嚴，得未曾有。以菩薩誓力神通，供養佛已。

佛言：「善男子！若菩薩摩訶薩修是入一切種智行陀羅尼門，得八萬四千陀羅尼門，得七萬二千三昧門，得六萬法門。菩薩得是陀羅尼已，得大慈大悲。得是陀羅尼已，菩薩摩訶薩，覺三十七助菩提法，得一切種智，是中具攝一切佛法。諸佛世尊實覺是陀羅尼，為眾生說法，不疾入涅槃。

「善男子！應當知是入一切種智行陀羅尼門威德，令大地震動，妙光顯照，普遍無量無數諸佛世界。緣是妙光照無量無邊諸佛世界，令無量無邊菩薩摩訶薩來會此土，為聽是入一切種智行陀羅尼門。於此一切娑訶世界，無量無邊欲界、色界、無色界，天、龍、夜叉、阿修羅、人非人，為聽是入一切種智行陀羅尼門。

（略）

波施蘇摩姤　阿奴摩姤　阿鳩摩姤

paśyesomato anumato akumato

尸馱婆句　磨多邏邏他阿舍羅

chedabakai mantrastha daśabala

毘波羅婆他伊　舍絺哆　修尼磨

viprabastha iśasthita sunima

胝差磨帝　阿盧駒頞　覘覺師那

tikṣṇamati aloke atituṣṇa

以是解脫句，六万四千龍，發阿耨多羅三藐三菩提心，即得不退轉。

大乘悲分陀利經　卷第四

摘錄

失三藏名今附秦錄

十千人授記品第十

「善男子！於爾時，十千懈怠者同發聲言：『唯，世尊！我等欲於淨佛土中，成如來、應供、正遍知，所謂世界普賢菩薩行菩薩行所修淨處，如是我等行六波羅蜜，滿於佛土逮成正覺。』

「善男子！寶藏如來亦復如是，授彼十千懈怠者記：『如普賢菩薩成阿耨多羅三藐三菩提時，汝等亦於周匝世界，成阿耨多羅三藐三菩提。有千人，同號智熾鍾自在聲如來；復有千人，同號攝自在師子音如來；復有千人，同號無垢聲自在王如來；復有千人，同號除恐畏音自在王如來；復有千人，同號善無垢聲光曜自在王如來；復有五百人，同號日明如來；復有五百人，同號日藏自在王如來；復有七號龍雷如來；八號無畏稱王無垢光如來；十號無光音如來；十一號稱自在聲開法稱音如來；九號德法稱王如來；二十號不可思議意王如來；三號寶幢月自在照牟尼智自在牆微無味王不可思議意智藏如來；十五號智高幢如來；五十號智海王如來；二號大精進音自在王高德劫如來；八十號智無塵疾如來；九十號自在種如來；一百號智善無垢雷自在如來；八十號非食德海王智集力王如來。

「四十號勝菩提自在王如來、牟尼積疾華如來、積德智意如來、金剛師子戒光音如來、賢上如來、無量光明如來；三師子喜如來、無盡智積寶光如來、智無垢如來、智珊瑚如來；二師子稱如來、通德王如來、法華雨如來、光踊高如來、法踊王無垢如來、香自在如來、無垢眼如來、大積如來、阿僧祇力王如來、自智福德力如來、智衣如來、自在如來、阿僧祇饒益如來、智積如來、大高如來、力藏如來、德沈如來、枝華幢如來、照眾如來、無癡德王如來、金剛上如來、法勝如來、聲帝王如來、自執金剛持寶如來、自在踊幢止劫如來、樂雲法用婆羅王如來、普德海王如來、智積如來、智焰華如來、眾世主自在如來、優曇鉢華金幢如來、法幢雷王如來、栴檀善安隱起勢如來、幢最燈如來、智起如來、堅幢滅如來、法稱如來、降魔德焰如來、闍那波羅沙睺如來、智燈如來、安隱王如來、智音如來、幢集如來、金剛如來、金剛曜如來、莊嚴王如來、闍夜僧棄如來、善安意如來、月王如來、超吼王如來、婆羅王如來。

「八十師子步如來；五十那羅延勝藏如來；七十寶積德如來；三十月藏如來；二十星宿稱如來；三十德力婆羅王如來；九十軟音如來、梵上堅固如來；復有十號香華勝稱王如來；七十光明圓月照王如來；三十香華上如來、無量德海如來、智上如來、闍浮影如來；一百一德山幢如來、師子最如來；百一龍吼華曜王如來、善香種無我如來、無量德曜王劫如來；復有千人同號捨法智龍王解脫覺世海眼止如來、應供、正遍知。汝等各於異國一日同時，當成阿耨多羅三藐三菩提，當壽十小劫。汝等亦當同日入無上涅槃，後佛土正法七日皆滅。』

「彼十千人五體稽首禮寶藏如來足。寶藏如來言：

「起汝等妙堅龍吼，當求習最積善財；

勤修六度莫懈怠，當為天人作導師。」

大乘悲分陀利經第九王子授記品第十一

「阿彌具王子適發言已，如其所願輪即在手。復白佛言：『世尊！若我乃至菩提際如是意滿者，令此輪寶往至五濁空佛土中出是大聲，如難陀、跋難陀龍王之聲。一切佛土聲唱是言：「菩薩受記入不妄念智。」唱「修空不動意界法藏」。一切眾生生其中者，此法藏聲入彼耳根；適入耳已，令彼眾生欲愛即滅，瞋恚、愚癡、吾我、慳嫉皆滅；令得思念佛境界智，發阿耨多羅三藐三菩提心。』

大乘悲分陀利經諸王子授記品第十二

「善男子！爾時，海濟婆羅門語第十一王子名師子，略說，即以寶幢上寶藏如來：『如香手菩薩所願無異。』寶藏如來言：『善哉！善哉！善男子！是故字汝為寶勝。於當來世過一恒河沙數阿僧祇、二恒河沙數阿僧祇之餘，金華如來般涅槃已，正法滅後竟三劫，樂喜世界當名妙樂，汝當於中成阿耨多羅三藐三菩提，號自在龍雷音如來乃至佛、世尊，國土莊嚴如阿閦佛土無異。』寶勝白佛言：『世尊！若我如是意滿者，禮佛足時，令一切眾生得如是心，如菩薩住平等悲三昧，為饒益一切眾生求菩提者令不退轉。』

「善男子！寶勝菩薩五體禮寶藏如來足時，一切眾生得如是意，謂諸眾生得住悲心。善男子！爾時寶藏如來告寶勝菩薩言：

「起勇善意大丈夫，能因眾生立堅誓；
安立多眾無塵心，於天世人當作佛。」

大乘悲分陀利經八十子受記品第十三

「婆羅門第二子名曰成就，彼作是言：『如海自在所可立願，我亦如是。』略說。寶藏佛言：『汝童真，亦於散華劫妙勝佛土中四天下，於八萬歲世人中汝當成佛，號照明華如來乃至佛世尊。』略。告第三言：『汝於二千歲人中當逮菩提，號月持王如來乃至佛世尊。』略說授記：須摩那如來、山王如來、制眼如來、梵上如來、閻浮影如來、滿如來、高如來、寶山如來、海藏如來、那羅延如來、尸軀那牟尼如來、牟尼主如來、憍陳如如來、師子步如來、智幢如來、佛聲如來、最勝如來、開化如來、饒益如來、慧明如來、帝主如來、寂慧如來、作喜如來、無怒王如來、金銀如來、摩醯覩如來、日喜如來、寶髮如來、善明如來、背摩如來、善喜如來、梵征如來、吼如來、法月如來、現議如來、稱喜如來、稱上如來、端正香如來、四妙根如來、須尼闍覩如來、適逷如來、善意如來、妙乘慧如來、金幢如來、善目如來、天淨如來、淨道如來、善現如來、乘幢如來、毘樓波叉如來、梵音如來、德聚如來、德無塵如來、摩尼光如來、焰氣如來、釋迦牟尼如來、音自在如來、爾成如來、最尊如來、華成如來、等華如來、無惱如來、日藏如來、樂自在如來、月如來、龍齒如來、金剛照如來、稱王如來、常光如來、勝光如來、薩泥耆如來、智成如來、香自在如來、婆羅主如來、那羅延藏如來、月藏如來。」

大乘悲分陀利經三億少童子受記品第十四

「善男子！爾時月忍童子至寶藏如來前，右膝著地叉手合掌而白佛言：『世尊！我今欲發阿耨多羅三藐三菩提心，於此濁佛土中眾生，少於貪欲、瞋恚、愚癡，無忘失，無濁心、無怨心、無慳嫉心，無邪見心住正見心，無不善心常求善心，無三惡趣心求人天心，集三福地善根心，求三乘心，我當於是中成阿耨多羅三藐三菩提。世尊！若我如意滿者，令我兩手有自然龍象。』適發言已，蒙佛神力，於兩手中有自然龍象，其身純白七支具足。躬自目見而告之曰：『汝二龍象，上昇虛空周遍此土，降極香妙八功德雨，覺此佛土一切眾生；令此雨渧觸眾生身，有聞香者令除五蓋，謂愛、睡、掉、悔、疑。』適發是言，彼二龍象即昇虛空，如是健速，如大力士放箭甚疾。彼二龍象如向所說，事訖而還在其前立。

「善男子！爾時月忍童子極大歡喜。時寶藏如來告彼言：『汝善男子！於當來世過一恒河沙數阿僧祇、始入二恒河沙阿僧祇，於照明劫明集佛土，此四天下，汝當成佛，號寶蓋勇光如來乃至佛世尊。』善男子！爾時月忍菩薩，五體禮寶藏如來足。寶藏言：

「起汝無塵心甚淨，汝授多億眾生記；
淨治菩提最妙道，汝當得仙導眾生。」

大乘悲分陀利經 卷第五

摘錄

失三藏名今附秦錄

大師立願品第十六

「『爾時，我當從兜率天下，為度眾生熟善根故，於最妙轉輪王種第一夫人腹中受胎而住。我當爾時放淨光明，遍照娑訶佛土，上至阿迦尼吒天，下至金輪際，妙光周遍。爾時眾生生娑訶佛剎者，或在地獄，或為畜生，或為餓鬼，或生天上，或生人中，在色界、無色界、想、無想、非想非非想處，令彼一切見斯光明覺觸其身，令彼一切厭生死苦，樂求涅槃，乃至住滅結心，是初種涅槃道種。我當受一切法決定三昧，受一意法門三昧心，十月住母腹中。

「又我得佛，眾生厭離生死，我所應度者，令彼眾生於十月中見我在胎結加趺坐，心入三昧如摩尼現。滿十月生時，以集一切福德三昧，六種震動，一切娑訶佛土，上至阿迦尼吒天，下至金輪際，皆悉震動。彼時眾生生娑訶佛土者，或在地獄，乃至人中，悉覺悟之。我當從母右脇而出，又以妙光，普照娑訶佛剎，無不周遍。爾時亦復覺悟娑訶佛土一切眾生，於未種善根眾生所著涅槃種，於已種涅槃種眾生生誓願到。若我足蹈地時，令此娑訶佛土六種震動，岠峨涌沒，乃至金輪際。爾時眾生有依水、依地、依空、依四生處，依止五趣，我當覺之；有眾生未生誓願牙者，當令生；已生誓願牙者，令住三乘，得不退轉。

「令我生時，娑訶佛土大梵、魔王、帝釋、日月護世諸天、龍王、阿修羅化生大威德，夜叉、羅剎、龍、修羅令彼一切來供養我。令我適生，即行七步。我以集一切福德三昧如是說法，令彼大眾得住三乘；其大眾中求聲聞乘者，令住最後身，我當度之；其有眾生求辟支佛乘者，令彼一切得顯明花忍；其有眾生求無上大乘者，令彼一切得金剛持海不動三昧，以是三昧得登三地。我欲浴時，令其中最勝龍王彼來浴我，其有眾生見我浴者，令彼一切於三乘獲如是德，如前所說。其有眾生見我乘者，略說，為童子遊戲乃種種業示教眾生。」

大乘悲分陀利經　卷第七

摘錄

失三藏名今附秦錄

大乘悲分陀利經寶施品第二十五

「復次，善男子！從彼已後億無量劫時，此佛剎名月明，亦復五濁。我於此閻浮提，為強力轉輪王，名燈明，以如是善勸化閻浮提一切眾生，如前所說。我時出遊觀園，見有一人反縛兩臂，極為急切，即問諸臣：『此人何罪？』諸臣答言：『此犯王法敢是天民，歲由常課六分稅一，此人違命，又居王境種殖自濟，賦稅不順，是以繫身。』即告諸臣：『速放斯人，儲粮蘇油，勿苦索之。』臣答王言：『終無有人能以善心輸王諸物，所可日日給王夫人及諸眷屬，廚供所須皆從民出，自非王力終不可得，未有一人好心與者。』我時愁憂却自思惟：『此一切閻浮提王位今當付誰？』時我有子五百人皆勸以菩提，我即分此閻浮提為五百分用與諸子，即捨詣林求仙梵行，南近大海憂曇波羅林中坐禪，食果草根用濟身命，漸漸不久得具五通。

「爾時，閻浮提有五百商人，入海採寶獲眾寶聚，其中商主名宿王，以福力故得如意摩尼，從彼寶洲多取眾珍寶及與摩尼。始發引時海水波涌，諸龍惱亂，海神啼泣，中有龍仙名馬藏，實是菩薩，以本願故生於其中。彼摩訶薩擁護商客，安隱度海，自還所住。

「隨彼商客，有惡羅剎恒逐於後，伺求其便，彼於晝日放暴風雨，使諸商人迷失逕路，不知所趣，極甚恐怖，發大音聲，啼嘷悲泣，求諸天神、風神、水神，乃至稱喚父母所愛兒息。

「爾時，我以天耳聞彼音聲，即往慰喻：『汝等商人勿得恐怖，我當示導汝等逕路，令汝安隱至閻浮提。』我即以繒而自纏手，內著油中以火然之，發至誠言：『我於林中三十六年遊四梵處，為益眾生故，食眾果實及諸草根，既化八萬四千龍、夜叉，令住不退轉阿耨多羅三藐三菩提。以是善根業報令我手然，使此商人得道安隱至閻浮提。』

「如是手然經七日七夜，彼諸商人安隱還到於閻浮提。我於彼時即自立願：『如此閻浮提乏諸珍寶，若我得成阿耨多羅三藐三菩提是意滿者，令我得為商主，採如意珠，於一一方七返，雨種種眾寶之雨，於此佛土一切方中。』如是於十方恒河沙數五濁空佛土中，如前所說。我如是意皆已得滿，於恒河沙數大劫中為無上商主，於恒河沙數五濁空佛土中雨於眾寶，一一方中七返，雨種種眾寶之雨。以如是隨意充足無量阿僧祇眾生，令住三乘。善男子！汝觀如來寶施善根相好果報。

大乘悲分陀利經醫方施品第二十六

「復次，善男子！竟無量劫時此佛土名曰曚昧，劫名喜悅，亦復五濁。五萬歲世人中，我以本願故，於此閻浮提為婆羅門，名曰鬘香，通四鞞陀。爾時眾生常見極重，樂怨嫉好鬪諍，我以勇猛力為眾生說法，示陰如怨，入如空聚，因緣相續生滅，現阿那波那念思惟，勸發阿耨多羅三藐三菩提心，善根迴向皆悉住中，我自得五通。爾時無量阿僧祇眾生，以我教授亦得五通。如是無量阿僧祇眾生，捨諸怨嫉種種鬪諍，往詣園林食眾果實及諸草根，坐禪思惟，遊四梵處，日夜無諍。

「劫欲盡時，堪受供人滿閻浮提，以是滅除鬪諍怨嫉、非時風雨，地生五穀皆悉香美，食增氣力。以劫惡故，眾生種種諸病所困，我即思惟：『若我不能除此眾生諸疾病者，令我不逮阿耨多羅三藐三菩提。不能得除眾生結病，我當以何方便除眾生病？』復生是念：『我宜集釋、梵、護世，諸餘天仙、龍仙、夜叉仙、人仙，為饒益眾生故造現方藥。』我即以神足往告釋、梵、護世，天仙、龍仙、夜叉仙、人仙。有山名億迦毘羅鉢帝，來集其上頂石鞞陀遮羅迦大醫之處，於中造說治風、水、火諸大病方，令無量阿僧祇眾生病盡除滅。

「我於其中立願如是：『我今以此慧照明無量阿僧祇眾生，令住三乘，閉惡趣門，置天道中，滅除眾病，如是為無量阿僧祇眾生，而作慧明置安隱樂。以是善根業報，願我是意得滿。』如此一方閉無量阿僧祇眾生惡趣門，置天道中，為疾病故，集諸天眾、仙眾、夜叉眾、龍眾，為眾生故集鞞陀遮羅迦山頂眾醫集處，說除眾病平健方藥。如是矇昧佛土一切方中，作如是丈夫行，安置眾生於天道中。如是集天、龍、夜叉、人仙，為眾生故造說種種呪術，如此矇昧佛土，當於十方恒河沙數五濁空佛土中，作如是丈夫行，令眾生得住三乘，安置天道，現諸種種呪術，於世除眾疾病。

「善男子！我以如是滿無上意，又復於此矇昧佛土一切方中，作如是丈夫行，如所立願亦以無上；於十方恒河沙數五濁空佛土，一一佛剎一切方中，作如是丈夫行，如我本所立願。善男子！觀如來勝慧行菩提行，是如來三善護持善根種。

大乘悲分陀利經現伏藏施品第二十七

「又，於好時過阿僧祇劫，時此佛土名曰除穢，於饒益大劫，亦復五濁。於東方第五十四天下閻浮提名曰啼例，我為度眾生故於其中生，為四天下轉輪聖王，名曰虛空。我於彼中以十善業教化眾生，勸以三乘令住其中。又一切施一切處施，有來求索種種珍寶，金、銀、琉璃、玉紺、大紺、明月、水精，隨其施與珍寶轉增。我問諸臣：『從何所因得此眾寶？』諸臣答言：『諸大龍王開示伏藏，伏藏現故世饒珍寶。彼雖現伏藏不及從王求寶者多。』我即立願：『若我於彼五濁惡世結使極重百歲人中，得成阿耨多羅三藐三菩提是意滿者，令我於此佛土得為龍王名現伏藏。於除穢佛土一切方中，各七返受龍身，於一一身示現億那由他百千伏藏，滿中眾寶金、銀乃至玉紺、大紺、明月、水精持用施與。一一伏藏縱廣千由旬，如是眾寶充滿其中，開發施與一切眾生。』如此佛土立勇健事，如是十方恒河沙數五濁空世界中，於諸剎土一切方中，各七返受身，如前所說。

「善男子！如我立是願，應時億那由他百千諸天，於虛空中雨眾妙華，讚言：『善哉！善哉！一切施如前立願，意必得滿。』時諸大眾普聞是聲，天於空中為王改號，名一切施。諸人聞已即生是念：『我等應從求其難捨，彼若與者名一切施，若不與者非一切施。』彼諸眾生即來從王，乞宮人正后男子時，虛空王以歡喜心皆悉施與。彼諸人等復生是念：『妻子施與猶未為難，我等今應從乞王位及以支節，若能與者名一切施，若不與者非一切施。』時有人敬持雞戒，名為月光，至虛空王前白言：『大王！若一切施者，此一切閻浮提可以施我。』王聞語已欣然大悅，即浴以香湯，著王者之服，立為一切閻浮提王。尋即立願：『如我今日捨此閻浮提王位，為滿阿耨多羅三藐三菩提意故，今立王，願令一切悉皆伏從增壽無窮，究竟得為大轉輪王。如我今日王位與之，願成阿耨多羅三藐三菩提時，受其次後阿耨多羅三藐三菩提補處職記。』

「復有婆羅門名曰盧遮，來乞兩足。我以好心手執利刀，自截兩足持用施之，尋立大願：『令我得成無上戒足。』復有婆羅門名陀吒拔，來乞兩眼。自挑與之，尋即立願：『今以是施令我得無上五眼。』復有婆羅門名曰堅紅，來乞兩耳。自割與之，即便立願：『我以是施得無上智耳。』復有一邪命名曰逸林，來乞男形。自截與之，我尋即立願：『今以是施令得無上陰藏之相。』復有來乞肉血。我即與之，尋即立願：『以是施報得金色相。』復有波利婆羅闍迦名曰日味，來乞兩手。我自截左手，令人截右手而與之，尋即立願：『願得果成無上信手。』如我截身支節流血塗體，即復立願：『我以是施得滿阿耨多羅三藐三菩提意者，令我必得付此身處。』

「時彼無有聖智，群臣諸小國王不識重恩，眾共議言：『王甚愚癡無小慧分，傷損支節，不顧王位，譬如肉聚，何用斯為？今應放棄。』即便攝我擲置城外丘壙之處，捨已還歸。我於彼中，虵蠅、蚊蚋、狐狼、烏鷲來食者，我以好心尋即立願：『如今捨此一切王位支節施與，一心念頃不生恨想，亦無悔心令是意滿。願我此身變成肉山，其有眾生食肉血者，令彼盡來服吾血肉。彼既來食，以本願故令吾此身日得生長，漸漸轉增高千由旬，縱廣正等五百由旬，於千年中以身血肉充足眾生。』於中施舌，禽獸來食，以本願故尋即還復，但舌施與如耆闍崛山，即立願言：『令我常得無上廣長舌相。』

「於中命終，以本願故還生啼例閻浮提龍中，名現伏藏。龍王所可生夜，即現億那由他百千伏藏，現眾寶積滿，所謂金銀乃至水精。『咄！汝眾生！應修十善業，發阿耨多羅三藐三菩提心，若聲聞、若發辟支佛乘心，隨意所欲可往取寶。』於彼啼例閻浮提七返為龍，經七十七億那由他百千歲中，現無量阿僧祇伏藏施與眾生。其中如是勸無量阿僧祇眾生，令住三乘修十善業，以種種眾寶充足眾生。尋即立願，令得無上三十二相。如是於二天下七返為龍，立是丈夫行。如是三天下乃至遍餘穢世界一切方中，立是丈夫行。如是於十方恒河沙數五濁空佛剎中，於此諸剎一切方中，皆各如是七返為龍。經七十七億那由他百千歲中，以無量阿僧祇伏藏施與眾生，如前所說。

「善男子！觀如來極精進力為具三十二相行菩提行，非先菩薩能如此極力行菩提行，今亦無有，後來亦無菩薩能如斯極力行阿耨多羅三藐三菩提行，除彼八人我先說者。過阿僧祇劫於餘好時，此佛土名珊瑚井，示空五濁，蓮花大劫中，時我為是四天下釋，名曰等照。我見斯閻浮提眾生不求戒行，見已即自變形為惡夜叉甚可怖畏，下此閻浮提人前住。彼見我已甚大怖畏，而問我言：『欲求何等？』我言：『須食，不用餘物便速辦之。』彼言：『欲得何食？』我言：『唯食人肉不用異物，若盡形壽能斷殺生乃至邪見，發阿耨多羅三藐三菩提心，若辟支佛乘、若聲聞乘心，能作是行者吾不食也。』現作化人而取食之。彼眾生見已極生恐怖。彼盡形壽斷殺、偷盜乃至邪見，有發阿耨多羅三藐三菩提心，有發辟支佛乘心，有發聲聞乘心，令此一切四天下眾生修十善業修住三乘。我於中立願：『若我阿耨多羅三藐三菩提意得滿，是願得滿者，如使此四天下眾生得住善道。』如是於此佛剎一切四天下現如是恐怖，令修十善道業安置三乘，復於十方五濁空佛土中，乃至令修十善業安置三乘。

「善男子！我如是意願盡滿，如此遍珊瑚井世界中，以夜叉形調伏世人置善法中。如是十方恒河沙數五濁空佛剎中，以夜叉形調伏世人置善道行。以我恐逼眾生住善行故，以是殘業令我欲成菩提，坐金剛座菩提樹下，魔王波旬將大兵眾，來恐怖我作菩薩礙。善男子！此是我略說檀波羅蜜行菩提行。未得深忍、深陀羅尼、深三昧，除先二身得世五通，如是立大丈夫行，如是勸化無量阿僧祇眾生，令住阿耨多羅三藐三菩提；勸化無量阿僧祇眾生，得住辟支佛乘；勸化無量阿僧祇眾生，得住聲聞乘。除我行菩提行時，親近佛剎微塵數諸佛，一一佛所得如海水渧功德，我供養過數辟支佛，供養過數如來、聲聞，如是供養父母、五通仙人。如我先行菩薩行憐愍眾生，以身肉血而充足之。彼時憐愍，今阿羅漢所無有也。

大乘悲分陀利經卷第七

大乘悲分陀利經 卷第八 摘錄

失三藏名今附秦錄

菩薩集品第二十八

「善男子！如我以佛眼，觀見十方佛剎微塵數諸佛世尊，已般涅槃，彼皆是我勸化阿耨多羅三藐三菩提令住中者，亦是我初勸檀波羅蜜乃至般若波羅蜜令住中者，乃至當來亦如是說。又見東方，現在住世無量阿僧祇諸佛世尊，轉正法輪為眾說法，亦是我初勸發阿耨多羅三藐三菩提心令住中者，乃至六波羅蜜亦如是說。南、西、北方及與上、下，亦如是說。善男子！我見東方，去此佛土，過八十九百千佛剎，有世界名華敷，佛名無垢德明王如來，現在住世為眾說法。彼世尊是我初勸發阿耨多羅三藐三菩提心，亦是初勸檀波羅蜜乃至般若波羅蜜令住中者。略說，東方有樂喜剎，佛名阿閦；有紫摩剎，佛名日藏；有樂自在剎，佛名樂自在月明；有日沒剎，佛名智日；有勝息剎，佛名龍雷；有等林剎，佛名金剛稱；有自王剎，佛名虎光；有無樂剎，佛名日藏；有照怨剎，佛名稱自在；有彌樓光剎，佛名不思議王；有眾護剎，佛名月德藏；有華光剎，佛名音勝光；有安上剎，佛名現安自在彌樓；有持王剎，佛名智像；有雜華剎，佛名無垢眼。善男子！我以佛眼觀見東方如是等無量阿僧祇諸佛世尊現在說法，彼未發菩提心，我初勸於阿耨多羅三藐三菩提令住其中；是我初勸檀波羅蜜，乃至令住般若波羅蜜；是我先所將至現在住世諸佛世尊所，初得授阿耨多羅三藐三菩提記者。」

（略）

爾時，世尊適稱東方世界名字諸佛號已，又復欲稱南方而作是言：「善男子！我見南方去此佛土過一恒河沙數佛剎，有世界名除一切憂惱，其佛號無惱德如來，現在說法。我先行菩薩行時，初勸彼佛於阿耨多羅三藐三菩提，乃至如前所說。」一閻浮提光剎中法自在雷佛，彌樓安剎中至自在堅帝佛，德莊嚴帝剎中師子奮迅王佛，珠冠莊嚴剎中那羅延伏藏佛，放光遍覆剎中寶集功德奮迅佛，天樂剎中明藏佛，栴檀根剎中星宿稱佛，香聞剎中福力娑羅王佛，善解剎中柔軟雷音聲佛，閑居剎中娑羅稱帝王佛，雷是剎中自在明照佛，雲雷剎中柔軟音聲佛，分寶剎中寶掌龍佛，波羅摩寶樹剎中法雲月明自在佛，略如前說。南方如是無量阿僧祇諸佛座動，彼諸佛世尊皆稱譽讚歎釋迦牟尼如來。爾時南方乃至無量阿僧祇如來，遣菩薩持月樂無垢華至此娑訶佛剎，敬問釋迦牟尼如來乃至聽法。

編著、導讀者簡介

洪啟嵩，為國際知名禪學大師。年幼深感生死無常，十歲起參學各派禪法，尋求生命昇華超越之道。二十歲開始教授禪定，海內外從學者無數。

其一生修持、講學、著述不輟，足跡遍佈全球。除應邀於台灣政府機關及大學、企業講學，並應邀至美國哈佛大學、麻省理工學院、俄亥俄大學，中國北京、人民、清華大學，上海師範大學、復旦大學等世界知名學府演講。並於印度菩提伽耶、美國佛教會、麻州佛教會、大同雲岡石窟、廣東南華寺、嵩山少林寺等地，講學及主持禪七。創辦南玥覺性藝術文化基金會、印度菩提伽耶全佛公益信託，現任中國佛教會學術委員會主任委員、中華大學講座教授、台灣不丹文化經濟協會榮譽會長。

畢生致力以禪推展人類普遍之覺性運動，開啟覺性地球，二〇〇九與二〇一〇年分別獲舊金山市政府、不丹王國頒發榮譽狀，二〇一八年完成「世紀大佛」巨畫，獲金氏世界記錄認證「世界最大畫作」（168.76公尺X71.62公尺），二〇二〇年獲諾貝爾和平獎提名。

歷年來在大小乘禪法、顯密教禪法、南傳北傳禪法、教下與宗門禪法、漢藏佛學禪法等均有深入與系統講授。著有《白話華嚴經》等〈白話佛經系列〉；《禪觀秘要》《通明禪禪觀》等〈禪觀寶海系列〉；《密法總持》《現觀中脈實相成就》等〈密乘寶海系列〉；《楊枝淨水》等〈觀音傳十萬史詩系列〉等書籍，著述主編書籍逾三百部。

大藏系列壹 02

龍王藏／第二冊／

編　　著　洪啟嵩
發 行 人　龔玲慧
藝術總監　王桂沰
標點校對　許文筆、謝岳佐、許諺賓、黃成業、黃心慈、臧舒嫺
梵字校正　劉詠沛、吳霈媜、詹育涵、鄭燕玉、柯牧基、楊明儀
執行編輯　彭婉甄、莊慕嫺
美術編輯　張育甄
封面設計　王桂沰
梵字墨寶　洪啟嵩
佛像畫作　洪啟嵩
出　　版　全佛文化事業有限公司 http://www.buddhall.com
訂購專線：(02)2913-2199 傳真專線：(02)2913-3693
匯款帳號：3199717004240 合作金庫銀行大坪林分行
戶名／全佛文化事業有限公司
全佛門市：覺性會館・心茶堂／新北市新店區民權路 88-3 號 8 樓
門市專線：(02)2219-8189

行銷代理　紅螞蟻圖書有限公司
台北市內湖區舊宗路二段 121 巷 19 號（紅螞蟻資訊大樓）
電話：(02)2795-3656　傳真：(02)2795-4100

初　　版　二〇二三年六月
定　　價　新台幣 八八〇元
ISBN 978-626-95127-6-8（第二冊：精裝）

國家圖書館出版品預行編目（CIP）資料

龍王藏 / 洪啟嵩編著 . -- 初版 . --
［新北市］: 全佛文化事業有限公司 , 2023.06-
冊； 公分 . --（大藏系列壹；2-）
ISBN 978-626-95127-6-8（第 2 冊：精裝）

1.CST: 大藏經

221.08　　112008824

Published by BuddhAll Cultural Enterprise Co.,Ltd.